村镇银行

金融强农典范案例集

中国农村信用合作报社

中国农业出版社
北 京

图书在版编目（CIP）数据

村镇银行金融强农典范案例集/中国农村信用合作报社．—北京：中国农业出版社，2023.9
ISBN 978-7-109-31147-3

Ⅰ.①村… Ⅱ.①中… Ⅲ.①农村金融－案例－中国
Ⅳ.①F832.35

中国国家版本馆CIP数据核字（2023）第176178号

中国农业出版社出版
地址：北京市朝阳区麦子店街18号楼
邮编：100125
责任编辑：全　聪　　文字编辑：孙蕴琪
版式设计：王　怡　　责任校对：吴丽婷　　责任印制：王　宏
印刷：北京通州皇家印刷厂
版次：2023年9月第1版
印次：2023年9月北京第1次印刷
发行：新华书店北京发行所
开本：787mm×1092mm　1/16
印张：14
字数：318千字
定价：168.00元

EDITORIAL BOARD | 编辑委员会

PREFACE | 序

2007年3月，全国第一家村镇银行——四川仪陇惠民村镇银行挂牌成立。16个春秋，村镇银行如雨后春笋般遍布祖国的大江南北，从千里平原到群山峻岭，从万里波涛到戈壁沙漠，农民生活在哪里，村镇银行的服务就跟到哪里，村镇银行从无到有、从少到多、从小到大，现已发展到1 600多家。“立足县域、支农支小”的村镇银行，以“爱拼才会赢”为信念，将“务实、创新、超越”作为目标，把业务发展融入乡村振兴大业之中，融入当地经济发展之中。面对农村信用评价数据缺失、农民缺乏有效抵押物、农业风险较大的客观情况，村镇银行人打破传统思维模式，俯下身子，挽起裤腿，一脚泥、一身土，深入大街小巷，走向田间地头，问需求，找对策，寻找破解农村贷款难、贷款贵、贷款慢等难题的方法。村镇银行已成为金融支持乡村振兴的生力军。

村镇银行金融强农，需要村镇银行人心系“三农”、不断创新、努力工作，更需要行业内互相交流、学习，村镇银行服务“三农”的许多经验、做法值得借鉴、推广。中国农村信用合作报社作为农业农村部主管的全国性农村金融媒体，有责任、有义务促进村镇银行之间交流金融强农经验，共同推进乡村振兴大业。本书收录的村镇银行金融强农案例是在全国村镇银行范围内公开征集，通过本报采访提炼，经金融专家、学者、资深媒体人独立推选出来的。这些案例展示了村镇银行人开拓创新、埋头苦干、脚踏实地、勇往直前的工作精神，展示了村镇银行人深耕差异化服务、推进精细化管理、探索集约化转型的睿智和才能。案例单位积极履行社会责任，实现了社会效益和经济效益双丰收，得到民众、地方政府多方面的认同，推介的案例可借鉴性强，对带动村镇银行健康发展具有指导性作用。

在采访中，我们切身感受到作为新型金融机构的村镇银行所面临的重重困难以及面对困难向前、向前、再向前的大无畏精神，也感受到村镇银行人的睿智——创造性地将劳动力、劳动技能、种植、养殖等非标准化信息列为贷款评定参数，允许农村贷款客户有“瑕疵”，将人、事、用途等非标准化数据作为评价信用的重要依据；派出“金融村官”，将金融服务下沉再下沉，“走心”“用情”服务“三农”；向真正有金融需求的农民提供及时、有效的金融服务。村镇银行金融服务体现了普惠金融的精髓。社会各界要多关心、关爱村镇银行的发展，职能部门在把控风险、防范漏洞的同时，也要尽可能包容它们在工作中出现的小“瑕疵”，给村镇银行的创新性发展提供更多、更广阔的空间。中国农村信用合作报社坚持为村镇银行鼓与呼，勇敢地承担起媒体人应承担的义务，走进村镇银行，深入工作一线，以严谨的职业操守感受村镇银行人的言行，描绘村镇银行人的风采，打通信息直达农村金融决策的中枢渠道。

天道酬勤。面对激烈的市场竞争，村镇银行人坚持内心的执着，用跨界的思维、新金融的理念继续支持他们前行的脚步。

中国农村信用合作报社社长、总编辑　徐道红

CONTENTS | 目 录

二、创新产品类

三、绿色金融类

四、普惠金融类

五、资源融合类

一

杰出业绩类

中银富登村镇银行

践行数字普惠　创新产品服务 助力乡村振兴

党的二十大报告指出，要全面推进乡村振兴，健全农村金融服务体系。中共中央、国务院《关于实现巩固拓展脱贫攻坚成果同乡村振兴有效衔接的意见》指出，要进一步巩固拓展脱贫攻坚成果，接续推动脱贫地区发展和乡村全面振兴。乡村振兴是推动经济社会高质量发展的重要一环，全面推进乡村振兴离不开农村金融服务的支持。

村镇银行是我国县域农村普惠金融体系的重要组成部分，作为目前全国机构数量最多的村镇银行集团，中银富登村镇银行（简称中银富登）是中国银行支持乡村振兴战略的重要抓手。自设立以来，中银富登始终坚持“扎根县域、支农支小”战略定位，持续加大金融科技投入，聚焦“三农”需求，不断创新金融产品和服务，着力打通农村金融服务“最后一百米”，提高县域农村金融服务的可获得性，提升金融助力乡村振兴的效率。截至2022年年末，中银富登在全国22个省份设有134家法人行、189家乡镇支行。在中国银行业协会首次开展的村镇银行行业评估中，中银富登有12家行获评“全国村镇银行综合服务能力百强单位”，1家行入选“全国村镇银行精准扶贫十佳单位”。

党和国家倡导设立村镇银行，是为了有效解决我国中西部地区金融服务薄弱、金融供给不足的问题。2011年起，中国银行联合新加坡淡马锡旗下的富登金控，在全国批量化、标准化发起设立中银富登村镇银行。自成立之日起，中银富登始终牢记初心使命，坚持党的领导，坚持人民至上，坚持高质量发展，走好以人民为中心的中国特色金融发展之路。

坚持党的领导。“听党话、跟党走”是中银富登一以贯之的政治品格。按照中国银行总行党委整体部署，中银富登优先在中西部地区设立法人机构。2011年，首家村镇银行设在国家级贫困县湖北省蕲春县，目前设立的134家法人行中，位于中西部地区的达67%。近年来，中银富登以习近平新时代中国特色社会主义思想为指导，坚持“业务有特色，党建无特殊”，以实际行动增强“四个意识”，坚定“四个自信”，做到“两个维护”。作为我国首批试点成立的投资管理型村镇银行，中银富登村镇银行股份有限公司（简称中银富登投管行）对全国134家法人机构行使投资管理职能，这种体制对中银富登党委发挥“把方向、管大局、促落实”作用提出了更高、更新的要求。中银富登把党的领导融入公司治理，将党建引领同时写入中银富登投管行和各法人行章程，严格落实“双向进入、交叉任职”要求，实现各级党组织对重大问题的前置把关，通过党的领导始终牢牢把握村镇银行的发展和前进方向。

坚持人民至上。习近平总书记强调，要坚持以人民为中心的发展思想。新时代金融发展“以人民为中心”的价值取向，就是要着力解决好金融服务供给总量不充分、结构不合理、质量不够高的问题，更好满足人民日益增长的美好生活需要。中银富登发挥村镇银行特色，积极深入农村地区、偏远地区，一点一滴提升金融服务的覆盖率及可获得性；不断加大对小微企业和个体工商户等普惠客户的金融支持，缓解融资难、融资贵难题，助力县域实体经济发展；因地制宜、因地施策服务“三农”，助推实施乡村振兴战略，以行动践行“以人民为中心”的金融服务理念。

坚持高质量发展。有效防范和化解金融风险是经济高质量发展的重要内涵，面对村镇银行单家规模较小、分布较散、经营管理基础相对薄弱等现实问题，中银富登不断深化对新发展理念的认识理解，牢牢把握发展的政治立场和价值导向，从观念上树立业务发展和风险控制是一体的理念，形成了“党建引领把握方向、一二三道防线筑牢阵地、纪检巡察兜住底线、企业文化入脑入心”的“四梁八柱”治理体系；形成了“不取客户一针一线、不弄虚作假、不放弃任何帮助别人和提升自己的机会”的“三大铁律”企业文化。截至2022年年末，中银富登全辖不良率为1.86%，实现了自身高质量、可持续发展，切实维护金融稳定大局。

“支农支小”是村镇银行的初心使命和特色优势，中银富登坚持金融工作的政治性、人民性，全心全意为客户服务，始终专注“支农支小”发展定位，严格按照监管要求开展存、贷、汇等基础金融业务，从源头上规避了偏离主业、脱实向虚等行为。目前，中银富登贷存比约为100%，反映出中银富登真正做到了立足县域，将当地资金投放至当地，没有做农村地区资金的“抽水机”。截至2022年年末，中银富登累计服务县域农村各类客户超460万户，累计发放贷款近3 200亿元，为超过85万客户提供了贷款服务，其中涉农及小微贷款占比约94%。

聚焦“三农”客户需求，创新产品服务。受信用制度建设不完善、合格抵押物缺少等问题影响，众多县域农村客户不符合传统商业银行信贷条件，正规金融可获得性相对较低。中银富登自设立以来始终坚守县域农村目标市场，瞄准小微、“三农”等普惠客群融资“痛点”，针对客户资金需求周期短、见效快、应对市场变化能力弱等特点，场景化、批量化设计授信方案，以金融科技手段解决信息不对称等问题，创新制定适合小微、“三农”客户的金融服务和信贷流程，研发了17个大类、70余种小微及涉农贷款产品，不是仅将登记抵押房产、过硬担保人作为贷款标准，而是综合考察客户经营发展情况，扩大可抵押范围，予以放贷，并为小微、“三农”等普惠客群提供灵活还款方式、简便年审流程和差异化定价。

中银富登还专门针对“三农”客户需求，结合国家政策优化产品渠道、业务模式和贷款政策，创新开发了中银富登“乐家贷”“宜居贷”“欣农贷”等为“三农”客户量身定制的涉农贷款产品，用专项产品支持乡村振兴。其中，中银富登“欣农

贷”按照经营种类和用途，分为家庭农场、种植、家畜、水产、棚菜等10个大类，并在充分考虑各涉农行业特性的基础上开发了60余种子产品，同时因地制宜创新抵质押担保方式，让“三农”客户的抵押品更加丰富，全面满足“三农”客户种养等生产过程全流程资金需求。截至2022年年末，该行“欣农贷”贷款余额近131亿元。

当前我国县域农村金融重点服务对象是小微企业、农民、城镇低收入者、贫困人群以及部分特殊群体。这类客户的共同特点是小、散、弱，收入水平低、积累资产少、经营基础不稳固，其金融服务需求通常无法被正规金融充分满足。数字化已经成为县域农村普惠金融发展的必然趋势，利用数字技术控制风险、降低成本，扩大金融服务的覆盖面，提高金融服务的渗透率，是促进县域农村金融的关键。目前，数字普惠金融已经成功提高了全球小微企业、农民、城镇低收入者、贫困人群以及其他未获得充分服务的消费者群体的金融服务可得性。

该行高度重视金融科技的探索与应用，顺应数字普惠大趋势，持续推进县域农村普惠金融模式创新。在不断完善批量化、集约化、专业化村镇银行管理模式的基础上，落地实施中银富登“一号工程”“二号工程”，全面推动村镇银行数字化升级。

搭建满足数字普惠金融要求的数据治理体系。中银富登利用云计算、微服务、分布式等技术，实现了数据仓库、实时流计算、知识图谱和数据沙箱，构建了企业级普惠金融大数据平台，覆盖了100多个县域宏观数据、行业数据以及普惠客户多模态的基础数据。同时，中银富登还加大与国内知名高校的合作力度，成立了“县域金融联合实验室”，深入挖掘与利用文本、视频、音频等大量非结构化信息，通过机器学习等手段研究县域经济及普惠客群特征。通过分析县域整体经济、主要行业、场景生态、客群特征等，制定适合各类客户的营销策略、产品体系和风控模式，着力打通农村金融服务“最后一百米”。

全面升级数字普惠商业模式。中银富登利用企业级架构的思路，规划了业务架构、数据架构和应用架构，打造了“线上线下一体化（O2O）”营销模式和“小微企业纯线上信用贷款”两大商业模式，使广大县域农村小微、“三农”客户足不出户或在田间地头就可以获得优质金融产品及服务。

中银富登O2O模式利用数字地图、人脸识别、电子证书、电子印章等技术，客户经理依托O2O 移动业务平台进行智能营销、路程规划、贷后管理、智能化风控等，有效扩大了服务半径，提供了全新的“走出去”银行服务，真正让金融服务到家。中银富登客户经理使用平板电脑，上门拜访客户、录入客户信息、为客户推荐产品等，使服务更加便捷、更有针对性，更重要的是，可以上门为客户开立银行卡、现场为客户办理存贷款等。例如线上贷款业务，客户足不出户，客户经理利用O2O移动业务平台，最快1个小时即可上门完成所有贷款流程。

中银富登首款纯线上信用贷款产品“中富翼贷”，在不依赖社保、税务、公积金等政务数据，央行征信记录以及特定场景或互联网平台引流的前提下，可为县域内无完整税务和财务报表、无完整信用记录的小微企业和“三农”客户提供便捷高效的信贷支持。其中，风控流程结合了中银富登多年深耕小微企业与“三农”贷款的经验，又充分考虑县域信用环境特点，借助机器学习、人工智能、知识图谱等新工具构建了反欺诈与信用风险管理体系，实现全面的数字化、智能化风控体系。

湘西长行村镇银行

金融工作感悟

湘西长行村镇银行党委书记、董事长 程青龙

村镇银行作为新生事物，开局不俗，目前在发展中遇到了品牌知名度不够、受制于业务资质等一系列困难。

要解决村镇银行发展中遇到的困难，必须提高政治意识，坚持党对一切工作的绝对领导，将金融党建与乡村振兴和强农战略有机融合，推动党建与业务发展互促互进、融合发展。

天然属农、属小，体制机制灵活，产品丰富多元化是村镇银行在服务强农战略中的优势。如何扬长避短、充分发挥自己的优势是金融强农工作的关键所在。为此，湘西长行村镇银行打造富有特色的金融便民服务站，将服务触角逐步延伸至乡镇农村市场；大兴调查研究之风，深入基层、进村入户、下沉业务，以信贷业务打前站，围绕乡镇特色产业，开发相应信贷产品，如“乡村旅游贷”“蔬菜贷”等；选派优秀骨干，安心扎根乡镇农村，下沉人员、加大服务；下沉人心，真正转变全员思想，使全员心无旁骛干在农村、志在田野。

村镇银行必须将自己的事业对接到国家的政策方针上，融入地方经济发展中。湘西长行村镇银行全面落实湖南省“三高四新”战略定位和使命任务，把握湘西土家族苗族自治州打造“三区两地”、建设“五个湘西”的机遇，持续加大金融支持力度，在促进地方经济发展中壮大自己。

空谈误国，实干兴邦。湘西长行村镇银行将不忘初心、砥砺奋进、回归本源、“支农支小”，推动下沉战略，铆足干劲，以金融之力助推建设农业强国。

念好“普惠经” 唱好“支农曲”

“湘西人自己的银行”——湘西长行村镇银行。自2010年12月成立以来，坚守“支农支小”主业，将“三农”的事情作为头等大事去落实、去推进，进一步提升金融服务“三农”产业质效，全面加大涉农贷款投放，强化产品服务创新，以贴心、暖心的金融“活水”助推脱贫攻坚与乡村振兴有效衔接和建设农业强国战略，始终与“三农”同呼吸、共命运，唱响协同发展交响曲。向湘西土家族苗族自治州累计投放各项贷款逾330亿元、缴纳税款逾6亿元，已成为湘西土家族苗族自治州的优质财源、新湘西有力的“金融后盾”、助农民安居乐业的“惠民银行”。

“百合贷”助农增收。湖南省龙山县现种植苦百合约10万亩，产量及销量位列全国第一，从业人数超过9万人。湘西长行村镇银行联合龙山县百合产业协会及政府相关部门，因地制宜研发了“百合贷”产品。该产品由龙山县百合产业协会提供一定金额的风险补偿铺底资金，借款人根据授信金额缴纳一定比例的单笔保证金，信贷农户无需抵押、授信额度高（最高100万元）、低利息。龙山县明诚百合农民专业合作社是一家集种植、加工及销售于一体的农民专业合作社。2023年年初，该合作社需要大量资金备货，湘西长行村镇银行通过“百合贷”产品，采取信用主担保方式，发放了30万元流动资金贷款，解了合作社的燃眉之急。龙山县梓恩生态农牧专业合作社种植卷丹百合300余亩，农忙时用工人数达900余人，是当地百合种植的“领头雁”。新冠疫情防控期间，百合种植户资金无法回笼，该合作社资金周转紧张。了解到情况后，湘西长行村镇银行立即与合作社取得联系，并指派专职客户经理，各条线积极配合，收集资料、撰写报告、连夜报批，仅用1天，就为该合作社发放了“百合贷”30万元，缓解了资金周转难题。上述事例是湘西长行村镇银行服务百合产业的缩影。2022年，湘西长行村镇银行整体向百合协会授信“百合贷”7 000万元，目前已投放50余户，用信总金额1 300多万元。

“黄牛贷”助力壮大牛产业。湖南省花垣县长乐乡清华山羊养殖专业合作社于2022年3月自筹资金92.5万元，用于建设存栏300头的黄牛养殖场，受原材料涨价等多种因素影响，出现200万元资金缺口，项目面临停工。湘西长行村镇银行了解情况后，通过“黄牛贷”产品，向该合作社提供200万元资金支持。

石水溶从事黄牛养殖10余年，拥有丰富的养殖经验，但养殖规模较小，经济效益一直起不来，要达到较佳经济收益效果，养殖规模需扩大至33头，还需投入70万元，她自筹的资金只有20余万元，由于缺少抵押物，难以申请银行贷款，面对50万元的资金缺口，石水溶一筹莫展。湘西长行村镇银行认真研判客户情况和衡量风险状况后，通过“黄牛贷”产品给石水溶发放50万元信用贷款，解决了她扩大黄牛养殖规模的资金难题。

湘西黄牛是湘西地区独有的黄牛品种，养殖历史长，当地政府将“湘西黄牛”养殖定为农户致富产业，成立了黄牛产业办公室。湘西长行村镇银行主动对接当地黄牛产业办公室、担保公司、农业产业园区、保险公司，成功研发“黄牛贷”产品，通过提供金融支持，将散、小的湘西黄牛养殖发展成规模产业。湘西长行村镇银行以中国人民银行“支农支小”再贷款资金为“黄牛贷”资金，为防止产业无序竞争，获取“黄牛贷”的农户必须出具县黄牛产业办公室推荐函，所有获贷户由县担保公司担保、国家级农业产业园区提供风险补偿金，县黄牛产业办公室和县财政局提供财政贴息，引入保险机制，由政府为养殖的黄牛购买保险。湘西长行村镇银行借助湘西最大的牛羊交易市场——花垣县牛羊交易市场，引导客户群体通过线上交易平台交易。目前，该行通过“黄牛贷”产品，对花垣县黄牛产业授信金额达1亿元，户均50万元，惠及200余家养殖户，解决了黄牛养殖专业户购买黄牛及厂房建设缺少资金的难题，有效扩大了养殖户的养殖规模，推动产业发展，助力乡村振兴。

“互助五兴贷”赋能乡村振兴。为破除农户无押物、企业抵押物不足值的藩篱，湘西长行村镇银行结合湘西土家族苗族自治州“互助五兴”基层治理模式，研发了“互助五兴贷”产品。村级合作经营组织成立由“互助五兴”小组组长、村级党组织负责人以及精准帮扶工作队负责人组成的融资评估小组，制定评估议事规则及融资推荐准入条件，对加入“互助五兴”农户的信贷申请进行评审，由村级合作经营组织统一向银行推荐，并确定农户间的互保关系，银行根据村级合作经营组织的推荐发放“互助五兴贷”，信贷农户无需抵押、授信额度高（自然人单户贷款额度不超过10万元，法人单户贷款额度不超过100万元）、低利息。

湘西土家族苗族自治州古丈县默戎镇牛角山村是全国“一村一品”示范村，湘西长行村镇银行与“互助五兴”小组、农户、牛角山生态农业科技开发有限公司达成战略合作关系，通过“互助五兴贷”产品，对牛角山村整体授信500万元，农户户均10万元，通过农户间互保，免除抵押费用，执行优惠利率定价政策，让农户切实享受融资快、成本低的金融实惠。湘西长行村镇银行的信贷支持带动了企业和社会对牛角山村的投资，完成茶叶鲜叶收购、加工产值3 000多万元，实现茶叶销售2 700多万元；接待游客累计30万人次，旅游收入4 400万元，助力牛角山村企投资1 200万元建成夯吾戎寨，提供固定就业岗位680个，带动就业2 000多人，惠及农户2 000多户，其中“互助五兴贷”户均固定分红5 000元，有力支持了村里茶产业、乡村旅游业的发展。目前湘西长行村镇银行已投放“互助五兴贷”20余户，授信余额200多万元。

近年来，湘西长行村镇银行发挥“一县一品、一行一策、分层授权”机制优势，坚持因地制宜、一地一策，在龙山县开发了“脐橙贷”“百合贷”，在花垣县开发了“互助五

兴贷”“黄牛贷”，在永顺县开发了“油茶贷”“粮食贷”等产品，为县域农村精准浇灌金融“活水”。

湘西长行村镇银行将金融党建与乡村振兴和强农战略有机融合，大兴调查研究之风，进村入户，推动党建与业务发展互促互进。湘西长行村镇银行以花垣县十八洞村为试点，充分发挥基层党组织战斗堡垒作用和党员先锋模范作用，将乡村振兴工作纳入各支行考核体系，督促加大帮扶力度，2022年累计开展382场共联共建活动，“贷”动地区经济发展和农民共同富裕。

突出“网点下沉、业务下沉、人员下沉、人心下沉”。湘西长行村镇银行设立15家一级支行、32个物理网点、8个自助银行、7个“一村一机构”农村金融教育基地，服务网点覆盖湘西土家族苗族自治州7县1市1区及重点乡（镇）。为持续开展金融服务乡村振兴工作，派出干部员工专职帮扶，大力开展“乡村振兴推进年”活动，谋划渠道铺设、产品提质、客群强基、数智创新、乡村振兴“五大工程”。在支行层面，进一步细分、搭建客户经理队伍，将原有的客户经理队伍细分为对公客户经理和零售客户经理，专注攻占零售业务高地，回归“支农支小”本源；充分发挥村镇银行扁平化管理优势，在支行层面建立健全弹性授权体系，将一级支行划分为一、二、三类级别，不同类别的支行享受不同的授信业务审批权限，优化了贷款审批流程，简化了审批手续；同时，根据地方经济和产业特点，大力推行“一行一策、一县一品”特色经营模式，对市场进行细分，统筹推进农村支付环境建设，提供精准服务，对全行小微企业及“三农”业务进行专业化管理。

一点一滴见初心，一举一动写情怀。湘西长行村镇银行用主动作为回应经济发展和社会各界的期盼。目前，这家由长沙银行控股发起的全国首家地市级村镇银行，已实现对湘西土家族苗族自治州7县1市1区及重点乡（镇）的网点全覆盖。截至2023年6月，全行资产总额136.14亿元，各项贷款余额114.28亿元。

一组组亮眼数据，散发着普惠民生的“湘西长行”温度，镌刻着打造“高质量发展的小而美、小而优、小而特、小而精的标杆银行”的愿景承诺，诠释着湘西长行村镇银行助力区域高质量发展的奋进情怀。

安徽长丰科源村镇银行

金融工作感悟

安徽长丰科源村镇银行董事长 王苏云

农村金融工作者要怀“爱农忧农”之心，担“强农富农”之责，做“助农惠农”之事。因农而生、为农而立、伴农而长的安徽长丰科源村镇银行坚定做党和国家政策的“执行者”和“推动者”，将金融赋能乡村振兴发展作为新时代服务“三农”的发力点。

办好农村的事情，实现乡村振兴，关键在党。安徽长丰科源村镇银行在金融赋能乡村振兴方面，始终坚持以党建引领为根本，加强基层党组织战斗堡垒建设，激励党员发挥先锋模范作用，以“共建”为抓手，采用“党建引领＋整村授信”模式，推进党建和业务发展深度融合。金融赋能乡村振兴，找准着力点是关键。安徽长丰科源村镇银行紧扣“服务‘三农’”市场定位，围绕粮食安全、乡村产业、乡村建设、乡村发展等重点领域，持续加大涉农信贷投入，紧跟“三农”需求特点探索金融服务新模式，助推新型农业经营主体的培大育强，15年来，累计投放涉农贷款299亿元，服务“三农”客户2.39万户。

村镇银行履行金融强农职责，需要得到多方支持，地方政府在政策奖补、财政资金存放、各类补贴补偿代发、贷款风险处置等方面给予政策倾斜，为村镇银行全力做好“三农”金融服务营造良好的营商环境和金融生态环境，放大村镇银行强农效能。

乡村振兴，使命在肩。15年来，安徽长丰科源村镇银行始终牢记使命担当，承载服务“三农”、助力县域经济发展的重任，累计投放各项贷款336亿元，服务县域经营主体2.8万户。在新时代新征程上，安徽长丰科源村镇银行将继续践行初心、牢记使命，把金融“活水”引入“田间地头”，用金融“活水”浇灌广袤的农村大地，谱写“科源强农”的合格答卷。

点面结合培植实体　放大普惠金融效能

“长丰人自己的银行”是安徽省长丰县民众和中小微企业对安徽长丰科源村镇银行的评价。2008年2月2日挂牌的安徽长丰科源村镇银行（简称科源村镇银行），传承了主发起行合肥科技农村商业银行回归本源、聚焦主业的工作作风，作为安徽省成立的首家村镇银行，科源村镇银行15年来坚持党建引领，砥砺奋进，坚守“立足县域、服务‘三农’”的市场定位，注重培植龙头企业，扩大普惠金融服务面，全行累计投放各类贷款336亿元，其中涉农贷款近300亿元，普惠金融“活水”惠及“三农”客户23 996户，累计为2 486户新型农业经营主体提供信贷资金支持22.56亿元，截至2022年年末，科源村镇银行涉农贷款37.9亿元，较年初增加3.23亿元，增长9.31%。

粮食生产、草莓种植、生猪养殖及虾稻等产业，系长丰的特色产业，小农数量众多，以家庭经营为基础。针对长丰实情，科源村镇银行制定了支持特色产业发展，走个性化服务之路的金融服务“三农”的方针，将人员下沉，主动了解农户需求，科学、合理、有效地配置金融资源，抓潜力点，培植龙头，促进产业发展。

安徽长风农牧科技有限公司是集种猪育种、生猪养殖、生猪屠宰、肉制品深加工、经营销售于一体的现代化畜牧业民营企业，安徽省农业产业化重点龙头企业，安徽省最大的种猪及无公害商品猪生产基地。2009年年初，公司为缺乏资金扩大养殖规模而犯愁。科源村镇银行得知消息后，第一时间主动上门调查，为其快速投放纯信用贷款500万元，有效保障企业经营需求。为普惠广大农户，科源村镇银行将金融供应链和产业链相融合，与安徽长风农牧科技有限公司联动，打造农户贷款由公司担保的新型利益联结方式，带动周边200余户农户及家庭农场的发展。合作15年来，科源村镇银行累计为该公司提供涉农贷款2.38亿元，授信额度也逐年递增至1 800万元。公司种猪及商品猪年出栏量从2万头增至12万头，年销售额从6 060万元增至1.8亿元。

从事农作物种植、农机服务、水产养殖的家庭农场主裴峰，2017年进行土地流转、购买种苗时急需资金，在一筹莫展之际，科源村镇银行第一时间深入农场走访，及时为其发放30万元“劝耕贷”，解了燃眉之急。2021年，裴峰采购农业机械设备时遇到了资金难题，首先想到科源村镇银行。经过调查，科源村镇银行为裴峰增加授信额度，发放“码上贷”100万元。如今，裴峰的家庭农场已发展为省级示范家庭农场，种植小麦800亩、虾稻550亩、草皮400亩、油菜220亩，农机服务覆盖周边近10 000亩农作物，直接带动30余人长期就业，间接带动300余户农村家庭致富。

2009年，沈海燕从印刷业转行创办了合肥市艳九天农业科技有限公司，企业以国内草莓脱毒技术领先的苏州大学、安徽农业大学为草莓育苗行业技术支撑单位。企业创建初期，科源村镇银行通过发放信用贷款帮助企业发展。2018年，大雪将草莓园区

90%以上的大棚压垮，沈海燕有意放弃草莓育苗。科源村镇银行第一时间明确表态给予资金支持，放贷500万元帮助企业恢复生产；2020年年初，春季育苗迫在眉睫，但受新冠疫情影响，企业已经拿不出钱购买营养土、薄膜等生产资料，在沈海燕一筹莫展时，科源村镇银行通过实地调研，采用上下联动方式开辟“绿色通道”，用2个工作日完成审批，将200万元低息信用贷款送到沈海燕的手中。在科源村镇银行的金融帮助下，合肥市艳九天农业科技有限公司通过供草莓苗和回收果，帮助当地200多户农户共同致富，并将共同致富的能力辐射到云南省巧家县，接手了投资7 000多万元的农业设施，帮助当地培训草莓育苗人才，解决了当地草莓户的供苗和销售问题，助力巧家县300多户农户致富。

以上3个事例是科源村镇银行始终坚持以“农”为本，持续支持各类新型农业经营主体发展的缩影。15年来，科源村镇银行累计投放普惠小微贷款291亿元，普惠贷款年均增速24.98%，服务普惠客户近2.1万户，真正成为普惠客户的伙伴行。

村级集体是共同富裕的重要力量，近年来，科源村镇银行“党建下沉”“人员下沉”“服务下沉”“责任下沉”，把金融促进村级集体经济发展壮大作为推动乡村振兴、实现共同富裕的动力“引擎”。加大和乡（镇）政府的沟通，挖掘各村集体经济发展的支点，创新推出村级集体经济组织纯信用贷款服务模式，支持长丰果蔬、水稻、小麦等农作物种植，以及土地资源开发利用等。

于2018年年底成立的长丰县吴山镇楼西村股份经济合作社，采取“统一购种、耕种、防治、收割、销售”的方式整合集体资源，加快乡村振兴步伐。2022年8月，合作社急需资金扩大南瓜、小麦种植规模，科源村镇银行得知情况后及时发放300万元纯信用贷款，使合作社年增收40万元，有效吸纳农户近百户，其中脱贫户近六成，平均每户每亩增收600多元。

长丰县为将有限的财力集中起来办大事，于2022年开始分区将村经济合作社联合成立经济联合社。吴山镇率先尝试，由17个村经济合作社联合成立镇级集体经济联合社。为发挥联合社优势，科源村镇银行分别给17个村集体授信300万元，联合社利用这笔贷款在工业区购置厂房出租，吸引企业办厂，解决了当地大量劳动力的就业问题，当年总分配额达180万元。截至2022年年末，科源村镇银行已对77个村集体经济组织授信5.5亿元，带动近万名农村剩余劳动力就业，受益农户达2 000余户。

科源村镇银行创新村集体纯信用贷，不但增强了村集体的快速造血能力，而且转变了乡、村干部理念，有助于做强、做大集体经济，推进共同富裕。

县域经济发展呈现多层次需求，科源村镇银行始终坚持市场导向，紧紧围绕长丰县域农业现代化建设，从支持农业生产规模化、集约化的角度，创新适应不同服务对象、不同行业特点的金融产品，针对农户发展特色种养业缺乏有效担保的问题及各类新型农业经营主体抵押担保物不足的问题，科源村镇银行出台了《农户养殖贷款管理办法》，探索建立了“银行＋公司＋农户”的“三位一体”金融创新方式；推出联保形式的农民专业合作社贷款业务，并将保险机制引入农户联保贷款模式，在安徽省率先推出“信贷＋保险”草莓种植贷款新业务（“保贷通”产品），赢得了“草莓银行”的美誉。为解决新型农业经营主体融资问题，率先在全省试点推出土地承包经营权抵押贷款，在全市试点推出林权抵押贷款，又与安徽省农业信贷融资担保有限公司携手推出“劝耕贷”“码上贷”等产品。

2012年9月，长丰县水湖镇勤丰果蔬专业合作社因扩大经营规模，急需投入资金。科源村镇银行通过“信贷＋保险”模式及时发放贷款40万元，用于合作社基地建设及草莓种植，解了其经营发展的燃眉之急。在科源村镇银行的金融支持下，该合作社的草莓种植面积扩大了2倍，年收入达1 200多万元，带动周边近200户农户种植草莓2 000亩。

截至2022年年末，科源村镇银行办理“信贷＋保险”草莓种植贷款近4 000笔，投放金额近4亿元；发放农民专业合作社贷款27 580万元，林权抵押贷款6 310万元，农村土地承包经营权抵押贷款1 000万元，办理“劝耕贷”业务4 600万元，发放“码上贷”1 150万元。

“创客之星”——张海波。2014年，长丰县马郢社区提出“以梦为马”的口号，发起“马郢计划”，呼唤有创业梦想的年轻人返乡创业。张海波被“马郢计划”吸引，租用马郢扶贫产业园30亩地种植草莓，当起了“新农人”，陆续投入20多万元积蓄后，张海波仍不时遭遇资金“拦路虎”。2018年，科源村镇银行经实地调查后，为其发放15万元创业贷款，用于草莓种植大棚的维护和扩建。2019—2022年，科源村镇银行通过“劝耕贷”“普惠易贷”等产品向张海波发放涉农贷款280万元。在科源村镇银行的金融支持下，张海波的业态已从单一草莓种植发展成为集餐饮、住宿、休闲、垂钓于一体的农家乐，张海波以“企业＋农户”“定向收购＋二次分红”等多种联结机制，带动周边农户发展草莓种植达500余亩，共同走上增收致富路。

“全国劳动模范”——田峰。2012年5月，田峰注册合肥田峰草莓有限公司，并创建长丰草莓网等多个草莓网络销售及休闲采摘平台。2018年，田峰决定对传统的草莓种植技术进行科技化与智能化改造，提升核心竞争力。科源村镇银行得知田峰出现资金困难，3日内便完成了100万元贷款的调查、审批和发放。2018—2023年，科源村镇银行根据田峰不同阶段金融需求，持续加大资金支持，累计授信1 210万元。先富起来的田峰没有忘记还在致富路上的乡邻们，他通过搭建“合作社＋”“电商＋”等多个助农平台，吸纳农户300余户、脱贫户126户，实现每户年均增收2 000元以上。

“巾帼实业家”——王芬。“这一路创业全靠科源村镇银行在背后鼎力支持，现在市场与资金都不用愁。”安徽双松机电制造有限公司法定代表人王芬的话，说出了一批在科源村镇银行的金融支持下成长起来的小微企业主的心声。从14年前的第一笔贷款到如今利率只有3.65%的500万元“科创贷”，科源村镇银行已累计向安徽双松机电制造有限公司提供信贷资金5 800万元。企业在金融支持下实现了长足发展，资产规模从最初的不足500万元发展到如今的近亿元，年销售额从不足1 000万元增至8 600万元，先后荣获“国家高新技术企业”“科技型中小企业”“专精特新中小企业”等称号。

“高新技术”——华信科技。拥有200余项专利技术，专门从事智能化新能源环卫车的研发、生产和销售的安徽华信电动科技股份有限公司，2020年3月遇到研发资金短缺难题，科源村镇银行得知后迅速对接，2日内完成贷款调查、审查、审批，快速投放信用贷款200万元。2022年年底，因订单量增加，急需采购原材料资金，科源村镇银行根据客户实际需求，向公司法定代表人杨善春快速投放“人才科创贷”100万元，解了企业的燃眉之急。此类支持小微企业创业、做大、做强的事例数不胜数。

乡村振兴，时不我待。在金融机构等客户上门的年代，科源村镇银行就主动走出去，不但自觉践行普惠金融，而且科学推进普惠金融，通过深入调研，严把事、人、用途3关，用创新思维看待企业遇到的困难，用培植龙头企业、扶持榜样人物、做强村级集体经济等模式，让广大“农人”享受到阳光、便捷的金融服务，提升普惠服务质效，为县域经济发展作出了杰出贡献。

曲靖会泽长江村镇银行

金融工作感悟

曲靖会泽长江村镇银行党支部书记、董事长　徐晓波

云南曲靖会泽长江村镇银行自成立以来，始终胸怀“服务‘三农’、服务小微”的初心，肩负“助农兴农、富农强农”的使命，不断提升金融服务水平，累计发放信贷资金近30亿元支持县域经济发展。

曲靖会泽长江村镇银行制作的微电影《山路上的希望》，荣获首届中国银行业微视频大赛“最佳视频奖”和“最佳人气奖”；银行先后荣获“全国快速发展优秀村镇银行”“全国十佳村镇银行”“十佳精准扶贫银行”“曲靖市五星级文明单位”等称号。

坚守定位，打通经脉。会泽曾是国家级扶贫开发重点县，山区占比超过95%，是典型的山区农业大县。曲靖会泽长江村镇银行坚持“做小、做散”，把准“农”脉，念好“山字经”，服务“山产业”，一张蓝图干到底，存贷规模不断扩大。

曲靖会泽长江村镇银行通过翻山越岭、走村入户，对全县行政村进行渗透式摸排，持续加大对特色产业发展的支持力度，丰富完善差异化、特色化产品，扎实推进“整村授信”，“贷”动产业兴旺、农民增收。

践行社会责任，巩固脱贫成果。2016年以来，曲靖会泽长江村镇银行累计发放小额信贷2 785户、1.17亿元；2021—2023年，累计发放脱贫人口小额信贷922户、0.42亿元；选派4名驻村工作队员奔赴前线，累计为挂包村、帮扶村的环境改善、饮水出行保畅捐助近30万元，并打造“爱心超市”；与103余户脱贫户结对子，参加各类志愿服务600余人次。

曲靖会泽长江村镇银行将深化贯彻党的二十大精神，把金融支持经济发展作为出发点和落脚点，持续创新金融产品、加大信贷投放、优化服务模式，走出一条差异化、特色化发展之路，为会泽经济发展增添新动能。

曲靖会泽长江村镇银行 “小银行”“大作为”

云南省曲靖会泽长江村镇银行（简称会泽长江村镇银行）自2015年3月29日正式开业以来，一直坚持“支农、支小、支散”的市场定位，回归本源，专注主业，不断延伸服务触角，实现县域25个乡（镇、街道）全覆盖，强化金融服务实体经济能力，自觉融入地方经济社会发展大局，积极践行普惠金融和社会责任，取得了良好的经营效益和社会效益。目前已发展成云南省“长江系”中资产规模最大、经营效益最好的村镇银行，堪称村镇银行的典范。

云南省会泽县地处“云贵川”3省8县交界处的乌蒙山腹地，曾经是国家级扶贫开发重点县和乌蒙山片区集中连片特困县、云南省27个国家级深度贫困县之一，2020年脱贫摘帽后，被列为国家乡村振兴重点帮扶县。根植于此的会泽长江村镇银行摸索出了一条独具特色的“会泽模式”发展之路，充分展现了“小银行”的“大作为”。

会泽县山高、坡陡、谷深，是典型的高原山区农业大县，因地制宜打造了特色富民产业。由会泽长江村镇银行助力打造的“石榴小镇”娜姑镇就是典型的例子。

“石榴小镇”娜姑镇的盐水（软籽）石榴最为出名，闻名遐迩的盐水石榴畅销北京、上海等地。“会泽长江村镇银行在我最需要资金支持的时候上门服务，为我解了燃眉之急。”石榴种植户唐启焜介绍道。当初村镇银行提供了100余万元贷款，支持他在牛泥塘村种植了65亩石榴，年年喜获丰收，如今打算扩大种植规模。会泽长江村镇银行通过精准施策，“贷”动扶持石榴种植，支持当地农户发展石榴产业，为产业发展和农民致富添砖加瓦。因在娜姑镇干海子村、发基卡村、牛泥塘村开展金融扶持，会泽长江村镇银行被中国人民银行曲靖市中心支行评为“金融扶持示范基地”，在“石榴树下话金融，村行服务心贴心”项目中，获评团中央、共青团云南省委“银团合作”优秀项目。

娜姑镇盐水村、牛泥塘村、发基卡村的5万多亩石榴树进入挂果期后，放眼望去，漫山碧绿，石榴缀满枝头。

“我们合作社今年种植1 200亩石榴，挂果700亩，目前正在进行果品查验套袋，成熟后预计产值1 260万元。”发基卡村书勇石榴种植专业合作社负责人杨勇介绍道。杨勇是会泽县娜姑镇石榴产销协会秘书长，他代表村民向会泽长江村镇银行表达了心声：“石榴是我们大山的希望，会泽长江村镇银行就是我们的及时雨！”

“及时雨”3个字表现了村民对会泽长江村镇银行的信任和肯定，也是会泽长江村镇银行全体员工不懈努力的动力。纵然山路崎岖，纵然交通不便，纵然村寨偏远，会泽长江村镇银行全体员工仍怀着一颗爱农护农的初心，始终奔走在“支农支小”的山路上，点亮了大山深处的一盏盏希望之灯。

“全镇盐水石榴种植面积已发展到5.5万亩，产量4.6万吨，产值6亿元。”娜姑镇镇长张鸿斌介绍道。

石榴产业的迅猛发展为脱贫户的增收致富插上了翅膀，全镇2 100余户脱贫致富户通

过土地流转、就地务工等方式，实现了有工可打、有业可从、有企可带、有利可获，户均增收1.5万元以上。同时，在大户的“传、帮、带”下，越来越多的贫困户也开始种植石榴，有效带动了1.9万名群众摆脱贫困，石榴树成了娜姑人民的“发财树”，石榴果是娜姑人民的“致富果”。会泽长江村镇银行通过信贷支持了300余户石榴种植户，累计发放贷款2.2亿元，惠及周边11个村落，“贷”动石榴种植面积不断扩大，石榴产业飞速发展。

会泽长江村镇银行自成立以来，扎根山区因地制宜谋发展，“贷”动特色产业发展，深耕“责任田”，开展“整村授信”，倾情服务“三农”，为“三农”经济注入金融“活水”，充分发挥了金融生力军作用，突显了“小银行”的“大作为”。特别是近几年，该行抓住乡村振兴战略机遇，深入落实中央决策部署，全力参与金融强农惠农，取得显著成绩。

截至2022年年末，会泽长江村镇银行资产总额达11.15亿元，各项存款余额达9.4亿元，各项贷款余额达6.6亿元，户均贷款13.48万元。在会泽县域设立总行营业部、待补支行、娜姑支行、迤车支行、钟屏支行5个营业网点，在未开设网点的乡（镇、社区）设普惠金融服务站5个、联系点10个、联络员5个，形成了网点、服务站、联系点、联络员“四位一体”覆盖辐射全县25个乡（镇、街道）的金融服务体系，进一步延伸了金融服务半径，推进城乡“三农”经济发展，建立健全农村金融服务网络，推动金融服务向乡镇延伸，提高网点覆盖率和服务便利度。

会泽县待补镇得天独厚的天然优势保障了草莓产业的发展，已成为云南省最大的草莓种植基地。会泽长江村镇银行为草莓种植户提供资金支持，大力支持待补镇草莓产业的发展，积极与云南省农业信贷担保有限公司进行深度合作，客户经理深入田间地头、进村入户，宣传金融扶贫、扶贫小额信贷等政策，打通农村金融服务“最后一公里”。

云南省待补镇地处会泽县南部，最高海拔4 017米，最低海拔2 277米，是当地传统优质草莓种植基地，也是云南省最大的草莓基地，现有草莓种植户1 300余户，面积5万亩，年产量9万吨，年产值11亿元。2017年3月，待补镇歹咩村草莓种植大户张忠清成为会泽长江村镇银行第一个贷款人，如今有草莓贷款客户587户，累计发放贷款1.44亿元，贷款客户年草莓增加收入17万元，促进了当地特色产业发展。

与此同时，会泽长江村镇银行立足全县农业农村实际，加大对乡村振兴的支持力度，支持软籽石榴、畜牧、林果、马铃薯、蔬菜、花卉等特色产业发展，助力种植业、养殖业等新型农业经营主体发展壮大。同时支持其他涉农产业贷款，切实解决农户发展产业缺资金、贷款难的问题。充分发扬“背包精神”，深入田间地头、进村入户，调查贷款情况，掌握信贷资金需求，及早对有需求的客户开展资料收集整理工作，逐户建立客户档案，准确了解农户资金需求，做到早摸底、早部署，全力保障农户贷款快速发放到位。会泽长江村镇银行以信贷资金为纽带，支持农业产业发展，带动贫困农户脱贫致富，积极行动，靠前服务，主动作为，履行社会责任，助力脱贫攻坚，带动群众致富，树立了良好的社会口碑。

会泽长江村镇银行2023年首季投放小额信贷3 512户、金额1.54亿元，脱贫人口小额信用贷款811户、余额3 702万元。这是2023年该行“支农支小”的“开门红”成绩单。

会泽长江村镇银行自2020年开始推进“整村授信”，强力助推乡村振兴。充分发挥了金融“活水”的作用，为农户发展产业解决了后顾之忧，真正走出一条“依托金融创新推动产业发展、依靠产业发展带动贫困群众增收”的脱贫富民之路。

会泽长江村镇银行33名客户经理走村入寨，不畏路途艰辛，足迹遍及全县25个乡（镇、街道）、381个村委会，总行程3万千米，对符合贷款条件的农户开展实地贷前调查授信。截至2023年3月末，已向会泽县内19 583户农户进行普惠授信，授信金额8.87亿元，支持“创业式”和“就业式”发展致富，满足脱贫致富户在发展生产、创业、就业等方面的合理贷款需求。党员干部带头深入社区村寨、田间地头、厂房车间，架好金融服务“连心桥”，当好广大客户“知心人”，围绕客户需求发展业务，把差异化、特色化做实、做深、做透，为巩固脱贫攻坚成果与乡村振兴有效衔接贡献金融力量。

会泽长江村镇银行助力和美乡村建设，一是实施“我为群众办实事”项目。用真心为政府分忧，用真情为百姓服务，彰显村镇银行的责任担当。全行开展金融服务下沉活动，班子成员、机关员工每月下沉至网点助力，各营业机构客户经理以周为单位下沉到偏远乡镇村组安营扎寨，与村组人员和当地农户同工作、同劳动，形成干事创业的强大正能量。二是助力脱贫致富。积极响应脱贫攻坚号召，选派驻村工作队员奔赴会泽县大海乡绿荫塘村，长期驻扎在脱贫攻坚战的第一线，2023年选派驻村工作队员投身会泽县上村乡大松树村的乡村振兴工作最前沿；在推动乡村振兴和巩固拓展脱贫攻坚成果中，与会泽县大井镇尖山村委会结对，进行定点帮扶。累计为帮扶村环境改善、饮水保障、出行保畅捐助近30万元；班子成员带头，19名党员干部与103户脱贫户结对，进行一对一帮扶。三是扶危济困。抚慰因公牺牲扶贫干部家属1.1万元；为困难学生、孤寡老人送去物资钱款3.5万元；6名女职工参加“爱心妈妈”公益活动，与留守女童结对帮扶；关键时刻捐款捐物3.16万支持疫情防控；投入文明城市、卫生城市创建等各类志愿服务600余人次。

会泽长江村镇银行通过一系列实际行动，在支持乡村振兴中积极作为，彰显了一个责任村镇银行和良心村镇银行的担当，赢得了社会各界认可。先后荣获“全国快速发展优秀村镇银行”“全国十佳村镇银行”“十佳精准扶贫银行”“曲靖市五星级文明单位”等称号，入选“村镇银行助力乡村振兴创新典范单位案例”。

宁乡沪农商村镇银行

金融工作感悟

宁乡沪农商村镇银行董事长　李平念

党的二十大报告强调加快构建新发展格局，着力推动高质量发展，全面推进乡村振兴。宁乡沪农商村镇银行立足于农村，服务于农民，根植于农业，与“三农”发展有着一脉相承的血肉联系。因此，作为支持“三农”发展的金融新兴力量，我们应当坚持以农为本的市场定位，树立支农出效益的观念，摒弃弃农进城、贪大弃小、舍本求末的非农化冲动，牢牢占据农村阵地，坚定不移地担负起振兴乡村的重大历史使命，坚定不移地支持农村经济振兴发展，坚定不移地支持广大农民增产增收，坚定不移地支持农业产业转型发展，切实在农村的广阔天地里浓墨重彩地擘画农信事业的宏伟蓝图。

2023年以来，明显能感受到政策在不断强调普惠金融、优化营商环境，市场方面也迎来机遇期。接下来银行业金融机构要满足更趋多元化、多层次的需求，就要不断丰富信贷产品种类。我们的一些特色贷款产品如“民兴快贷”“惠兴贷”“惠福贷”“惠企贷”等，一听名称就能明白这些贷款面向哪一客户群和产业项目，体现出涉农金融产品细化、精确化程度的加深，更多低成本金融资源向乡村倾斜。下一步，我们将持续以个性化、综合化、多样化的服务和产品，有效满足不断变化的农村金融服务需求；坚守服务小微、服务“三农”的市场定位，明确“赚辛苦钱、赚实在钱、赚专业钱”的经营方式，建立具有宁乡沪农商村镇银行特色的小微金融服务体系。通过机构、人员、资源下沉，进一步巩固“从大到小”的战略成果；深入挖掘小微、“三农”客户的痛点、难点，重塑产品体系、加快渠道建设、优化流程方案，提供高效便捷的综合服务。

用“金融画笔”绘就服务地方经济“新画卷”

自2011年11月30日开业来，在主发起行上海农商银行党建、战略、文化、科技的引领下，宁乡沪农商村镇银行持续创新、塑造、建设、夯实自身的普惠金融文化，竭力将自身的普惠金融文化与当地的地域文化、“三农”经济深度融合，将自身高质量发展道路与宁乡普惠金融道路合二为一、并轨发力，为“小经济”配装“新引擎”，为“小乡村”注入“新活力”，为“新农人”提供“新服务”，普惠金融底蕴与色彩更加厚重、浓郁和绚丽。2021年、2022年连续两年被评为“全国百强村镇银行”，2021年、2022年连续两年被发起行村管部评为“明星村镇银行”。

党建领航，初心如磐。宁乡沪农商村镇银行自成立以来始终坚持党的领导，充分发挥“党委核心、支部堡垒、党员先锋”作用，将深化党建工作与经营管理紧密结合，以“强党建”引领“强发展”，全面推动基层党建与各项工作深度融合，以坚强的党建统领全行改革发展，以“红色动力”推动业务提速增效，以优质、高效、便捷的金融服务回馈社会，实现了党建与业务“双促进、双提升”。

宁乡沪农商村镇银行把党的领导纳入章程，形成以“坚强的党支部、规范的股东大会、健康的董事会、尽职的经营层、有效的监事会”为核心内容，具有中国特色、符合村镇银行实际的治理新机制，充分保障和发挥了基层党组织把方向、管大局、保落实的领导作用。

为坚定党员理想信念，宁乡沪农商村镇银行扎实开展了“党的群众路线实践”“两学一做”学习教育、“不忘初心、牢记使命”主题教育、党史学习教育等活动，引导广大党员干部坚定理想信念，打牢对党忠诚的思想根基，激励干部员工担当作为、干事创业，警示党员干部员工知敬畏、守底线；加强意识形态建设，始终坚持正确的政治方向、舆论导向和价值取向，切实增强广大干部员工的思想自觉、政治自觉和行动自觉。

为做好党建工作与业务发展相结合、与支持乡村振兴和实体经济发展相结合、与履行社会责任相结合的“三篇文章”，宁乡沪农商村镇银行党支部先后与高田村、喻家坳村等达成党建共建合作协议。2023年，宁乡沪农商村镇银行为全面贯彻落实党的二十大精神，与宁乡市江花村共同举办了党建共建主题党日活动，双方深入交流学习、分享工作资源、交流各项经验，进一步激发了干部员工队伍的活力，促进了党建共建活动的开展，搭建了优势互补、资源共享、共建共融的发展新局面。截至2023年7月末，宁乡沪农商村镇银行已与7家“整村授信”合作村签订了党建共建协议。

因农而生，伴农成长。服务“三农”是党和国家赋予村镇银行的重要使命，宁乡沪农商村镇银行充分发挥金融新兴力量作用，持续优化产品服务，重点加大对涉农龙头企业、特色农业产业、美丽乡村建设等的支持力度。

在实践中，宁乡沪农商村镇银行将“诚信村”建设持续写进“新三年战略规划”，充分管理好、利用好、使用好普惠金融这把“金钥匙”，以村居业务加快推进“诚信村”建设，尽展“小快灵”的专业本领和特色。按照“信用即财富”“数据多跑腿、客户少跑路”的思路，通过强化与涉农主管部门的联动，深化与基层党组织的合作，充分发挥“人熟”“地熟”优势，加快信用村评定和信用户建档等“整村授信”工作，实现“集中受理、集中调查、集中审批、集中放款”，扩大农村金融服务供给特别是信贷投放的覆盖面，为今后农村数字普惠金融的发展奠定基础。2022年，宁乡沪农商村镇银行全面推进村居业务，将业务重心进一步下沉，坚持产品先行，打造一系列契合现代化农业生产、生活规律的金融产品，围绕涉农经营主体生产需求和农户个人消费需求，构建“消费+经营、融资+服务”的“三农”金融服务体系。目前已开展12项村居业务，导入客户15 860人；已授信236户，授信总额4 760万元，授信余额3 740万元。

宁乡沪农商村镇银行持续落实“网点下乡村、产品下乡村、队伍下乡村”工作，向广大农户提供“零距离”“面对面”“有温度”的高品质金融服务，助力更多村庄对标“美丽乡村示范村”，推动农业产业提质增效、多元发展，助力更多农户对标“美丽庭院”，全面改善生活居住环境，采取务实举措助力广大农户增收致富。2022年，重点对宁乡当地种粮大户加大金融支持力度，通过与宁乡市农业主管部门和农机协会及各乡（镇）政府部门合作，为87户种粮大户授信2 900余万元。

针对乡村产业发展基础差、产业发展乏力、土地撂荒等问题，宁乡沪农商村镇银行持续加大对当地特色农业的发展支持力度，大力支持栀子花、油茶、花猪、黄牛等特色农产品的规模化、产业化种植及养殖，使荒草横飞的山村重新展露蓬勃生机。2022年，宁乡沪农商村镇银行共为768户农户发放小额信贷4 458.29万元。

“宁乡沪农商村镇银行的客户经理又到咱们村来宣传无抵押贷款了。”家住高田村的黄骨鱼养殖户余菊清对邻居们说。缺钱怎么办？向亲戚朋友借，钱好借，情难还；向银行借，门槛高，手续也烦琐，担保人、抵押物寻找困难。

“现在，宁乡沪农商村镇银行在我们村搞‘整村授信’，只要你真干活、讲诚信，申请贷款真不难。”高田村的受益客户余菊清介绍，村镇银行的小额信用贷款，按日计息，随借随还，1次授信，3年内可重复循环使用，现在很多乡亲很快就拿到了贷款，这在以前是很难想象的。

据了解，目前余菊清承包了105亩地用于种植烟叶，承包25亩地用于养殖黄骨鱼。黄骨鱼养殖周期长、投资成本高，资金短缺成为村民致富难以迈过的“门槛”。宁乡沪农商村镇银行得知相关情况后，着力推进“整村授信”建设，让乡亲们凭借信用就能贷到款，利率还低。在宁乡沪农商村镇银行的支持下，高田村的养殖户购买鱼苗和饲料的资金充足了，养殖规模越做越大，干劲儿也越干越足。

截至2023年5月末，宁乡沪农商村镇银行已经与宁乡市喻家坳高田村签订了党建共建协议，完成了“整村授信”工作，预授信户数400户；授信户数150户、金额2 000多万元，贷款余额2 000万元；用信农户产业涉及该村各个重点产业，包括烟叶、栀子花、油茶种植和黄骨鱼养殖、猪牛羊养殖等。

截至2022年12月末，宁乡沪农商村镇银行贷款余额104 788.4万元，涉农贷款余额95 267.48万元，占比90.91%，涉农贷款较年初增加6 673.4万元，增长7.53%，高于总贷款3.2个百分点，其中农户小额信贷累计发放768户、金额4 458.29万元。

实体经济是强国之本、兴国之基。自开业以来，宁乡沪农商村镇银行主动对接辖内小微企业，为企业量身定制融资方案，全面提升服务效率和水平，全力满足实体经济多样化的金融需求。围绕新业态的发展需求，通过创新金融产品和搭建个性化“一站式”服务体系，充分释放金融助力实体经济的“政策红利”，推动信贷资源向促进新动能发展倾斜。

围绕涉农经营主体生产需求和农户个人消费需求，宁乡沪农商村镇银行打造了一系列契合现代化农业生产、生活规律的金融产品，构建“消费+经营、融资+服务”的“三农”金融服务体系，农户贷款以纯信用担保方式为主。为进一步提升金融服务质效，宁乡沪农商村镇银行积极开展服务转型，深入转变营销方式，推广运用网格管理，逐步构建区域性网格化精准营销体系；在辖内编织金融服务网，做到网中有格、格中有人、人尽其责，为客户提供有力度、有温度、有准度、有速度的金融服务；紧盯“圈、链、群”，完善重点商圈、群体营销服务；结合各类场景、平台搭建“零售生态群”和进行“商圈网格化”营销维护，大力支持满足小微企业、个体工商户、城乡居民的生产经营、生活消费资金需求。

从2020年开始，宁乡沪农商村镇银行小微部门便积极与宁乡湘龙农机贸易有限公司、湖南宁乡金达农业机械有限公司沟通、对接，与两个小微企业一起邀请下游客户举办农机产品展示会、客户答谢会；同时，现场重点推荐宁乡沪农商村镇银行信贷产品，为农机公司下游客户提供金融服务。截至2022年12月末，宁乡沪农商村镇银行为农机公司提供融资贷款4笔、金额200万元，为下游经营户提供融资17笔、金额超1 000万元。

截至2022年年末，宁乡沪农商村镇银行小微企业及涉农贷款余额9.53亿元，其中，信用贷款余额1.35亿元，中期流动资金贷款余额0.52亿元，有力支持了实体经济的发展。

针对网点遍布城乡的优势和老年客户多的现状，在夯实服务能力的同时，宁乡沪农商村镇银行6个营业网点、5个金融服务团队结合金融消费者的消费习惯及教育短板，积极与政府部门、监管机构有机联动，进社区、走商圈、入村居、到企业，深入践行

“以人民为中心”的发展思想，聚焦“一老一少一新”重点客群，深入开展金融知识宣教活动。在各类活动中，通过发放宣传资料、现场讲解、咨询互动等形式，向辖区居民介绍了各类金融诈骗的概念特征、表现形式、常见手段，揭示了犯罪活动的隐蔽性、煽动性、欺骗性、风险性和危害性。

宁乡的文奶奶86岁高龄了，独居，腿脚又不方便，一般在离家最近的金融机构办理业务。后来，文奶奶通过熟人了解到宁乡沪农商村镇银行开办了“普惠金融课堂”，课堂上不仅会介绍金融知识、反电诈知识，还有量血压、讲健康小技巧等助老服务，所以抱着看热闹的心态打电话到银行询问能不能给她发一张邀请券，想来现场参加活动。

宁乡沪农商村镇银行玉潭支行的唐行长在电话中了解到文奶奶的情况后，第二天就开车接文奶奶来参加活动，并为她耐心介绍了村镇银行的发展历程和存款产品。考虑到文奶奶年事已高，他向文奶奶承诺，如果需要到银行办理业务，他都会亲自负责接送。从2021年12月认识文奶奶以来，唐行长经常去看望或电话慰问老人家，还会送一些鸡蛋和蔬菜。进入夏季，蚊虫增多影响睡眠，老人家提出想请村镇银行工作人员从网上代购灭蚊灯，唐行长立马从网上购买了品牌灭蚊灯送给老人。

“我的子女不在身边，真要感谢宁乡沪农商村镇银行给我的温暖。”为此，文奶奶还特意打电话表示感谢。

据统计，2022年，宁乡沪农商村镇银行共开办“普惠金融课堂”1 000余场，辐射客户超50 000人。

回望来时路，郁郁满芳华；迈向新征程，奋楫再出发。未来，宁乡沪农商村镇银行将坚守定位、求实有为，倾情助力实体经济和乡村振兴，在持续提升金融服务和转型创新中加快推进自身高质量发展，为助力地方经济社会发展再立新功！

无为徽银村镇银行

金融工作感悟

无为徽银村镇银行党支部书记、执行董事兼行长　高磊

近年来，无为徽银村镇银行坚守“支农支小”市场定位，持续推动和深化转型发展，围绕农村金融服务的难点和痛点，以改革创新激发金融服务乡村振兴新动能，为“三农”工作提供坚强的金融保障，让金融“活水”更好助力乡村振兴。

找准发展定位。充分发挥法人银行机制灵活的优势，坚持小额分散、错位经营，深耕乡镇蓝海市场，坚持做“难而正确的事”，扬长避短，力争弯道超车。

改革经营模式。设立普惠金融部、小微金融部、金融科技部，整合优势资源组建个贷中心，打造“两极三翼”支行发展新格局，进一步完善与发展定位相匹配的组织体系。

创新产品服务。以特色农业产业为重点，找准切入口，延伸服务产业链上下游，推出“特色种植养殖贷”“徽茶贷”“徽农商贷”“流水贷”等以信用类为主的信贷产品。

加强银担合作。全面推进与政策性担保机构合作，积极推广“振农担”“春风行动”“信贷直通车”等业务模式，有力支持农业产业和新型农业经营主体发展。

推动科技赋能。引入数据风控模型，创设“徽易贷”“融信通”等大数据信用贷产品；投产移动发卡机、智能柜员机、征信查询机、商事登记一体机，拓宽服务渠道；接入电子商业汇票系统、超级网银系统、徽商银行柜面通系统，提升客户体验；开通微信银行、个贷超市、扫码付业务，提高数字化服务水平。

道阻且长，行则将至；行而不辍，未来可期。无为徽银村镇银行将始终扎根乡镇热土，坚守“支农支小”初心，不断探索错位经营发展路径，谱写金融服务乡村振兴高质量发展新篇章。

找准金融强农切入口
注入乡村振兴正能量

党的二十大报告强调坚持农业农村优先发展，对全面推进乡村振兴作出重要部署，提出加快建设农业强国，明确了新时代新征程推进农业农村现代化的重大任务，为走好乡村振兴之路指明了方向、提供了遵循。无为徽银村镇银行作为县域地区金融服务“乡村振兴”的生力军，自2010年8月8日开业以来，始终坚守服务“三农”使命担当，与发起行战略部署和地方经济发展同频共振，充分发挥法人机构决策链短、机制灵活的优势，不断延伸服务触角，深耕乡镇蓝海市场，用心用情服务“三农”、融入“三农”，探索错位竞争和差异化发展路径，以金融为笔，描绘出一幅幅乡村美、农民富、产业兴的乡村振兴新画卷。

位于长江之畔的无为市向水而生，择水而憩，因水而兴。近年来，无为市以水产养殖业为抓手，扎实推进“一镇一业、一镇一园”建设，重点培育螃蟹、龟鳖、稻虾综合种植养殖等特色农业产业。无为市西南乡镇片区的螃蟹养殖产业具备一定规模，部分养殖户存在资金周转金融需求，但也存在还款来源难以核定、难以提供有效担保等问题。结合实地调研和分析结果，无为徽银村镇银行根据农户实际土地承包量、种植养殖方式、种植养殖周期等生产要素，创新推出了信用类农户贷产品——特色种植养殖贷款，以养殖面积核定贷款金额，切实解决了种植养殖户季节性资金周转的难题。

马先生是地地道道的无为人，承包水塘养殖螃蟹已有20余年，养殖面积从最初的10多亩扩大到现在的58亩。马先生于2011年注册成立了无为县全民水产养殖专业合作社，组织合作社成员培育中华绒螯蟹苗种和养殖、销售商品成蟹，同时对社员及周边一些农户开展技术培训、交流和提供服务。随着养殖模式不断扩大，马先生近几年的投入成本随之增加，58亩蟹塘每年的投入成本达40多万元，由于近年来子女相继成家、买房，出现自有资金紧张的情况。无为徽银村镇银行了解到该情况后迅速展开实地调查，开辟“绿色通道”，在2个工作日内向马先生发放了30万元纯信用贷款。“养殖不等人，感谢无为徽银村镇银行，审批快，放款也快，解了我们的燃眉之急！”马先生激动万分地说.起初听其他村民介绍，只要诚信经营，不用抵押就能申请到贷款，他还不相信，抱着试试看的态度递交了特色种植养殖贷款申请。短短几个工作日，资金就发放到位，及时解决了蟹苗和饲料采购的资金短

缺问题。体验了无为徽银村镇银行高效、便捷的金融服务后，马先生已经向周边50余户养殖户进行推荐，带领大家一起走上螃蟹养殖的致富路。

特色种植养殖贷款业务自开办以来，累计投放16 182万元，惠及种植养殖户623户。这只是无为徽银村镇银行服务乡村振兴的一个缩影。近年来，无为徽银村镇银行充分深耕乡镇“三农”市场，把金融支持乡村振兴工作做深、做实，得到广大乡镇农户的一致好评，打响了“助农好帮手”品牌。

无为市昆山镇三公山具有明显的山地立体气候，土壤肥沃、水质甘甜，是茶叶生长最好的区域之一，钱先生看中了这一优势，于2014年来到昆山，承包1 196亩山林，走上白茶种植之路。经过不断开发，钱先生注册了“石婆洼”白茶品牌，实际种植面积达到1 600亩，其中60%已经进入丰产期。茶产业作为昆山镇重要特色产业，近年来发展态势良好，但茶企茶农融资难、融资贵问题仍然存在，急需金融服务支持。

为助力发展生态林业，打造以白茶种植为重点的“一镇一业”，2022年年初，无为徽银村镇银行通过深入调研，根据茶叶种植周期、加工和销售环节特点，创新推出“徽茶贷”产品，贷款期限延长至3年，以信用类贷款为主，结合实际引入林权抵押和知识产权质押等担保方式，满足茶叶种植、收购、加工、销售等生产经营全流程的资金需求。此外，无为徽银村镇银行还通过“徽茶贷＋劝耕贷”组合产品模式，为茶企茶农提供资金支持。钱先生在无为徽银村镇银行的支持下，成功获得400万元贷款资金，成为第一批“徽茶贷”客户。接下来，钱先生准备开发200亩左右的茶园，打造集采摘、娱乐于一体的茶叶公园，进一步扩大“石婆洼”白茶品牌的影响力，带动周边茶叶经济共同发展。

无为徽银村镇银行找准金融服务乡村振兴的切入口，在重点扶持特色农业产业发展的基础上，将服务延伸至农业产业链上下游，针对农资经销商“量体裁衣”，推出了“徽农商贷”产品，授信期限最长3年，还款方式支持按月还款或到期一次性还款，切实解决农资经销商因赊销导致的资金周转困难，进一步推动区域“三农”特色产业发展。

无为市襄安胡氏冰库部的老板胡先生从事冻鱼销售已有20余年，近年来先后在襄安镇区域内建造了5个冷库，提供的产品质量过硬，价格实惠。胡先生的冷库生意越来越红火，但存在的赊销情况导致资金周转紧张。无为徽银村镇银行经实地调查了解情况后，通过“徽农商贷”产品给予胡先生30万元信用贷款资金支持，解了其经营周转的燃眉之急。在无为徽银村镇银行的支持下，胡先生2022年农资销售额突破500万元。“徽农商贷”业务开办以来，累计发放金额695万元，惠及20户农资商，保证了特色农业发展产业链的有效供给。

“多亏了无为徽银村镇银行的好政策，给我发放了低利率的贷款，现在负担轻了，店铺也能正常运营了。”蒋女士经营一家鸡汤面馆，受新冠疫情影响，生意不景气，资金周转困难。无为徽银村镇银行工作人员了解到这一情况后，经过与蒋女士沟通，发现其符合财政贴息政策，于是推荐办理了创业担保贷款，有效降低了客户融资成本，得到客户的好评。

创业担保贷款是无为徽银村镇银行积极落实中央、省、市各级政府促进就业政策，与地方人力资源和社会保障局、担保公司合作开办的，财政部门给予一定财政贴息，用于支持个人创业或小微企业扩大就业的信贷产品。无为徽银村镇银行以创业担保贷款为抓手，全面摸排区域内个体工商户、创业大学生、返乡农民工等符合政策要求的重点人群的资金需求，加强政策宣传和推广力度，安排专人靠前服务，积极对接当地政策部门，了解掌握贴息政策，及时申报创业贴息资金，推动“保创业、稳就业”工作落到实处。创业担保业务开办以来，累计发放5 015笔、金额64 946万元，惠及3 681户创业者。有效降低了客户融资成本。

长期以来，金融支持乡村振兴的挑战在于农业产业具有投资周期长、回报低、风险高等天然属性，农业经营主体通常缺乏有效的抵押物，农户数据存在一定信息不对称的情况，因此，融资难问题一直是制约农村经济发展的重要因素。

无为徽银村镇银行坚守“支农支小”初心，充分发挥法人银行机制灵活的优势，以改革创新赋能金融服务乡村振兴，坚持做“难而正确的事”。改革经营模式，进一步完善与发展定位相匹配的组织体系。创新产品服务，有力支持农业产业和新型农业经营主体发展。截至2022年年末，创新产品占个贷余额的66%，占对公贷款余额的13%。强化科技赋能，提升客户融资服务便捷程度，提高数字化服务水平。调整考核导向，围绕“支农支小”市场定位，科学优化考核机制，将普惠型小微企业信贷投放纳入目标责任制考核，设置户均贷款、100万元以下贷款占比等市场定位考核指标，个人贷款由“余额”考核调整为“日均”考核，在坚持小额分散原则的基础上，推动加大加快信贷投放力度和进度，激发内生动力，促进乡村振兴和“三农”发展。

无为徽银村镇银行始终坚持党建引领，推动党建与业务经营融合发展。在金融服务乡村振兴方面，推动党建与业务部署同频共振、相互促进，深入推进新时代基层党建“双联双应”工作，巩固拓展脱贫攻坚成果同乡村振兴有效衔接，以“定点帮扶”“走亲戚”活动为抓手，全面发力服务乡村振兴，争取在共同富裕的道路上不让一个人掉队。

无为徽银村镇银行积极响应地方政府号召，先后与无城镇东河村、福渡镇沙湾村和无城镇泰山社区等开展结对共建工作，组织行党员干部认真开展“认亲”“结亲”“帮亲”活动，领导班子成员真正下沉基层，走出办公室、走进农户家，认真倾听民意，转变工作作风，通过捐资捐物、志愿者服务、环境整治、困难群众帮扶等方式，多渠道、全方面进行帮扶，切实增加村民收入、提高村民生活水平。与此同时，无为徽银村镇银行深入开展“我为群众办实事”实践活动，“走近基层”“走近乡村”“走近群众”，锚定乡村振兴夯基扩面、解决涉农主体融资难等问题。2022年春节前夕，连日阴雨，无城镇东河村黄先生饲养的公鸡面临销售难题，无为徽银村镇银行迅速采取行动，联系本行食堂和社会爱心人士，帮助黄先生打通公鸡销售之路，切实帮助困难群众解了燃眉之急。无为微银村镇银行通过党建业务融合发展，有效延伸了金融服务半径，金融服务乡村振兴工作持续提质增效。

农业兴则基础牢，农民富则国家盛。无为徽银村镇银行将始终扎根服务“三农”小微市场，延伸服务触角、走进田间地头，深入乡镇农村、聚焦涉农产业，把优质、便捷的金融服务延伸到乡村振兴重点领域和薄弱环节，以金融力量促进产业发展，助推乡村振兴事业蓬勃发展。

温岭联合村镇银行

金融工作感悟

温岭联合村镇银行董事长 钱慧强

乡村振兴是一个长远战略，在实施战略的过程中，我认为，村镇银行应继续做好对农村经济体的金融服务，依托各个网格，打通信息沟壑，建立电子档案，勾勒客户“画像”，明确农企、农户的金融需求，主动上门送服务，将服务的触角伸得更广，把普惠金融做得更实。

为了更好地下沉一线，温岭联合村镇银行将温岭全域划分为367个网格，为每个网格配置了“四员”，即管理员、协管员、监督员、联络员，深入走访乡镇、村社、企业、农户，理出一套“村情档案”，落实一套“惠农政策”，记好一本“小微实录”。在服务储户方面，我们固化村居走访，推出“逢8厅堂活动日”，丰富活动内容，开展异业联盟，加大资源整合力度。

在产品创新的道路上，为支持“新市民”创业创新，温岭联合村镇银行接入流动人口服务中心积分系统，推出“邻里·积分贷”产品；为拓宽农民融资渠道，基于农户家庭资产负债表融资模式，推出“乡村振兴·共富贷”产品；为帮助企业盘活无形资产，降低融资成本，开创专利、商标、著作权“三合一”多元混合质押融资模式；持续推广延期还本付息政策与“续贷宝”业务，为企业降低周转成本、缓解周转难题，助力新冠疫情后产业复苏。

温岭联合村镇银行将小微企业、“三农”、个体工商户等作为主要服务对象，发挥“小法人”机构决策链条短、效率高优势，通过错位竞争和经营模式创新，结合县域产业特色，主动适应和探索当地规模化、产业集群化发展的金融服务需求，与传统银行业金融机构形成优势互补，这是温岭联合村镇银行的特色。

聚力最基层　打造最品牌

浙江温岭联合村镇银行于2011年12月8日正式开业，是由杭州联合农村商业银行主发起，温岭市国有资产经营有限公司等共同出资设立的具有独立法人资格的新型农村金融机构，注册资本2亿元人民币。

截至2023年5月底，温岭联合村镇银行各项存款余额51.34亿元，各项贷款余额55.63亿元，存贷规模超百亿元，居全国村镇银行前列，目前已形成1家总行营业部，大溪、松门、箬横、泽国、温峤、新河、滨海、石塘、科技、城东、横峰、城南、城北13家支行为主体，牧屿、东浦、坞根、石桥头、山市、淋川6家金融便民服务点，1个小微贷业务部为补充的辐射全市的综合性金融服务网络，为温岭地方经济发展提供了有力支持。

温岭联合村镇银行始终坚守服务“三农”、服务中小微企业、服务县域经济的定位，启动并推进“红色引擎”工程，将党建与金融工作深度融合，通过强化“红色核心”、掀起“红色旋风”、激活“红色细胞”、推广“红色金融”、传播“红色文化”、打造“红色品牌”，积极践行普惠金融。在这一过程中，温岭联合村镇银行以“党建联建”为抓手，不断扩大“朋友圈”，凝聚起“党建+金融”的红色合力，以党建链串起发展的产业链、群众的致富链，打通金融服务“最后一公里”。

行党委及下属的各支部以“党建+乡村振兴”为引擎，开展“整村授信”工作。截至2023年4月末，已与1个楼宇、3个机关单位、1个协会、1个商家、2个街道、219个村居（社区）建立党建联盟关系。为提高政策辐射效率，加强对小微企业创业的信贷支持，降低创业融资成本，温岭联合村镇银行还与温岭市工商业联合会、温岭市流动人口服务中心及各商会开展合作，从共享宣传平台、共享身份标识、共享服务场地等方面探索，为小微企业、个体工商户提供优质金融服务。

近年来，各级政府出台了多项优惠政策，给青年群体，尤其是农村青年搭建了创业平台。作为地方金融机构，温岭联合村镇银行积极践行社会责任，响应“大众创业、万众创新”政策号召，梳理群体、精准对接、提供个性服务，搭“金”桥、铺“金”路，用“真金白银”激活创新创业的“一池春水”，走向共富路。

温岭联合村镇银行以创新金融服务为抓手，持续推进“农村青年创业伙伴计划”，通过建立金融党员青年、团干部与农村创业青年的创业伙伴关系，积极支持农村党员、团员、返乡青年等创业创新主体的金融服务需求，用心服务、普惠、帮助更多的农村青年创业展业，激发农村创业创新活力。

在这个过程中，温岭联合村镇银行还以支行为单位组建了青年创业伙伴团队，发挥青年业务骨干作用，专项摸排辖内青年创业者的金融需求，帮助他们解决资金问题，支持其生产经营以走上致富之路。

温岭外来人口超60万，为了更好地为这些“新温岭人”的创业创新提供金融服务，加强对新市民创业的信贷支持，降低新市民创业融资成本，温岭联合村镇银与温岭市流动人口服务中心达成党建共建合作，发挥其作为温岭市外来人口行政管理部门的资源优势，同时，组建了专门服务新市民的微贷营销团队，并针对新市民推出“新邻贷”产品，加大对“新温岭人”的信贷投放，致力于解决流动人口“融资难、融资贵”的问题。“新邻贷”的利率与温岭市流动人口积分挂钩，积分越高利率越低，并将中心的外来人员积分管理制度纳入风险考量体系，根据“新温岭人”的积分情况优化、简化贷款授信全流程管理，将积分数据与授信额度以及贷款利率挂钩，实现了积分“折现”。截至2023年5月末，温岭联合村镇银行已向305位“新温岭人”发放授信11 379.70万元。

俞德保是浙江省台州市仙居人，目前在温岭横峰鞋业集聚区内经营一家鞋楦厂。之前他在温州打拼多年，从学徒到设计师，一步一个脚印，积累了制作鞋楦的技术和资源，六七年前来到温岭创业，和朋友合伙开办了鞋楦厂。由于为人靠谱、技术过硬，俞德保的鞋楦在当地逐步打开了知名度，订单一天天多起来，生意愈来愈红火。眼瞅着生产能力接近饱和，2021年下半年，俞德保琢磨着增加设备以进一步扩大生产规模，提高鞋楦厂产能。

正在他一筹莫展之际，温岭联合村镇银行客户经理潘丽丽的一通电话打在了他的心坎上。“以前没接触过贷款，也不想找人担保。”根据俞德保的情况，潘丽丽向他推荐了“联合快贷”。很快，温岭联合村镇银行把30万元纯信用经营贷款打到了俞德保的账户上。“联合快贷”作为温岭联合村镇银行的当家产品，具有一次审批、固定额度、随借随还、按日计息的特点，是生意人的好伙伴。谈到这30万元贷款，俞德保说：“感谢浙江温岭联合村镇银行，1套设备就要60万元，我着实有点吃不消，要没有这30万元贷款，这些新的设备我真的配不起，发展速度就会慢很多。”有了这笔资金，俞德保的新设备很快到位，产能也扩大了1倍。看着熙熙攘攘的厂区，俞德保已经在计划换一个更大的场地，发展他的鞋楦事业。

聚焦国家乡村振兴战略，实施金融助力聚富、享富行动，打通服务堵点、难点，提升服务质效。通过推广“农户家庭资产池融资”模式，开发“乡村振兴·共富贷”产品，盘活农村各类产权要素，新增“普惠小微·共富贷”产品，满足小微企业生产经营活动金融需求。截至2023年5月末，共计发放“共富贷”881户，合计余额6 492.20万元。

实施金融助力创富、造富行动，探索共同富裕有效路径，强化金融普惠。2020年起，开始探索实施“仟禾福”惠农工程，通过与杭州安邦农业生物科技有限公司合作，由银行出资，免费为温岭的种植业提供“仟禾福”有机肥，并邀约农业专家不定期前来指导，截至2022年12月末，已惠及农户166户，试用农田达594.4亩。

开展“助农消费帮扶”行动，努力帮助农户增收，积极助力乡村振兴。2022年12月，温岭联合村镇银行以党支部为单位成立“助农帮扶团”，通过发起消费帮扶倡议，采用单位福利采购、员工自发购买、客户回馈等形式，组织内部抱团拼单，帮助农户解决农产品销路问题，目前已开展助农活动二期，累计帮助10余名农户销售菜花10 000余斤、香乌笋3 000余斤。

林光标身体硬朗、目光矍铄，透着农人的质朴和谦和。他指着眼前的一大片毛豆说：“这片都是我种的，一共种了50多亩，每年种两茬毛豆，再种一茬西兰花，1亩地

能挣1.2万元，我还贷了10万元建了一个冷库，用来储存待售的蔬菜。”

他曾是石桥头镇桥浦村的党支部书记，在村里颇有名望，年轻时就是村里的种田大户，但2004年的特大号台风“云娜”把他精心护理的大棚毁坏殆尽，当时还没有农业保险，补偿非常有限，这让他萌生了外出经商的念头。在外打拼十几年后，几年前他又返回村里，承包了50余亩地开始种植农作物。“在外面打工的时候，我发现了几样适合我们本地种植的经济作物，就把它们带回来尝试种植，轮种的经济效益还不错。”在他的带动下，村民们纷纷开始种植。

随着作物成熟、产量增加，销路急需拓宽，为了帮助村民解决销路问题，林光标开始调动自己在外经商期间积累的人脉资源，为村民开拓销售渠道。

为了延长蔬菜的储存期，他在村里专门修建了果蔬冷库，用于存放待销蔬菜。建冷库、购设备使他一度面临资金紧张困局。“春耕时分连买肥料的钱都不够了。”林光标说。就在这时，温岭联合村镇银行的客户经理找到了他，并为他提供了10万元的助农贷款。

他和温岭联合村镇银行的缘分也正是从这个时候开始的。

2022年11月，桥浦村上百亩菜花滞销，林光标愁得四处奔走，浙江温岭联合村镇银行的相关负责人在走访过程中了解到村里的情况，当即在行内发起助农帮扶倡议，并联系了温岭市融媒体中心开展助农播报，帮助村民打开销路。

谈起温岭联合村镇银行，林光标说：“村镇银行和我们村搞党建共建，大家在活动中就认识了，我别的也不会做，20多岁就开始从事农业，对农业有感情，非常感谢村行送来的贷款和为我们提供的帮助。”林光标不止自己种植毛豆、销售毛豆，每年还帮助当地村民购销毛豆500余吨。

温岭联合村镇银行自成立以来，坚持“不负每位客户信任，联合创造美好生活，携手实现共同富裕”的企业使命，努力打造可持续、稳健、高质量发展的优秀村镇银行，先后获得“全国AAAAA村镇银行”“全国优秀村镇银行”“全国十佳村镇银行”“台州市文明单位”“台州市年度惠企减息工作先进单位”“温岭市服务业重点企业”“温岭市双强先锋党组织”“温岭市纳税大户”等荣誉称号，并连续8年荣获“全国百强村镇银行”称号。

吉安稠州村镇银行

金融工作感悟

吉安稠州村镇银行行长　李爱龙

金融作为现代经济运行的血脉，不仅是农业支持保障体系的重要组成部分，更是农业强国建设进程中最重要和最关键的资金缓解渠道。

强国必先强农，农强方能强国。党的二十大报告明确指出："加快建设农业强国，扎实推动乡村产业、人才、文化、生态、组织振兴。"现阶段，吉安稠州村镇银行的导向是服务下沉，一方面是响应国家政策，另一方面是看到了农村金融服务存在红利市场。政策对普惠金融的支持力度不断加大，也不断强调普惠金融、优化营商环境，重视农业农村发展，在宏观上是好的趋势，但对于农村中小规模银行来说，也带来了直面大型银行业务的挑战。尤其在市场融资需求收缩的背景下，中小银行面临的压力更大，也更需要主动出击实现突围。我行要进行业务上的有效竞争，共同推动农业农村发展，就必须将自身的金融业务"再下沉"，当然这也是我行一直在做的，下沉到村庄，下沉到农户。同时，金融机构要想提高竞争力，满足市场多元化、多层次的需求，就需要不断地丰富信贷产品种类。我行"安心贷""村民贷"等产品，以及20万以下小额主动授信，也在不断优化，向乡村倾斜。截至2023年3月末，我行涉农贷款5.07亿元，较年初增加1 642万元，其中农户贷款4.3亿元，较年初增加1 961万元。涉农贷款增速为3.3%，高于我行各项贷款增速，实现涉农贷款余额持续增长目标。

金融服务只有起点，没有终点。我行不断通过免抵押、免担保方式，以"整村授信"、主动授信等方式满足农户的中长期资金需求。着眼未来，应将金融科技助力农业强国建设，建立数字化"三农"综合金融服务体系，实现"政＋银＋合作社"数据共通，以数测额，提高智通化评估效率，从而建立良好的金融环境。

吉安稠州村镇银行精准营销打造服务乡村振兴“吉安模式”

江西吉安稠州村镇银行是由浙江稠州商业银行发起设立的第一家村镇银行，于2009年12月29日正式开业，以“立足本土，服务‘三农’，支持小微”的经营理念，深耕细挖本地市场，积极支持当地经济发展。

面对金融环境新形势、新任务和新要求，吉安稠州村镇银行不断谋求新发展、新思路，顺着改革的道路，围绕快速精准获客、扎根本地市场的目标，提出村居模式之“整村授信结合‘三农’基础工作”“链式营销”“3Q精准营销”思路，全行上下统一思想、统一路线，走出自己的“吉安模式”。

“3Q精准营销”模式。“3Q”就是勤、情、钱；“精准”就是眼见耳听为实或凭营销经验判断某客户可能有信贷需求的一种有针对性的拜访；“营销”就是先以某一网格、某一行业为单位，在“3Q”和“精准”的前提下上门逐户拜访和营销，最终把客户由陌生向熟悉的过程转变。

“3Q精准营销”分为“有形网格”和“无形网格”。“有形网格”就是将产业区内的乡镇和社区划分成若干网格，以行政村、街道、专业市场、园区、商圈等为单位划分网格包干到人。“无形网格”就是寻找信息名单，根据客户类型运用电销话术精准寻找“意向信贷需求和季节性信贷需求”目标客户群体。通过自己看到的和听到的合作社、种养群体、街道、专业市场、当地区域外经济信息等，精准寻找可能需要贷款的客户。

吉安稠州村镇银行凤凰支行客户经理吴芳在走访包干网格彭家村时，通过“3Q精准营销”走访发现枧头自然村有一家养牛专业户，通过交谈得知，该客户名叫周兆辉，2021年年初自购9头牛养殖，有意向扩大规模，但手头没有资金，通过客户经理介绍拳头产品“备用金”，当即办理了10万元循环贷款，解了燃眉之急。2023今年3月，周兆辉的养殖规模从9头牛扩大到18头牛，需要资金购买草料，吉安稠州村镇银行又主动增额2万元，让他感受到了金融输送快速、精准、及时、高效的营销模式。

东元村社山村的一名养殖户刘闹民，2022年养殖蛋鸡7 000羽，由于传统的养殖方式产值少、效益低，需要资金引进自动化设备并购买鸡苗，他通过驻村客户经理公示牌上的电话号码，联系上了永阳支行客户经理刘利华。刘利华第一时间与支行行长沟通后，直接上门开展尽职调查、收集客户资料等，并于次日完成信贷投放50万元。金融“活水”的输送，让刘闹民的养殖规模从7 000羽扩大到1.6万羽，带动了当地脱贫户就业，也因此得到当地政府和客户的高度认可，并为吉安稠州村镇银行介绍了多个上下游客户。

“3Q精准营销”是吉安稠州村镇银行建立在链式营销上的另一项获客模式新举措，拉近了新、老客户距离，打通了上下游产业链节点，目前已精准走访客户8 145户，意向贷款544户，两个月实现授信落地89户，授信金额2 104万元，让更多的小微业主和村民享受到差异化、便捷的金融服务。

吉安稠州村镇银行普惠金融服务从个人到企业、从城区到乡镇，客户经理的身影活跃在每一个乡村角落，为更多的农户输送了金融“活水”。

为融入农民生活、贴近群众，2022年金秋时节，银行开展“金秋稻谷飘香”助农收割活动，员工深入田间地头，抢抓晴好天气，撸起袖子、手持镰刀帮助农户收割稻谷、打谷子、挑稻穗，发扬不怕苦、不怕累的精神，用实际行动展示新时代好青年的模样。农户看着员工的满头大汗及收割好的稻谷，质朴的话语中透着诚恳的谢意：“这么多的稻谷，要是我两口子收，起码得几天，真心感谢你们。”

如何证明客户经理已融入一个村？客户经理划分包干村居，在村居内张贴公示牌，定期在村居内开展公益活动，逐户开展防诈骗金融知识科普，对每户家庭如数家珍，做到“进村舍，狗不叫”，这是客户经理融入村居、贴近村民的一个重要标志。

在工作中，该行对各支行所在乡镇及周边乡镇的行政村进行划分，挂图作战，再包村到人，由易至难，纵深推进，网格挂牌作战，让村民享受“一站式”金融服务。

吉安稠州村镇银行还采用“线上操作、线上审批”模式，让客户经理将评议结果和大数据进行比对，通过上门“移动开卡”，手机银行线上审批，村民只需提供身份证即可快速满足融资需求，通过支持村内产业发展，助力乡村振兴。该行通过开展“雷霆行动”，全县覆盖授信村居128个，导入“白名单”19万人，授信户数4.4万户；成功签约“乡村振兴贷”的家庭户数3 675户，授信金额2.3亿元，其中，已用信的户数449笔，用信金额2 503万元，达到“一村一策、快速放款”的目的，使“乡村振兴贷”产品真正成为村民身边的“备用钱包”。

为全面推进乡村振兴，吉安稠州村镇银行紧贴政策引领，主动聚焦乡村振兴、“三农”重点领域，以“乡村振兴贷”作为主推产品，建立快捷、简便、智能、风险可控的农村金融信贷服务体系，切实解决农村融资难、融资贵等问题。

以农村为主阵地一直是吉安稠州村镇银行的重心方向，将“三农”工作做实、做细，在有物理网点的乡镇支行派驻“三农”客户经理，通过在村内寻找“村民代表”，减少客户经理上门的陌生感，并协助“三农”客户经理逐户上门开展调研工作，实时了解村民金融需求。

吉安稠州村镇银行按照“驻村三步走”路线图开展工作：第一步是按户建立村民信息档案；第二步是全面接触了解村民需求，建立村民信息档案，已完成1.2万户建档工作，并根据村民实际金融需求发放贷款；第三步是形成与村民正常的交往、互动机制，开展各类公益活动，成为村里的

一分子。为建立“零跑路”机制，吉安稠州村镇银行在各村内悬挂1 800块“三农”客户经理公示牌，要求每个网格管理者守土有责，守土尽责，做到不留空白点。

吉安稠州村镇银行通过客户经理逐户收集“三农”信息，按照“软信息+大数据风控”风控逻辑，以“家庭和睦、勤劳肯干、收入稳定、无不良嗜好”为主要准入基准，通过“3＋3”背靠背评议模式实现客户“软信息”的批量筛选，基本保证了村民信息的客观性和真实性，同步建立基础客户名单库，实现主动授信，更快、更准地直通客户需求，解决客户资金需求。

吉安稠州村镇银行积极践行乡村振兴的新模式，进行“乡镇网格+城区网格”资源聚集，构建起金融服务平台模式，做实县域普惠金融服务的深度和广度。同时，通过对接村委支部书记（主任）或乡镇党委、政府主管，在网格内形成资源聚集，构建起“政府+银行+金融服务站”平台，并建立3个“1”管理模式，即“1个行政村+派驻1名金融顾问+聘请1名村内优质站长”，形成“家门口的银行”，村民足不出户即可享受服务站六大功能：一是农村党建平台；二是普惠金融中心宣传平台；三是公安反诈骗宣传平台；四是农村快递代收平台；五是稠行银行卡服务平台。目前建立104个金融服务站，协助村干部开展党风、党建活动85场；量血压、送电影下乡、助农帮扶120余场；开展反诈骗宣传活动90场，进一步增强村民反诈意识。

敦厚镇仓田村的肖芳兰是一名典型的金融服务站站长，她既是该村的妇女主任，也是一名村医，在当地具有影响力和号召力，身兼数职的她知晓金融服务站给村民带来的红利，与驻村客户经理共同开展公益活动及防诈骗宣传、信贷知识宣传等活动，截至2023年5月，仓田村共签约“乡村振兴贷”50户，授信金额250余万元，为当地种植养殖户提供了信贷资金，带动当地经济发展，帮助村民发家致富。

吉安稠州村镇银行以核心客户为切入点，积极走访种植养殖户、个体工商户、企业等，深挖上下游企业金融需求，积极开展资金链、产业链营销，解决信息不对称的问题。

“关键人营销”模式。关键人“张三”的切入点可为亲戚、朋友、同学、村居关键人、商会协会的关键人、企业主管会计、扫码商户、电话营销促成上门联络的客户等，通过其介绍身边有资金需求的客户，可达到加快目标客户群体意向促成的效果。

客户经理通过“网格化”和“行业化”不断寻找关键人“张三”，在每个“张三”身上下足功夫，努力找出他（她）的亲属圈“李四”、朋友圈“王五”、同业圈“赵六”……通过链条模式以点带线，以线带面，以面带三维立体，逐步涉及各行各业，从而支持当地经济的发展。

该行利用“链式营销”模式，共找到关键人“张三”5 619户，摸排走访“李四”20 681户，实现授信落地763户，授信金额2.67亿元，为更多小微企业提供资金保障。

此外，为助力“乡村振兴 共同富裕”，吉安稠州村镇银行通过抖音直播平台为农民创业增收，销售的产品有特色农产品、水产品、茶叶等，直播平台采用全程户外直播形式，在稠行官方抖音平台直播间同时播出。直播间同步进行防范电信诈骗宣传，在推广农产品的同时，也带来了防范电信诈骗的“干货”“硬货”，让观众看得舒心、买得安心。

截至2023年4月末，吉安稠州村镇银行存款余额14.15亿元，贷款余额13.07亿元，其中小微贷款余额12.8亿元，户数3 579户。

广东中山古镇南粤村镇银行

金融工作感悟

广东中山古镇南粤村镇银行董事长　朱伟堂

本人一直从事农村金融工作，曾就职于多家村镇银行，这些工作经历带来的最大收获就是村镇银行管理者可以充分发挥主人翁能力和精神，作为村镇银行的董事长，应有敬业乐业的精神，善于时间管理，有时间观念，为人所不能为、不愿为且做得好。

作为董事长，一要及时调整思想，更新观念，适应新形势下企业经营管理的需要。严格按照董事会的授权与经营管理范围，带领员工队伍围绕发起行下达的年度工作计划指标和银行发展的实际需要，始终坚持以人为根本，以市场为导向，以规章为支撑，积极谋划银行发展蓝图。

二要加强自身建设，贯彻“以德治行”的人本管理理念，发挥着“领头羊”的指引作用，用积极、健康、饱满的工作热情与工作态度来管好班子、带好队伍。

三要务实创新，科学规划，着力构建适应银行经营管理需要的新机制，科学设置管理层次和职能，完善逐级责任管理建制，明确各自的分工和职责，强化部门职能作用。完善考核办法及薪酬制度，强化考核体系，加大考核力度，奖勤罚懒，激发企业内在活力，调动职工工作的主动性、积极性与创造性。

四要明确目标，合理安排，整合企业各项工作，做到全面协调的发展，围绕董事会下达的工作目标任务，改进工作作风，全行员工同心协力、创新实干、扎实工作，圆满地完成全年的工作任务，取得较好的社会效益和企业经济效益。

苔花如米小　也学牡丹开

强农富农，国家有政策，市场有空间，人民有需要，村镇银行有禀赋。广东中山古镇南粤村镇银行，注册资金2.5亿元，是由广东南粤银行发起的唯一一家村镇银行，设立在“中国灯饰之都”中山市古镇镇。作为国有控股性质的村镇银行，落实国家强农富农政策，责无旁贷。2022年，在主发起行的正确指导下，中山古镇南粤村镇银行认真实施“1234”支农惠农工程，截至2022年年末，全行涉农贷款余额8 955万元，较年初增加4 063万元，增幅83.1%，规模和增幅均创下该行开业以来的新高。

2023年是全面贯彻党的二十大精神的开局之年，也是实施“十四五”规划承上启下的关键之年。中山古镇南粤村镇银行牢固树立以党建为中心的统筹理念，贯彻落实“一三五”党建工作要求，目前行内党员占比过半。同时，将学习贯彻习近平新时代中国特色社会主义思想与业务发展相融合，坚持为企业办实事、为客户办实事、为群众办实事，创新政企合作，共建、共享、共赢，力促服务“三农”和实体经济发展相融合，先后组织乡镇和社区举行普惠金融对接会，创新产品、提升服务、减息让利于民；与中山市财政局古镇分局党建共建、互通有无，发挥“1 + 1>2”的优势，坚持精准服务，与企业同命运、共患难，全面践行县域金融主力军的责任担当。

中山古镇南粤村镇银行高度重视党风廉政建设工作，由党委书记、纪检委员为全体党员干部上了3次廉政专题党课。中山古镇南粤村镇银行对“三重一大”集体决策等重要工作的廉洁风险点进行排查，确保无违反廉洁纪律的情况发生；积极组织开展“清廉文化月”活动，发动全行30多名员工积极参加，共计投稿清廉家书27篇、清廉文化作品19幅，活动得到多家媒体的肯定与报道。各项清廉金融文化工作的落地，进一步坚定了全员的政治思想站位，在村镇银行内部营造了崇廉尚规的文化氛围。

金融服务在农业产业发展过程中扮演着重要角色——“钱袋子”，为乡村振兴过程中农业基础设施建设、项目落地、农牧种植户的转型成长提供资金支持。尤其在过去几年中，我国农业克服了复杂多变的国际环境和新冠疫情等多重挑战，村镇银行也扛住了肩上的责任，为农业生产和农村的产业发展保驾护航、化解种种风险。当前，建设农业强国与推进乡村振兴的步伐加快，在这样的背景下，2023年以来，村镇银行围绕国家部署，持续加大涉农金融供给，倾斜资源配置。

当下，涉农金融的发展要配合好农业强国步伐，需要以产品与机制相结合为抓手，这也是村镇银行转型发展的趋势。中山古镇南粤村镇银行一方面建立“简”“灵”“诚”“快”信贷审批机制企业和文化体系，全力推动金融机构增加乡村振兴相关领域的贷款投放；另一方面结合古镇镇产业结构和经营特点，蓄力打造小微灯饰合作伙伴银行，在发起行广东南粤银行全方位的支持下，丰富产品和服务体系，推广“幸福存单”“粤如意”“粤惠农”等存款产品以及“精英贷”“小企业税贷”“乡村振兴贷”“乐农贷”“乐商贷”等贷款产品，同时组织服务队伍下沉至社区、村域、产业园等，不断扩大服务覆盖面，满足区域金融需求。2022年，中山古镇南粤村镇银行本外币各项存款余额6.85亿元，本外币各项贷款余额7.24亿元。

作为县域农村金融主力军，中山古镇南粤村镇银行贯彻落实2023年中央一号文件精神，主动融入乡村振兴战略，围绕“产业兴旺、生态宜居、乡风文明、治理有效、生活富裕”的乡村振兴总要求，不断创新金融服务模式，加强“银企”合作，加大对农业经营主体的信贷支持，为乡村产业发展注入金融“活水”，为实现乡村振兴“贷”来新活力。为进一步强化对“三农”和小微企业等实体经济的金融支持，一方面，中山古镇南粤村镇银行优化业务流程，本着“对内优化，对外简化”的原则，对现有信贷流程、组织架构进行重新梳理，调优信贷业务审批流程，全面提高办贷效率；另一方面，打造精品贷款产品如“七喜贷”等，着力突出特色经营，为各类客户提供多元化的金融支持；同时，充分发挥金融机构在金融知识宣传、社会诚信环境建设方面的作用，跟进做好金融服务，全方位融入乡村振兴战略。

2022年，中山古镇南粤村镇银行加大对中山地区实体企业的贷款投放力度，确保各项暖企助企工作落地见效；加快修订和出台对不良容忍度等的相关管理办法，优化完善尽职免责制度；在前期信贷考核制度有效性得到检验的基础上，及时推出阶段性的“小微企业融资专项激励考核方案”，同时要求激励政策逐月兑现，激发小微营销人员“愿贷”动力；坚持“走百企、访百村”营销工作，主动对接涉农和小微企业，发掘企业融资需求，夯实“能贷”基础；加强对信贷营销人员及审查审批人员的培训提升工作，提升全员“会贷”水平。截至2022年12月末，中山古镇南粤村镇银行普惠小微企业贷款余额6.1亿元，比年初增长30.45%。

中山古镇南粤村镇银行与粤财普惠金融（中山）融资担保股份有限公司签署批量融资担保业务合作协议，2022年12月29日，双方合作的首笔“银担”批量融资担保贷款成功落地，助力中山本地一位小微企业主获得200万元银行贷款。该笔业务的落地，标志着中山古镇南粤村镇银行正式成为粤财普惠金融（中山）融资担保股份有限公司批量融资担保业务的战略合作伙伴，双方批量融资担保业务合作正式启航。合作双方共同推出的额度最高为500万元的批量融资担保产品，是政府性融资担保机构与银行金融机构为实现贷款、担保服务快速匹配而采取的一项创新担保模式，也是合作双方助力做好“六稳”工作、落实“六保”任务的重要体现。

南粤村镇银行“1234”支农惠农工程，“1”是精心打造一款涉农贷款拳头产品，2022年年初研发的“南粤·乐农贷”产品，以“最高授信额度可达500万元，最低利率可达4.8%，担保方式和还款方式灵活”的特点，在市场上获得良好反应和客户的广泛认可。“2”是为了有效降低涉农贷款的自然风险和市场风险，“南粤·乐农贷”产品除了具有“贷款金额不超过客户净资产40%”这个风控内核之外，还增加了粤财普惠担保和客户直系亲属担保两种增信方式，且平均年化担保费率不超过0.9%，极大提升了贷款可操作性及营销团队的“敢贷、愿贷”意愿。“3”是聚焦古镇区域“花木种植、水产养殖、农产品贸易”三大涉农产业，开展定向营销，提升金融服务质效。“4”是全面完成“涉农贷款余额增加、户数增加、平均利率下降、涉农贷款监管指标达标”4项工程目标，强农惠农措施落地生根。截至2022年年末，全行涉农贷款余额8 879万元，比年初增加3 987万元，增幅81.5%，其中普惠涉农贷款5 875万元，比年初增加2 090万元，增幅55%，普惠涉农贷款平均收息率比年初下降10BP。

区先生曾从事灯饰配件生产行业，自2003年开始从事花木种植业，在中山市板芙镇、民众镇（今民众街道）租赁约1 301亩土地，主要种植鸡蛋花以及大肚木棉花，同时购买罗汉松的种子种植罗汉松。为进一步扩大经营，其于2013年创办中山市今日园林花木场，主要为房地产工程及市政工程的园林绿化提供鸡蛋花以及大肚木棉花。

2020年开始，受新冠疫情、经济下行和房地产市场不景气等多重因素影响，花木价格下滑，且市场上种植鸡蛋花、大肚木棉花的企业较多，销售受到较大影响。2023年，区先生陆续接到罗汉松的订货订单约20 000棵，罗汉松造型师日工资300 ～ 500元不等，一天仅能造型2 ～ 3棵，完成20 000棵的造型费约300万元，高额的造型维护费用使区先生一时资金周转不开。中山古镇南粤村镇银行通过政府部门介绍，获悉区先生的具体情况，迅速组织客户经理上门调查，核实情况后，通过上下联动，开辟“绿色通道”，仅用1个工作日时间便完成审批，将200万元信用贷款送到区先生手中，顺利帮其渡过难关。

郭女士，中山坦洲镇人，与其配偶梁先生共同经营水产养殖。2018年9月14日，二人创立中山市坦洲镇有有水产养殖场，郭女士主要养殖罗氏虾、河豚，向中洋渔业（中山）有限公司供货，同时也专业收购罗氏虾的人员向他们收购。梁先生承包了裕洲村73.99亩鱼塘，亩产4 000斤左右的罗氏虾，罗氏虾的生产成本在20元/斤左右，出货价约28元/斤，年产约29.59万斤。

受天气影响，郭女士的虾塘出现较大损失，而新的养殖期将至，郭女士没有足够的资金购买虾苗及饲料。中山古镇南粤村镇银行客户经理获悉该情况后，上门调查，在资料收集、审批完毕后，仅半天时间就发放了其需要的20万元资金，解决了郭女士的资金需求。

雄关漫道真如铁，而今迈步从头越。在新的经济形势下，站在新的起点，中山古镇南粤村镇银行将坚持党建引领，忠实履行“支农强农”“服务实体经济”的社会责任，努力将自身打造为“客户安心”“股东放心”“员工舒心”的村镇银行，为建设“美丽中山”贡献“南粤”品牌的力量。

开阳富民村镇银行

金融工作感悟

开阳富民村镇银行党支部书记、董事长　刘玉军

村镇银行要做好“四个定位”，找准自身位置。一是战略定位，做到“三做”。村镇银行的业务就是“做小、做广、做精”。“做小”就是设置单户单款额度限制。“做广”就是做散，覆盖全县域人口，让守诚信、有能力、想贷款的人都能贷款。“做精”就是提供精诚服务，为老百姓提供存贷、金融知识等全方位、多角度、宽领域的服务。二是职能定位，做到“三支”。支持“三农”，支持小微企业，支持县域创业者，可以概括为“支农、支小、支微”。三是客户定位，服务好“三类人”。村镇银行的客户锁定在农户、个体工商户、县域就业人员。四是市场定位，扮演好“三者”。村镇银行在县域银行市场中的角色是市场补缺者、市场追随者、市场挑战者。村镇银行提供服务相当于履行公共职能，需延伸信贷链条，在较高标准的产品、渠道、流程和服务等基础上提供银行服务，不断调整策略，做“有距离的追随者”“有选择的追随者”。

村镇银行要锻打“四种精神”，树立四个形象。一是“三水”精神，早上一身露水、中午一身汗水、晚上一身泥水。二是扶危济困精神，树立老百姓的贴心人形象。积极参与当地公益事业，积极介入当地困难群众扶助事业，积极为人民群众办实事。三是担当作为精神，树立普惠金融践行者形象。落实国家涉农政策，让县域内守诚信、想创业、能成事、想提升自身生活品质的人民群众均可获得信贷支持，实现真正意义上的全民普惠的普惠金融。四是躬身入局的精神，树立乡村振兴引领者形象。下沉重心，划定网格，绘制战略作战地图，为老百姓的事业发展做好参谋，提供指导。

村镇银行要积淀“四维文化”。一是体制文化——遵章守纪、合规经营。二是执行文化——立说立行，雷厉风行。三是风险文化——重内控，树合规，勤纠偏。四是责任文化——有担当，有情怀，有温度。

时人不识凌云木　直待凌云始道高

在贵州省“引金入黔”背景下，经开阳县委、县政府大力引进，开阳富民村镇银行于2014年7月正式开业。现有总行营业部、楠木渡支行、龙岗支行、花梨支行4个营业网点，未设立物理网点的乡镇均有业务团队下沉重心专职负责，把金融服务送到千家万户，业务方面已实现县域全覆盖。

开阳富民村镇银行充分发挥地方法人金融机构机制灵活、决策链短的优势，始终坚守“支持‘三农’，服务小微及社区居民”的市场定位，已在全县累计发放信贷资金超过50亿元，支持6万余户农户、个体工商户、创业者生产经营、脱贫致富，为开阳县“组组通”、旱改水、建设高标准农田、美丽乡村建设等重大项目客户提供信贷支持超亿元，为支持地方经济建设作出积极贡献。经过近10年快速、健康、良性的发展，开阳富民村镇银行已逐渐成长为县域内一家中型银行，现存贷款规模已超22亿元，监管指标及经营情况在全省84家村镇银行中名列前茅。

更无柳絮因风起，唯有牛群向人鸣。贵阳市开阳县双流镇刘玉村内有一幢砖混结构的小洋楼，这是该村养牛大户孟信军的家。

“开阳富民村镇银行好啊！金融服务送到家，我家的养牛规模从几头扩大到几十头，多亏了开阳富民村镇银行的大力支持。有福大家享，如今我让村里十几户有意愿的人家跟我一起搞养殖！”孟信军脸上洋溢着幸福的笑容。

孟信军，地道的一名务农人。他原来靠种庄稼为生，生活过得平平淡淡，但他本人非常勤奋，常常寻思如何找到更好的出路，让自家的日子过得更好。开阳富民村镇银行在走访中了解到，孟信军不但勤奋，还对养牛颇有研究，各项条件均符合开阳富民村镇银行“普惠小贷”发放要求，便按照信贷程序投放10万元贷款支持他养牛。他家的圈舍里现有的40头西门达尔牛，就是靠这10万元贷款逐渐发展而来的。同时，他还用养牛赚的钱，将以前住的老木房改造修建成了3层的精美小洋楼，一家人的生活和和美美。

谢公诗云：“首夏犹清和，芳草亦未歇。”在开阳县永温镇大坝村，一栋木板老房形制大气、结构完好，旁边盖起了砖木楼房，与古旧的木屋形成鲜明的反差。院落远看淡烟笼罩，屋前屋后的土地种满了蜂糖李、苹果等经济作物。这就是农户刘显孟的家。

“我从2017年开始办果园、瓜园，但是家里就这一亩三分地，当初琢磨银行铁定不会贷款给我。”刘显孟说，“后来，开阳富民村镇银行的客户经理李松来到我家，告诉我可以获得10万元贷款，支持扩大我的种植规模。”这10万元贷款，刘显孟除了用于耕种自己的土地，还承包了村里的土地，种植了蜂糖李、苹果、西瓜等经济作物。经过四五年的发展，如今，每年的销售收入扣除各种成本费用后，还余20多万元，过上了较为富足的生活。

在刘显孟家中，一块写着“四星级家庭农场”的荣誉牌格外醒目，这是他在2022年获得的，同时还荣获了“贵阳贵安星级新型农业经营主体”称号。

孟信军、刘显孟两位农户的发展历程，只是开阳富民村镇银行通过信贷支持开阳县养殖业、养殖业的缩影。开阳富民村镇银行几乎每天都向该县老百姓投放若干笔贷款。“‘支农支小’就是村镇银行的战略定位，我们支持的‘三农’和小微客户累计已超6万余户。”说起开阳富民村镇银行支持老百姓发展致富的那些事儿，开阳富民村镇银行党支部书记、董事长刘玉军如数家珍。

开阳富民村镇银行持续发挥自己的优势，使创新产品和服务精准投向“三农”和小微企业，更好地服务实体经济并收到显著效果。充分发挥党建引领，以党建促行建，以党建强业务，通过先锋党员带头，将党建工作与业务发展双向融合，把更多的金融资源配置到农村重点领域和薄弱环节，更好地满足乡村振兴多样化、多层次的金融需求。

“金杯银杯，不如老百姓的口碑。”开阳富民村镇银行自成立以来，便以落实普惠金融为己任，确立了服务“三农”、服务社区的经营方向，坚定“做小、做广、做精”的经营策略，立志成为一家支持县域社会经济发展、支持百姓创业致富和提升生活品质的好银行。经过9年的发展，开阳富民村镇银行已成为县域主要金融机构之一，累计投放贷款50亿元，累计支持6万余户“三农”客户、个体工商户的生产和创业发展，涉及种植业、养殖业、乡镇企业等多个行业，为县域社会经济发展作出了积极贡献。

在地方党委、政府的大力支持下，开阳富民村镇银行的25名客户经理受聘为全县各乡、镇、街道的金融服务联络专员，主要开展了以下工作：一是做好政企银沟通渠道的连接者。切实发挥金融从业者的管理经验和资源优势，下沉重心，积极与老百姓对接，做实“整村授信”、批量授信、重点项目对接等工作，切实打通普惠金融“最后一公里”，实现与地方经济同生共荣。二是做好普惠金融政策的传播者。配合做好金融方针政策、金融知识、业务产品的宣导和传播工作。开展村民群众金融知识宣讲活动，引导群众防范电信诈骗、远离非法集资，切实为群众筑起一张安全防范网。三是做乡村振兴战略的助推者。领导班子带领单位干部职工全面参与乡村振兴战略工作，全方位满足乡村振兴各个环节的金融服务需求，为乡村振兴建设不断注入新的活力。

通过开展“整村授信”“金融辅导”等活动，截至2022年年末，开阳富民村镇银行共向县域投放贷款1.5亿余元，整村联评授信2万余户，累计支持“三农”及小微企业创业发展信贷资金超过50亿元。

通过不断改革创新，开阳富民村镇银行为“三农”和小微企业实体经济提供更加专业化、精细化和特色化的金融服务，紧紧把握一个“农”字和一个“小”字，为“三农”和小微企业建档立卡以了解其金融服务需求，提高了农民的普惠金融获得感，缓解了“融资难、融资贵”的问题。开阳富民村镇银行的经营发展步调与乡村振兴战略落实协同一致，共同促进县域经济大发展。

开阳富民村镇银行累计投放各类贷款50余亿元，有效支持了开阳县域经济社会的发展，在当地赢得广泛认可，与当地百姓鱼水情深，成为当地人民获得信贷资金支持的一个重要渠道。成立以来，开阳富民村镇银行已累计上缴各类税收2 738.39万元，并以每年20%左右的增幅上升。作为农村金融的新生力量，开阳富民村镇银行的“机构在开阳，纳税在开阳，资金全部用在开阳”，具有总部经济效应。清朝诗人袁枚曾作一首描写苔的小诗：“白日不到处，青春恰自来；苔花如米小，也学牡丹开。”该诗用简单而富有哲理的语言，描写了苔在茫茫渺渺的世界虽微不足道，却具有顽强的生命力，时移世易，像牡丹一样周而复始地盛开。开阳富民村镇银行从无到有，从有到大，像苔花一样成长，以金融强农惠农，为县域发展作出了积极而巨大的贡献。

开阳富民村镇银行的强农惠农工作得到地方各级党委、政府的充分肯定，获得“全国支农支小优秀村镇银行”“全市扶贫攻坚先进党组织”“贵阳贵安‘万企兴万村’行动结对单位”“精准扶贫爱心企业”等荣誉称号。

二

创新产品类

寿县联合村镇银行

金融工作感悟

寿县联合村镇银行党支部书记、行长 孙禄全

金融强农，顶层设计是关键，具体的实施路径最重要。

金融接“接地气”是强农最好的体现。产品接地气，即要把金融产品口语化，说农民朋友听得懂的话，产品易操作，客户群体具有普遍性和精准性，让农民朋友想用、会用、能用。人员接地气，即注重金融队伍人员本地化，录用支行附近乡镇人员，用本地人的思维去思考问题和开展工作，从而把金融机构的思想和当地实情有机结合，有针对性地助力当地特色产业发展。管理接地气，即了解农户需求，这是村镇银行工作的重点，要走出去，走村串巷，用脚步丈量金融强农之路。

金融机构要保持战略定力，坚持市场化运作与合规经营理念，优化信贷管理，严格落实授信风险管理措施，提升风险防控、化解与风险处置能力，推进受灾农户风险化解、不良核销等相关工作，坚持经济效益和社会效益的内在统一，在提供金融服务的过程中应不断减费让利、提高服务的便捷性，积极承担社会服务职能，严防以强农口号为借口去掠夺“三农”的经济资源，要从培植县域经济的角度开展金融工作。

金融强农是一个系统化工程，针对农业产业抗风险能力较弱的问题，政府、金融管理部门要给农村金融机构创造更多、更好的强农环境、条件，必须有前瞻性地建立农业抗风险体系，将防控经费纳入财政预算中，帮助金融机构解决在强农工作中遇到的问题，形成“金融+”的合力，促进金融与强农同频发展。

明者因时而变，知者随事而制。金融机构要坚持初心，适应形势，不断改革创新。

“家家贷”让金融强农走得快、稳、远

“家家贷”是寿县联合村镇银行于2019年推出的金融产品，系村镇银行系统内首创，主要服务对象为个体工商户、农业种养户、企事业单位工作人员、小微企业主。“家家贷”产品的最初设计是在资产归属不变的情况，银行通过核实资产信息的真实性，将不动产变为活资金，满足辖内经营消费的资金需求。“家家贷”产品最初的准入条件是信贷客户长期在本地经营或工作，在寿县新城区及炎刘、凤台、淮南、合肥等地区拥有1套商品房，通过核实房产的净价，按净价发放贷款。此产品看似房产抵押贷款，但和房产抵押贷款有本质上的区别：不动产抵押的程序相对复杂，流程所需时间长，还存在一定的费用；“家家贷”的获取程序相对简单，客户只需要向银行提供房产证明、家庭成员有效身份证件、贷款用途就可获取贷款，授信金额最高30万元（含），授信期限3年，一次授信可循环使用，随用随贷，随借随还，以客户的家庭资产与现金流为贷款额度的依据，担保方式以信用为主，极大地缓解了民众因生产或生活而急需资金的压力。银行通过对客户家庭的收入及负债进行测算，通过PAD风控模型对客户的经营能力、还款能力、还款意愿等进行全方位评估，线上即可进行账户开立、授信审批，大大降低了传统信贷人力介入审批的综合成本及操作风险，能够及时、快速地满足客户的信贷资金需求。

寿县是农业大县和人口大县，经济发展需要大量资金支持，但寿县的经济实体相对薄弱，可用于贷款的大数据信息相对较少。为支持当地经济发展，寿县联合村镇银行坚持“服务县域”“服务‘三农’”市场定位，总结自身发展过程中走过的弯路及教训，借助主发起行“做小、做散、做深”的普惠金融经验，在主发起行——杭州联合农村商业银行的大力支持下，寿县联合村镇银行结合寿县产业的发展特点，加大普惠金融的下沉力度，以“接地气”的市场营销方式，在新市民创业、农业种植业、加工业、农业特色产业上下功夫、做真工、找重点、谋需求，主动了解产业的需求特点、需求周期，有针对性地推动自身业务的转型。

寿县联合村镇银行积极主动地在合规中寻找创新支持经济发展的突破点，在村落、社区、商圈中细分网格区域，由专人负责挖掘网格需求，在日常进行的营销与走访中，强化落实“真走访”“真建档”工作，通过与客户建立紧密联系，通过深入走访挖掘、收集客户真实、可靠、借鉴性极强的小数据，破解了县域众多经营主体缺少大数据的问题。

“家家贷”产品抓住信贷人、事、用途三大根本要素，在信贷需求准入前，客户经理基本了解客户的家庭情况和经营情况，对客户的人品、口碑等情况进行全面了解，摸透客户所做事的真实性，有的放矢地对客户资质进行初步筛选，准确掌握客户贷款用途，做到心中有数、信息不误，解决合规性问题并使风险可控，将方便留给民众，工作留给自己。寿县联合村镇银行客户经理在2022年累计走访13 342次，人均走访230余次。

“外来女婿”孙一明于2013年3月来到寿县经营装修公司，随着寿县城镇化的不断深入，装修需求日益旺盛，经常涉及项目垫资，极大地限制了孙一明企业的发展。2019年寿县联合村镇银行推出“家家贷”产品后，孙一明仅提供营业执照、房产证件、身份证就获得了纯信用贷10万元，无担保且办理手续简易，随借随还的用款方式，满足了孙一明多工地同时开工对临时流动资金的需求，业务越做越大，常年有20多位农民工在企业打工，年收入均在10万元以上。如今，孙一明已和寿县联合村镇银行建立起良性的金融合作关系，现有款量提升至30万元。

此案例是上万个“家家贷”客户和寿县联合村镇银行关系的缩影，截至2023年4月末，“家家贷”产品共授信21 410万元，贷款余额20 103万元，受益客户群体1 300余户。寿县联合村镇银行能走出自己原来的弯路并快速发展，主要得益于善于总结经验、教训，深入领悟普惠金融的真谛，做合适、有效的民众金融。寿县联合村镇银行实行的“0123”工作法，即存量贷款0天完成放款，支行权限内贷款1天完成放款，有权审批人权限内贷款2天完成放款，审贷会权限内贷款3天完成放款。通过“0123”工作法，一是大大提高了客户信贷资金的转贷效率，大大降低了客户的还贷压力及客户的融资成本，可以及时、便捷地为客户提供金融服务，满足客户的信贷资金需求。二是优化了审批与放款流程，通过“0123”工作法，提高了内部审批时效性，在审批节点上做到及时响应、快速反馈，减少了内部审批所需的时间，使民众在需要金融支持时能及时获得合适自己的有效金融服务。

寿县联合村镇银行的“家家贷”产品于2019年推出，经过4年的不断发展，已培育一批优质的客户群体。该群体涉及行业众多，其中以农业种养群体居多，随着生产经营规模的不断壮大，原“家家贷”产品提供的信贷资金已无法满足客户生产经营的需求。寿县联合村镇银行本着对党的事业负责的态度，根据相关法律法规，于2022年年底对“家家贷”产品进行改进升级，将家庭净资产评估，家庭净收入评估，家庭劳动能力评估，家庭关系、农户的生产资料评估列入发放“家家贷”的参考体系。

改进升级后的“家家贷”产品为金融支持涉农企业打开了通道，农户的库存粮食、养殖家禽、经济作物、农机、农业设施都可作为贷款额度的评估依据，拓宽了农户的融资渠道。2023年年初，寿县联合村镇银行在“家家贷”产品客户中筛选出一部分农业种养优质客户，依据客户固定资产、生产资料等要素进行授信额测算，将原30万元授信额度提高到100万元，纯信用、无担保、无抵押发放给经营主体，解决了种养客户周期性资金短缺问题，随借随还的用款方式大大降低了付息成本，让种养户有了可备不时之需的“家庭钱包”。

程传芹是寿县收粮大户。粮食收购淡、旺季较为明显，盈利点相对较低，收割季需要大量的资金，“家家贷”产品可能无法满足客户的日常经营资金需求。2023年安徽小麦收割赶上雨季，为调动收购户积极性，帮助其备足收购资金，寿县联合村镇银行客户经理深入实地调查，发现程传芹的仓库中还储有50吨的小麦，便及时根据市场价格核算贷款额度，指导其提供材料，快速发放随借随还的信贷资金100万元，大大降低了程传芹的用资成本，提高了盈利水平，调动了收储积极性。程传芹利用寿县联合村镇银行提供的资金，加大收购力度，及时将种植户的小麦归仓，推进了粮食安全。

求木之长者，必固其根本；欲流之远者，必浚其泉源。寿县联合村镇银行把“金融为民”作为引领发展的“根”与“魂”，加强内功修炼，将党建融入业务，开展党建与业务互学共促活动，将再创新、金融惠及更多民众作为“党建+业务”双向发展方向，强化班子成员的强农理念，将普惠金融专项兑现到人，考核覆盖全网点，强化营销激励，将金融强农理念传递给每个员工，让千家万户享受普惠金融的便利。

寿县联合村镇银行通过开拓创新和再创新，保持了“家家贷”产品的活力，展示了普惠金融的精髓，即可负担成本及提供适当、有效金融服务，回归主业，农村金融机构的路才会越走越宽，越走越远。

湖南邵东湘淮村镇银行

金融工作感悟

湖南邵东湘淮村镇银行董事长　任发荣

农村银行作为中国农村金融体系的重要组成部分，服务对象主要是农村居民、农业企业等农村经济主体。我们要注重支持农业产业链和农村产业发展，以“支农支小”为主要业务方向，时刻关注基层社区和乡村的金融需求，积极进行金融创新，推出符合农村特点的金融产品和服务。例如，农村银行推出农村电商金融、农村小额信贷等创新业务，以促进农村经济的繁荣和增长。

第一，扎实提高服务质量，持续增强发展动能。随着经济、金融改革的不断深化，社会赋予了农村银行在产业中的形象和位置，那就是“服务”。接下来，我将带领银行员工们牢固树立客户意识，坚守自己的服务宗旨，不断提升服务质量，优化服务流程，做到文明服务、热情服务、真诚服务、高效服务，在银行内营造从上到下重视文明标准服务的氛围。做到仔细聆听客户的要求，支持客户的想法并提出可行方案，以专业、贴心的服务来赢得客户、留住客户，实现农村银行和客户的双赢，为银行拓展更多的优质客户。

第二，日益深化营销策略，不断夯实发展基础。如今，客户金融需求的范围和层次越发广泛，个性色彩越发浓厚，需求越发多样化，这就要求我们必须以客户的需求为导向，不断提升业务技能，不断深化营销策略，提高精准获客的能力，能够针对客户的不同性质，制定有针对性的差异化营销策略。

第三，有序推进普惠金融，打通“最后一公里”。金融的重要性是毋庸置疑的，我们要积极投身于普惠金融工作，致力于普惠金融的相关业务创新，以客户需求为导向，在不断了解客户需求的过程中深入研究、砥砺研思，以求为农村群体提供相应的金融服务。

守正创新打造亲民化“草根银行”

自2017年开业以来，湖南邵东湘淮村镇银行始终坚持党和政府的领导，坚持村镇银行服务定位，坚持“立足邵东、支持经济发展，服务‘三农’、助力乡村振兴”两大事业方向，践行“党建引领事业方向、金融助力县域经济、金融赋能乡村振兴”三大发展策略，聚焦“支农、支小、助企、助商”四大市场定位，围绕“邵东”品牌谋发展，努力打造“百万邵东人民的本地银行、百万外地邵商的家乡银行”服务品牌体系，精准发力金融创新，优质高效服务“三农”。邵东湘淮村镇银行连续3年入选“全国百强村镇银行”，并获选湖南省村镇银行协会会长单位，荣获“湖南省支农支小先进村镇银行”等称号。这些成绩是银行长期坚持扎根“三农”、服务小微的结晶；是把服务挺在最前面，做有情怀、有温度的亲民化“草根银行”带来的真情回馈；是全体干部员工以不懈奋斗与协心坚守取得的。

随着城市化和工业化进程加快，农村集体土地被征用，失去土地的农民数量也逐渐增加，昔日依托土地经营获得的经济来源消失后，其养老问题也随之出现。2018年，邵东湘淮村镇银行了解到这一情况后，积极与地方政府部门和社会保障局对接，推出了“失地农民养老贷”金融产品。

“失地农民养老贷”产品的目标客户是当地男性年满55周岁以上（含）、女性年满50周岁以上（含）的被征地农民，符合养老保险补缴条件但无法一次性足额补缴养老保险费用的，除去财政买单部分，余下需个人缴纳的养老保险金，由邵东湘淮村镇银行提供贷款，贷款授信金额最高不超过10万元，贷款利率在中国人民银行同期的基准利率基础上下浮10%，贷款期限最长不超过15年。这种无抵押、无担保的贷款使失地农民到法定退休年龄后，每月能领取1 000 ~ 1 600元养老金，在按月偿还“失地农民养老贷”本息后，仍能领到一部分养老金，待结清贷款本息后，即可领到全额养老金，实现失地农民无需从口袋中掏钱，即可享有基本养老保险，有效解决了被征地农民的养老之忧，为失地农民的养老提供了保障。

在实践中，部分“失地农民养老贷”客户有还款意愿和能力，部分客户的还款能力则较弱。邵东湘淮村镇银行利用技术手段精心测算“养老贷”各项信贷因素，以邵东市一位65岁的被征地农民为例：该客户除政府补贴外，需一次性补缴75 744元，每月才可领取养老金1 104元。如果办理“失地农民养老贷”，按4.41%贷款利息(最低可执行基准利率下浮10%)等额本息还款，贷款15年，每月需还款584元。这意味着除去贷款本息，每月仍可领取养老金520元。因此，通过办理“失地农民养老贷”，被征地农民不用花费一分钱，就能领到每月500元以上的养老金，切实有效解决了养老之忧。

“‘失地农民养老贷’是普惠政策，我和我老婆都办理了。原本仅我老婆一人就需要一次性缴纳9万多元，才能领取职工养老金，我们拿不出这么多钱。2019年，她到邵东湘淮村镇银行办理了‘失地农民养老贷’用于缴纳保费，第二个月就领到了养老金。现在，每个月除还贷款外，我们每人还能领到400多元养老金。等贷款还完了，我们每个月至少可以领1 000多元。”邵东市宋家塘街道金泉社区负责人如是说。

“符合政策的村（居）民只需携带相关证件和材料到银行就可办理，非常方便。办理后每月还款金额不高，还能领取一定额度的养老金，对我们这些失地农民来说真的是一份大礼。”办理了“失地农民养老贷”的万先生介绍道。

截至2022年12月末，邵东湘淮村镇银行累计为7 927户发放“失地农民养老贷”66 608万元，累计服务失地农民千余次，存款业务新增30 000万元，贷款业务新增60 000万元，得到当地政府部门和失地农民的高度认可。

与此同时，邵东湘淮村镇银行坚持以党建统揽全局，着力发挥党建示范引领作用，结合“失地农民养老贷”这一产品，在总行营业部3楼“品宣中心”和4楼“党建活动中心”多次组织“金融知识大课堂”、太极拳比赛等活动，每月邀请失地农民前来参与，为失地农民“贷”来了幸福、丰富的养老生活。“失地农民养老贷”产品的推出不仅帮助邵东湘淮村镇银行获得大量客户，增强了失地农民对村镇银行的信任度，同时也促进了其品牌形象的树立。

“我们新建的玉竹研发实验室，目前已经进入设备安装调试阶段；同时，2.3万米2的厂房也已建设完成，预计投产后，两年内产值过亿元，可带动就业200余人。”湖南明舜制药有限公司董事长曾昭明的新厂房位于有“南国药都”美誉的邵东市廉桥医药工业科技园中。

曾昭明十几岁离开家乡，一直在外发展，从事生物医药科技仪器设备的研发和生产，属于国家高新技术领域。曾昭明虽然身在外地，但是心系家乡，始终牵挂着回乡发展，2020年，在邵东市委、市政府招商引资的号召下，他决定在廉桥医药工业科技园投资办厂，开启他的回乡创业之旅。

曾昭明在疫情防控期间购买了园区23 333米^{2}的土地，准备建设厂房时却因为缺少资金犯了难，只能找当地银行寻求信贷支持。时至年底，厂房又尚未建成，难以抵押，大额信贷难以找到合作银行，就在这个关键时刻，邵东湘淮村镇银行信贷副行长封拥军、业务发展部总经理杨海带领信贷条线人员亲临现场。在了解企业具体情况后，立即组织员工开发“小微企业轻松贷”产品，授信1 000万元，帮助曾昭明解决了资金难题，如期建成了新的厂房、生产车间和研发实验室。

“小微企业轻松贷”是一种用在建工程作抵押，随用随借的产品，审批流程相对便捷，涉农企业办理手续简单，可较快获得资金支持。村镇银行在了解涉农企业的固定资产建设、生产销售周期，并核实借款企业农产品种植、收购的真实性和持续性后，根据客户产品的市场占有率、销售额，综合客户农产品收购规模进行授信，有效实现了对风险的把控。

通过提供“小微企业轻松贷”产品，可有效提高地方药企进行产业升级、收购当地中药材产品的积极性及当地农户种植生产的积极性，有效解决了当地药材的收购问题，同时也为当地经济增长和就业创造了积极的社会效益。截至2023年年中，邵东湘淮村镇银行投放“小微企业轻松贷”3笔，投放金额1 500万元。

湘俏米业的生产车间内，一排排大型机器设备和一根根管道排列得密密麻麻，没有一丁点空隙，相当壮观。

“5年前，我深思熟虑的这套设备改造方案，因为投入较大，很多人都不看好，想通过银行融资难上加难，因为这个行业回报周期长，利润低，银行不看好，关键时刻，是邵东湘淮村镇银行帮助了我，不仅给我送来500万元资金，还经常过来给我出谋划策，鼓劲打气。如果没有邵东湘淮村镇银行的帮助，我也不会有这么大的决心和毅力来做这件事情，可以说没有邵东湘淮村镇银行，就没有湘俏米业今天的发展。”湖南省湘俏米业有限公司董事长刘爱武心情略显激动地介绍道。他从事这个行业已经有25年了，这些设备都是他用了10多年精心设计和改造，花费了大价钱量身定制的，跟只能储存烘干后的稻谷的一般谷仓不同，他的这些设备集稻谷储存、烘干、转运功能于一体，科技含量比一般粮库的谷仓高很多，这些机器和管道实现了从田间收回来的湿稻谷到餐桌上的大米的全自动生产。

2020年刘爱武从大年初一就陆续接到经销商需要大米的电话，为了平稳市场，减少不必要的恐慌，他及时答应了客户的供应需求，正月初二就复工。由于正值春节，工人不能及时到岗，他就和妻子带着一双还在读书的儿女到厂里加班，一家四口每天忙活到晚上10点以后，直至正月初五工人到岗。疫情防控期间，大米不涨一分钱，让市民吃上了“粮”心米。而整个疫情防控期间维持企业正常生产所需的流动资金，正是由邵东湘淮村镇银行提供的。

2016年，湘俏米业只有1间十几米^{2}的销售米店和1家作坊式米厂、20来个经销商和业务员，年销售额8 000万元。短短几年，在邵东湘淮村镇银行的鼎力支持下，湘俏米业成了“湖南省质量信用AAAA级企业”，拥有占地60余亩的集约化机械设备现代化厂区，年加工稻谷能力为30万吨，“湘俏”商标还成了“湖南省著名商标”；“湘俏”牌大米荣获“湖南省名牌产品”“绿色食品”等称号；各类产品畅销湖南省内外，年销售额更是达到3亿余元。

“湘淮惠农贷”是一款用信方式灵活，随用随借，随借随还的信贷产品。村镇银行根据涉农企业的固定资产建设、生产销售周期实现灵活用信，如秋收时农户稻谷成熟，在粮企对稻谷进行收购或生产加工时提供资金支持，后期粮企通过销售成品大

米，资金逐步回笼，可随时利用富余资金还款。

一直以来，邵东湘淮村镇银行通过为有情怀、有担当的企业家源源不断地输送金融“活水”，托起一个又一个像湘俏米业刘爱武这样的“粮心”企业家的“田禾梦”。截至2022年年末，邵东湘淮村镇银行累计投放“湘淮惠农贷”80笔，累计投放金额1.48亿元。

邵东湘淮村镇银行因地制宜、因时制宜的经营策略，不仅形成了有自身经营、产品和服务特色的村镇银行，更是用创新发展进一步稳固了竞争优势。面对新的形式，邵东湘淮村镇银行将一如既往地坚持“以市场为导向，以客户为中心”的经营理念，积极践行普惠金融，进一步提升“三农”、小微企业金融服务质效，坚持创新驱动发展思路，着眼于不同客群的金融需求特点，时刻关注市场变化和客户需求，及时调整服务模式，坚持产品与服务创新，注重细节，用心、用情、有智，为客户提供个性化、精细化、高品质的金融服务，为促进地方经济发展作出更大的贡献。

湖南茶陵浦发村镇银行

金融工作感悟

湖南茶陵浦发村镇银行行长　陈力平

从事村镇银行工作已经11年，我认为做好村镇银行的关键在于坚守定位、因地制宜、打造队伍和培育文化这4个方面。

村镇银行的发展宗旨是“立足县域、服务‘三农’、支持小微”。村镇银行的发展必须坚持“支农支小”的市场定位，坚持“小而美”的目标导向，坚持“小额分散”的经营原则，不好高骛远，甘于赚小钱、赚慢钱，充分发挥一级法人“短、平、快”优势，做自己能力范围内的事，才能行之久远。

每家村镇银行所在区域的差异较大，必须因地制宜、特色经营。要始终坚持调查研究为先，对本区域内的经济结构、产业结构、特色行业开展全面、深入的了解，对目标客群进行分类管理，不断开发特色产品、提供特色服务，打造优于同业的差异化竞争优势。

人才是村镇银行可持续发展的决定性因素，必须培养一支作风优良、踏实肯干、对村镇银行事业充满情怀的队伍。要根据人才本地化、专业化、梯队化的原则，认真培养选用，不断锤炼、优胜劣汰，逐渐形成结构合理、人员稳定的多层级队伍架构，成为村镇银行可持续发展的坚强保障。

以文化聚人心，以品牌拓市场。村镇银行要培育自身的企业文化。要积极倡导员工正确的人生观、价值观和业绩观，长远规划、行稳致远；要始终营造合规文化，守牢风险底线，知行慎止；要积极践行社会责任，开展助学、助残等各类公益活动，展现村镇银行良好的公共形象。

村镇银行的发展空间很大，工作极富挑战。我们坚定做好当下，立足长远，不断筑牢发展基础，共同创造村镇银行幸福的明天。

“金牛通”为农户铺就致富“牛”路子

茶陵县位于湖南与江西交界的罗霄山脉中段西麓，是井冈山革命根据地六县之一。如今这一片有着深厚红色底蕴的土地发生了翻天覆地的变化，曾经的国家级贫困县已成为全国商品粮、茶叶和生猪生产基地，全国陶瓷产业转移承接示范基地，全国重点油茶县，湖南省烟叶生产基础县。在茶陵脱贫攻坚和大力推进乡村振兴中，一支奋力书写“支农支小”故事的金融力量引人注目——茶陵浦发村镇银行。自2012年成立以来，茶陵浦发村镇银行扎根县域，不断探索发展，连续8年荣获“全国百强村镇银行”称号。

茶陵浦发村镇银行人一直信奉“做难事必有所得”，面向“三农”小微，面向急难愁盼，锲而不舍地坚持以客户为中心，践行村镇银行人“踏遍千山万水”“走进千家万户”“说尽千言万语”“吃尽千辛万苦”的“四千四万”精神，用实际行动实现以口碑赢市场、以贡献换支持、以行动树品牌。

“茶陵黄牛”是茶陵县的特有品种，2011年就成功注册国家地理标志证明商标，是茶陵农业发展的一个标志性特色农产品和重点培育的产业。近年来，省、市、县确定支持茶陵发展黄牛规模化养殖，保护“茶陵黄牛”基因，做大“茶陵黄牛”产业。

为促进“茶陵黄牛”产业发展，履行村镇银行的社会责任，实现社会效益最大化，助力养殖户增收致富，茶陵浦发村镇银行紧跟县委、县政府步伐，以“茶陵黄牛”为载体，通过“政银企”三方联手，发挥资源的聚合效应，研发了“金牛通”产品，采用“公司+合作社+农户（脱困户）”的模式，支持养殖户发展黄牛养殖。

2015年6月，茶陵县扶贫开发办公室、湖南省林丰农业开发有限公司（简称林丰公司）与茶陵浦发村镇银行签订政企银合作框架协议，至此，黄牛养殖精准扶贫工作全面启动。由茶陵县扶贫开发办公室整合黄牛产业扶持资金、成立风险补偿基金，龙头企业提供保证担保，养牛合作社作为经营主体，向脱困户发放最高10万元、期限最长两年的无抵押政府贴息贷款。农户从林丰公司以52元/公斤的价格购买黄牛，领养1头黄牛平均需要6 000元扶持金，黄牛成年后，林丰公司再按照黄牛增长的重量，以12元/斤的价格回收，据测算，养殖户每领养1头黄牛，平均每年可获得纯收入约2 300元。截至2022年12月末，茶陵浦发村镇银行共发放“金牛通”贷款3 108万元，涉及脱困户358户，户均贷款8.68万元，养殖户领养黄牛约3 200头，带动脱困户年增收700多万元，主要惠及高陇、湖口、虎踞、火田、界首、洣江、思聪、桃坑、严塘、枣市等乡（镇、街道），帮助358户建档立卡脱困户摘掉了贫困“帽子”。

家住茶陵县高陇镇东南部最偏僻山区里的星高村的肖某、就是获得茶陵浦发村镇银行的“金牛通”贷款支持，通过养牛致富的典型。

肖某听村干部宣传说，茶陵县扶贫开发办公室建立的数据库平台中的建档户可领养5～10头黄牛，喂养1～2年后，林丰公司以保底价回购。听到这个好消息，肖某内心充满希望，可手头拮据的他根本没有经济能力购买黄牛崽。茶陵浦发村镇银行客户经理通过村委干部了解这一情况后，主动上门服务，在短短两天内高效完成资料收集、合同签订，成功向其发放5.8万元黄牛养殖扶贫贷款。同时，肖某与林丰公司签订黄牛帮扶寄养协议，领养了10头黄牛。养殖过程中，林丰公司全程免费提供技术指导，负责养殖监管，黄牛成年后由林丰公司回收。“林丰公司以每斤12元的保底价回购，如果1头牛增长500斤膘，领养2头牛就能纯赚12 000余元。”肖某一边说着，脸上露出会心的笑容，那是对未来美好生活的希望。

“金牛通”产品相较于以往的信贷产品，突出专属性质，具备四大特点：一是减少对抵押担保的依赖。该产品是在村镇银行现有的农户小额信用贷款基础上优化升级而来的，主要以信用贷款形式发放，一般不需要提供抵押担保。二是无缝衔接村镇银行现有的“支农支小”体系。茶陵浦发村镇银行通过细化“金牛通”产品，与村镇银行现有承办的创业贷款、脱贫人口小额信贷、中国人民银行支农再贷款等政策无缝衔接，既能实现精准“滴灌”，降低融资成本，又能有效引导重点产业发展，形成规模效应。三是有效拓展增信机制。该产品通过将借款用途、贷款业务品种、乡村振兴政策等相互融合嵌入，实现“信用+担保”“利率优惠+财政贴息”等多重组合方式，可有效满足养殖户资金需求，灵活地消除传统增信需要提供抵押担保的模式。四是构建有效风险防控体系。依托村镇银行人熟地熟及翔实的农户经济档案，能够动态掌握饲养及销售情况，并能及时给予市场、政策等方面的指导，有效抵补风险防控成本，弥补大数据、远程监管等科技盲区。

“金牛通”以“茶陵黄牛”为载体，不仅发挥了各类资源的聚合效应，促进茶陵黄牛产业发展，还履行了村镇银行的社会责任，实现社会效益最大化。

毛泽东同志曾称赞在革命战争中英勇顽强的茶陵籍战士：“茶陵的同志很会打仗，茶陵牛嘛。”毛泽东同志所说的“茶陵牛”正是茶陵人民不屈不挠、敢打敢拼、不惧困难、锐意进取的精神写照。茶陵浦发村镇银行从历史中汲取精神养分，在奋斗中赓续精神传承，一直保持直而不屈的品质和朴而不华的“金融为民”情怀，忠诚于事业，永葆其本色，专注于普惠金融，甘于赚小钱、赚辛苦钱、赚慢钱，坚持“支农支小”的方向不偏航，用双脚丈量茶陵的每一寸土地，用韧劲打通金融服务的“最后一公里”，从而获得更广泛的认可和更坚定的支持。

“彭经理，幸亏你们在关键时候支持了我一把，我女儿的教师资格证考过了！”思聪街道办事处华锋村的老刘，这位经历越战洗礼的老兵激动地对客户经理小彭说。4年前，老刘想着多养些黄牛改善生活面貌，苦于两个女儿在读书，缺钱启动计划。正在他一筹莫展时，茶陵浦发村镇银行的客户经理小彭上门走访了解情况后，特地为他量身定制申请了15万元“金牛通”贷款，还牵线搭桥联系就业部门为他提供财政贴息，第3年，该行又为老刘追加了20万元贷款，支持其扩大养殖规模。如今，老刘养殖的黄牛最多时超过100头，生活水平得到很大提高，还带动周边几户脱困户实现家门口就业，大女儿也考上了教师。老刘天天乐呵呵的，满心的欢喜溢于言表。

茶陵浦发村镇银行因普惠金融而生，历经11年的成长，已成为支持县域经济发展的生力军。11年来，该行累计投放各项贷款58亿元，其中涉农贷款占比超过90%，服务客户10余万人，信贷支持农户近7 000户，小微企业100多户，累计贡献税收超1亿元；

11年来，在布满荆棘的“扎根”路上，该行始终坚守初心如磐，专注提升服务“三农”小微能力，户均贷款低至36万元，发放的最小一笔贷款只有1万元，使更多农户获得了首笔银行贷款，让更多茶陵人享受了金融服务的便利；11年来，该行积极践行“前瞻精准，慎行知止”的风险观，守牢合规风险底线，保持较低的不良率，持续夯实“金融为民”服务基础，充分展现了践行普惠、造福一方的担当和作为。

近年来，借助茶陵大力发展肉牛产业这一“牛”势，茶陵浦发村镇银行结合当地农业产业实际，把支持肉牛产业作为主要工作来抓，为乡村振兴鼓足“牛”劲，通过开发推广“金牛通”产品，有效帮助农户实现脱贫致富的愿望，也有力促进了“茶陵黄牛”产业的发展。

在“政银企”多方合作下，“茶陵黄牛”产业欣欣向荣，2015年以来，当地黄牛存栏数以10%的速度增长。如今，全县的黄牛养殖户达2 218户，养殖黄牛近5万头。2023年，茶陵提出打造湘赣边区域性鲜肉供应中心，大力发展生猪、黄牛产业，建设大型屠宰加工厂，打造中南地区最大的鲜肉供应基地，进一步延伸了“茶陵黄牛”产业链。

不仅是黄牛养殖业，茶陵浦发村镇银行围绕当地的主导农业产业、农业生产场景、农村消费场景，陆续开发了“粮食贷”“烟农贷”“蛋鸡贷”“农机贷”“光伏贷”“创业通”“惠农贷”等20余个特色信贷产品，为广大“三农”客户提供更多的信贷选择，该行员工的足迹遍布全县，业务覆盖每个村，有效促进了美丽乡村建设和产业振兴。

乡村振兴是党和国家的一项重大工程，是实现中华民族伟大复兴的一项重大任务，是农业农村现代化的必由之路，更是时代的主旋律。村镇银行顺应时代而生，经过10余年的发展实践，已具备强大的服务能力和发展动力，逐渐成为服务乡村振兴战略、助力普惠金融的生力军。茶陵浦发村镇银行经过11年积淀，站在新起点上，再战新征程，乘着党的二十大的东风，有推进乡村振兴战略之机遇，有促进城乡共同富裕之需要，有浦发银行强大母行之后盾，茶陵浦发村镇银行将以更加昂扬的姿态、稳健的步履，执着追求打造“小而美”“小而强”精品村镇银行的梦想，继续发扬“为民服务孺子牛、创新发展拓荒牛、艰苦奋斗老黄牛”的“三牛”精神，以“茶陵牛”精神服务乡村振兴。

诸暨联合村镇银行

金融工作感悟

诸暨联合村镇银行董事长　俞国荣

2014年，我从工作了20多年的杭州联合农村商业银行转任，临危受命接手村镇银行，成为诸暨市第二家法人银行机构的掌门人，这次选择是人生最大的一次挑战，也积累了人生最大的一笔财富。

“像经营自己的家一样对待工作，当作人生的最后一份事业去经营，肯定会做得更好。”我一直这样对自己说。来到村镇银行，我把全部身心投入银行的改革创新中，孜孜不倦。多年来一直没能“按时”下班，常常白天见客户、走企业、做调研，晚上理思路、谋方案、想措施，“5＋2”“白＋黑”是常态。就是这样脚踏实地、一步一个脚印，在8年内，使刚接手时“一穷二白”的村镇银行成长为存贷款总规模突破70亿元，年净利润超5 000万元，累计上缴各项税收1.6亿元，年纳税量位列全市23家金融机构第4名的区域内标杆单位。

我们要常怀“服务”理念，持续支持地方发展。银行是服务行业，而村镇银行最大的优势就是可以“短、平、快”地做好金融服务工作。因此，我们一定要以服务的本色践行社会责任，做到市委、市政府、上级监管部门有要求，村镇银行有行动，尽全力支持，积极为农村集体经济“消薄”工作作贡献，成为当地百姓信任的银行。经过多年努力，我行从只有1家总行营业部，发展到全市6个中心集镇均设有支行，目前已经在全市设立20家物理网点服务机构，真正打通农村共同富裕金融服务“最后一公里”。

我们所处的是一个充满挑战的时代，也是一个充满希望的时代。党的二十大报告指出，未来5年是全面建设社会主义现代化国家开局起步的关键时期，这也是村镇银行大浪淘沙、稳健发展的时期，天道酬勤者，奋斗正当时！

“同山烧贷”助推地方酒产业振兴

“同山烧贷”是浙江诸暨联合村镇银行于2019年推出的一款金融产品，系村镇银行系统内独创，主要服务于诸暨市同山镇各制酒农户和“同山烧”生产企业。该产品的最大特点就是无需不动产抵押，借款人只要用自有的库存制酒原材料或合格酒产品等动产作抵押，在全国市场监管动产抵押登记业务系统中办理抵押登记后，即可获得贷款。产品甫一推出，立即受到当地制酒农户与酒企的认可和欢迎。“同山烧贷”金融产品的创新推出，不仅解决了同山镇酒农和酒企的融资难问题，还盘活了存量酒，为该镇的酒产业健康持续发展和乡村振兴提供了强大的金融助力。

次坞打面、大唐袜业、山下湖珍珠……诸暨市社会经济发达、产业块状突出，多年来，诸暨联合村镇银行以此为依托，“一镇一品”量身定制金融产品，先后推出了“打面贷”“袜业贷”“珍珠贷”等特色金融产品，在支农、助农，践行乡村振兴战略上取得了一定成效。“同山烧”是一种清香型白酒，因产于诸暨市同山镇而得名，酒质清澈，口感甘冽，素有“江南小茅台”之称，是江南一带少有的好酒。其烧制技艺已列入浙江省非物质文化遗产名录，并获得中国（浙江）非物质文化遗产博览会金奖等多项荣誉。在同山镇，家家户户、世世代代以诸暨特有的高脚拐糯高粱为原料蒸浇白酒，酒香延绵方圆几十里。作为浙江白酒的典型代表，“同山烧”产业发展前景广阔，是极具发展潜力的富民产业。近年来，“同山烧”的文化内涵和品牌价值不断被挖掘，产业化进程加快，但由于白酒产业需要连续几年投入生产原料及人力、物力，成品酒又不能及时回款，因此制约了制酒农户和中小型白酒企业的健康发展。2019年，诸暨联合村镇银行获知这一情况后，随即派人前往同山镇考察“同山烧”产业发展情况和市场前景，并根据其产业特色和资金周期需求，及时量身定制“同山烧贷”产品，专项支持“同山烧”产业。

“同山烧贷”是浙江诸暨联合村镇银行向符合条件的借款人（含公司和个人）推出的，用于借款人日常生产经营“同山烧”的一款金融产品。贷款人只需要将自己的库存制酒原材料或合格酒产品等动产作抵押，即可获得相应额度贷款，贷款期限根据借款人生产经营周期、实际经营需求和综合还款能力等，由借贷双方共同协商确定，期限一般为1年以内。贷款还款方式由借贷双方约定，一般采用按月还本付息、到期一次性还本付息或等额本息还款方式。提前还款的，借款人在征得贷款人同意后，可以提前全部或部分归还贷款。贷款到期时借款人无法正常偿还的，贷款人可与借款人协商以处置抵押物所得价款受偿，也可以国家政策补贴款优先偿还贷款本息。贷款利率根据诸暨联合村镇银行贷款利率执行办法的相关规定执行，额度最高可达500万元。

贷款对象为经诸暨市工商行政管理部门（或主管机关）核准登记的企业法人、个体工商户或小微企业主，并符合下列条件：

（一）借款人为法人的，必须是依法设立且在诸暨市内有固定经营场所；借款人为自然人的，必须在诸暨市内有固定住所（有借款人房屋产权证明）或经营地在诸暨市（有借款人固定经营场所证明）。

（二）具备持续生产能力的“同山烧”生产企业。

（三）有合法的经济来源，现金流较充足，第一还款来源可靠，具备按期偿还贷款本息的能力。

（四）资信良好，遵纪守法，无不良信用记录。

（五）资产负债率在70%以下，有稳定可靠的第一还款来源。

（六）法定代表人和主要股东或合伙人为抵押贷款承担连带保证责任。

（七）诸暨联合村镇银行规定的其他条件。借款人为自然人的，借款人年龄原则上不超过60周岁，及符合诸暨联合村镇银行个人贷款其他要求。

（八）用于抵押的动产，必须是借款人自有的库存原材料、合格产品，且不易变质，价格基本稳定，可鉴定、计量。

（九）抵押物单位价格的确定。单位价格以借款人近6次产品销售增值税发票的平均单位价格（增值税发票均应复印，留存归档）或现有市场平均价格为参考，单位价格乘以实际数量即为抵押物价值。贷款抵押率最高不得超过评估确认价值的50%。

据统计，同山镇现有高粱种植面积3 000余亩，年产高粱750吨；规模酒企5家，小作坊65家，酿制散户千余家。近5年，“同山烧”产量、产值年均增长率分别保持在38%、43.1%，年产量和年产值分别达5 000余吨、6亿余元。“同山烧贷”原酒抵押贷款作为诸暨市范围内首款原酒抵押贷款，是诸暨联合村镇银行作为一家地方性村镇银行，积极贯彻落实党和政府的乡村振兴战略，立足县域，因地制宜将金融产品与地方政府乡村产业扶持相结合，履行金融机构社会责任的写照，“政银”“银企”“银农”联动，助推“同山烧”产业发展，切实解决酒企、酒农的融资难、抵押难问题。“同山烧贷”已累计为280户酒企、酒农授信5 000余万元。

浙江同山醉美人酒业有限公司成立于2008年，主要从事酒制品的生产、批发、零售。创始人谢小义凭借自己高超的酿酒技艺和同山独特的环境及酿酒原料，结合茅台五粮液和“同山烧”的工艺，取长补短独创了清酱兼香工艺，以泥底石窖，高粱坤沙堆积、大小曲合用、回酒回糟等酿造秘技，酿造出了五夺世界金奖的浙江高端白酒“勾践王”。2019年，诸暨联合村镇银行在产业调研和企业走访中了解到，该企业处在发展期，名气有了，销路有了，急需流动资金建造厂房、购买原材料、开设实体店，然而企业除了酒，没有任何可抵押的固定资产，对接了多家银行，仍无法顺利融到资金。于是诸暨联合村镇银行积极主动前往对接，于2019年9月12日向该公司发放首笔原酒抵押贷款100万元，顺利解决了企业发展的流动资金问题。

同山镇边村是当地有名的烧酒村，留住在村里的800多户人家，家家满屋飘酒香。村党总支书记、诸暨市“劳动模范”边伟忠是当地有名的为民书记，一年365天，有300多天在村里上班。他积极带领村民走共富路，不仅自家烧酒，还鼓励村民也烧酒，烧好酒，他高价收购村民的余酒，并让家人在诸暨市里开了门店进行售卖。烧酒、收酒、藏酒资金需求比较大，2019年，恰逢亲戚出了点事，连带着自己的资金更加吃紧。诸暨联合村镇银行得知这一情况后，马上给他办理了“同山烧贷”80万元，帮他顺利渡过难关和解决了后顾之忧。与此同时，诸暨联合村镇银行还在边村便民服务中心设立“驻村金融服务站”，银行工作人员每周二上午准时入驻，开展“同山烧贷”产品宣传工作，办理“同山烧贷”业务，积极助力该村“同山烧”产业走上兴旺之路。

为进一步助力“同山烧”产业的发展，更好、更近地为酒企、酒农提供金融服务，诸暨联合村镇银行于2021年12月在同山镇上设立金融便民服务点，围绕“同山烧”产业，加大力度推出了一系列惠民、利民金融措施。该行根据“同山烧”产业的现状和经营周期，在原“同山烧贷”原酒抵押贷款的基础上，结合“随借随还”的信用贷款产品做好文章，为各酿酒村进行“整村授信”，采用客户经理每周驻村办贷、每日走访的方式送贷到户，当天申请当贷办贷，提供专属利率优惠，大大节约了农户的融资成本，农户都说诸暨联合村镇银行的信用贷款就是他们的备用金，有卡在手，用款不愁。

同山镇西源村里江山自然村的边剑平是诸暨“同山烧”第四代非物质文化遗产传承人，从事酿酒事业已超过40年，他烧出来酒品质好，年销量超过2.5万公斤。和边村一样，该村村民世代以酿酒为生，家家户户都会烧烧酒，但由于是家庭作坊，产量不稳定，且没有标准化流程，导致酒的品质参差不齐。边剑平为了扩大西源村“同山烧”的影响力，注册了“西源老边”品牌，进行酿酒工艺改造，统一酿酒标准，努力让该村出品的“同山烧”走向规范化、品牌化。但购买原材料、改进酿酒工艺、打造品牌等需要大量资金支持，困难之际，诸暨联合村镇银行的工作人员来到他的酒坊，送上“同山烧贷”50万元，解了他的燃眉之急。如今，在诸暨联合村镇银行“同山烧贷”的资金加持下，他的酒坊被当地政府授予“同山烧酒非遗工坊”称号，“西源老边”的“同山烧”五年陈酿和十年陈酿两款白酒被浙江省酒业协会评为“浙江省2022年酒类优秀新品”。

上述案例只是“同山烧贷”产品帮助酒农、酒企发展的几个缩影，在同山镇，这样的例子还有很多。该产品的创新推出，不仅帮助了当地的酒农和酒企，更极大地助力了“同山烧”产业这一特色农业产业的健康持续发展，为同山镇的乡村振兴和高质量建设共同富裕示范作作出了重要的金融贡献。

凤台通商村镇银行

金融工作感悟

凤台通商村镇银行董事长　徐涛

从2003年的农村金融新人，到如今凤台通商村镇银行的管理者，在服务“三农”的道路上，我一直在思考、摸索、学习、实践，正是探索和学习让我收获了满满的自信和快乐，也让我对金融强农的理解越来越深刻。

建立具有战斗堡垒作用的班子是发展农村金融业务的关键，以党建带动业务和队伍作风建设，才能实现“多赢”。助力“三农”是我们农村金融人的初心，不忘初心，面对多变的新环境、新形势，才能不迷失方向，勇于承担社会责任，勇于创新、开拓才能为“三农”作出贡献。

农村有其特殊性，做农村金融，不能割裂传统文化，要学会借助农村传统文化优势，系统地谋划和推进金融工作。农村信用评价体系建设是农村金融的难题，坚持以人民为中心的发展思想，始终把农民作为服务乡村振兴的根本力量，把提高农民生活水平作为金融服务的根本目的，把加强农村基础设施建设作为开展金融支持工作的重要切入点，把发展现代农业作为金融支持的根本途径，就一定会找到解决的办法。

农村金融工作困难极多，我们不能杞人忧天，要多去农村走走，听听农民的意见，不等、不靠，在防控风险的前提下，不计个人得失，大胆创新，将传统和现代相融合，积极搭建线上、线下融合发展的金融服务体系，才能让农民享受到优质、便捷、快速、有效的金融服务。

农村金融工作责任重大，使命光荣。

小数据的“乡村振兴贷”

凤台通商村镇银行深入贯彻落实党中央实施乡村振兴的战略部署，本着做“小”、做“散”、做“精”的原则，于2022年1月正式挂牌成立“乡村振兴部”，推出“乡村振兴贷”金融产品，截至2023年4月，由7人组成的乡村振兴中心团队，共走访52个自然村、21条街道、1 500位客户，行程4万多公里，共授信722户、用信1.4亿元，授信户均19.39万元。

千百年来，农民与农民之间，特别是在传统社区内，即使没有法律干预，也往往能保持有效的信用约束。农民、农业的交易、生产、社会环境等因素具有特殊性，导致许多数据不全，商业银行惯用的衡量信用的几种方式，在农村存在很大的局限，用大数据标准衡量征信的“一刀切”作法，实际上是把一部分人排斥出金融市场，直接导致大多数农民无法获取金融支持。大数据征信忽视了“人”，凤台通商村镇银行就把社区小圈子、熟人社会里流传的“口碑”引入“乡村振兴贷”信用评价体系，提炼农村传统“口碑”系统的精髓，对缺乏数据的农户用民间“口碑”进行提炼打分。

“乡村振兴贷”信用评价体系的主要参考系数为人品、家庭净资产、家庭净收入、家庭关系、资金用途、经营意愿等。“乡村振兴贷”的贷款额度=借款人家庭净资产的50%+借款人家庭年净收入总额的2倍。凤台通商村镇银行将原本不能作为抵押物的猪、羊、牛等养殖活物以及生产资料、固定房产、车辆等元素作为提供金融支持的参考数据，无形地拓展了农民的融资渠道；以借款人家庭年净收入总额的2倍为贷款额度计算变量的“乡村振兴贷”，全面颠覆了贷款依据的传统意义，把借款人的劳动能力、劳动技巧以及销售渠道等无形要素均转化为贷款依据；对借款人家庭和谐关系的评估，充分体现了“乡村振兴贷”以人为本的产品设计理念，家庭和谐有助于事业发展。“乡村振兴贷”以家庭为单位，推行家庭成年成员共同签订贷款担保书的内担保，不但能提升家庭成员的责任感，还能确保贷款用途的透明性、正当性。内担保纯信用贷款额度为10万元，续贷10万元的农户进行互保，大额贷款引入农业担保公司。

关于办理“乡村振兴贷”，银行需要的小数据不是由客户提供的，是由银行业务人员2～3人一组，采取老带新的方式进村入户摸底收集来的，通过邻居了解客户的人品和家庭关系情况，通过村干部了解客户产业发展情况，和客户进行深入交流，了解其生产技能、经营意愿和产品销路等情况，信息采集组长全程参加。为推进业务人员规范操作，凤台通商村镇银行设计出专业的调查表格，为客观、科学地利用好小数据提供了规范化操作范本。为防止道德风险，凤台通商村镇银行推出贷前电话核实、贷后管理等制度，客户经理经常回访发贷客户，了解贷款使用效果等情况。为方便快速放款，20万元以下的纯信用贷款直接由乡村振兴中心审批，企业资产审核工作均由乡村振兴中心负责，大额贷款报送相关风险部门进行审核后发放，放款时间一般不超2天。在现代科技发达的今天，凤台通商村镇银行办理“乡村振兴贷”时仍坚持面对面签，要求成年的孩子、父母参加，现场拍照，进一步明确借款人的责、权、利，充分展示告之义务，有效规避了客户经理的道德风险及其他瑕疵的存在。在正式签约前，办理“乡村振兴贷”均为纯手工活，签约后直接对接线上，客户可在手机App上直接贷款，“乡村振兴贷”是一款随借随还的产品，根据用款时间计算利息，授信时间为1年，客户在授信期内还款后再用款，不需要签订合同。

凤台通商村镇银行本着促进农业生产、方便农民的原则，规避农村征信大数据短板，通过“传统+线上”模式，建立农村信用评价体系，不但较好地解决了农村数据缺失的问题，还取得了优异的成绩，在大银行下沉抢占优质贷款资源的今天，许多银行在抱怨不好放贷，凤台通商村镇银行却感觉还有许多空间有待开拓，农村可供村镇银行开拓的市场太大了。“乡村振兴贷”产品从开发至今，没有发生一起逾期和违约事件，不良率为零。

纯信用贷款额度相对较小，互保贷款具有一定的局限性，为满足生产大户的资金需求，凤台通商村镇银行主动对接凤台县华诚融资担保有限公司，开通信息共享渠道，凤台通商村镇银行以认真负责的工作态度、严谨的工作作风得到担保公司的认同，双方签订《乡村振兴担保贷批量业务合作协议》，通过“‘乡村振兴贷’+担保”，放大小数据助农的功能，切实缓解县域“三农”融资难、融资贵等问题。

凤台县钱庙乡张池村张庄队肉鸡养殖大户张后雷，从事肉鸡养殖已有10余年，现养殖规模近2万只。夫妇二人准备扩大养殖规模时，资金上存在缺口，凤台通商村镇银行客户经理李丹丹根据平常收集的小数据，综合养殖大户年收入及养殖肉鸡经验等元素，测算其授信额度，次日通过“乡村振兴贷”为其发放了20万元，养殖大户赶在旺季之前买了鸡苗，不但节省了成本，还抢得肉鸡出栏的极佳时机，为增收埋下伏笔。

种植大户万福中自己种了2 000亩小麦，同时其他农户的2 000亩地托管于他，因而成为远近有名的种植大户，种植经验非常丰富。根据气象分析结果，2023年安徽小麦收割季将会遇上下雨，收割的小麦不能在露天场地晒，为了确保丰产又丰收，他决定增添小麦烘干设备。万福中是凤台通商村镇银行“乡村振兴贷”的老客户，原有的小麦烘干设备就是用“乡村振兴贷”资金购买的，现已还清。万福中申请30万元贷款增添小麦烘干设备，凤台通商村镇银行依据所掌握的信息，现场核实了贷款用途，在确认万福中的儿子已加入其种植事业后，第一时间签订放贷协议，使其增添的小麦烘干设备在大面积收割季到来前就调试完毕，每天能烘干400亩小麦，有力地保障了当地小麦丰产又丰收。

秸秆收集季相对较短，所用资金集中。凤台县丁集镇从事秸秆收集、加工、销售的凤台健生家庭农场负责人张健生，苦于流动资金不足，融资较为困难，在秸秆收集旺季无力收集秸秆，凤台通商村镇银行得知情况后，快速启动信息收集机制，针对该合作社为凤台县乡镇信用村内的带头信用合作社、从事绿色产业及法人口碑较好等信息，提供了最优惠的贷款利率和最灵活的用款方式，以“信用+担保”的方式向该合作社发放了30万元“乡村振兴贷”，解了秸秆收购入库资金的燃眉之急。

以上3个案例充分展示了“乡村振兴贷”产品实实在在解决农村融资、强农的价值和魅力。种瓜专业户刘庆香对凤台通商村镇银行人员三番五次来瓜地了解情况，帮助其设计金融方案一事感触非常深——“原来哪有银行主动给我们送贷款的好事。”许多百姓一直认为获取银行贷款较难，因此好产品也要大力推广、宣传。“挖土豆”“网格化”“备用金”“半数客户经理走下去”等是凤台通商村镇银行乡村振兴中心人员说得最多的词，这也是他们进行有效宣传、推广的办法。

为更好了解农村客户的需求，业务相对独立的乡村振兴中心推进“内部资源+外部资源”融合模式，加强与行内各支行的沟通，请求提供信息；对外和行业协会、乡镇、村进行对接，尽可能地获取第一手可靠性较高的信息，按区域分布网格化走访客户，每天安排“半数客户经理走下去”，深耕乡村每个领域，为辖区商家、企业、居民、失业人员等详细宣传讲解贷款申请条件、申请流程、贷款额度、贷款期限、贷款担保等最新政策和问题。通过“真走访”，做到人熟、地熟、相关情况全掌握，按产业、需贷款的迫切程度，建立每个客户的情况档案，积极主动地在合规中寻找需要贷款的客户；通过建立客户微信群，经常回访客户，与客户建立紧密联系，保证多渠道收集、及时更迭客户信息，确保资料的真实、可靠性，像“挖土豆”一样发现、挖掘潜在的客户。积极传播“备用金”理念，对经营意向强、小数据好的客户上门宣传“备用金”概念，通过纯信用授信，为客户准备可备“不时之需”的钱袋子。为保护、调动客户经理推广“乡村振兴贷”产品的积极性，凤台通商村镇银行推行首接负责制、奖励和免责制，谁先发现的客户由谁负责，所在区域的支行和相关负责人要配合开展工作，遵循多劳多得原则，鼓励一线人员开拓业务，对非道德因素，因条件发生变化导致放贷款无法收回的，一律免责。

凤台通商村镇银行能推出“乡村振兴贷”产品，不是偶然，而是一群长期心系农民、农业、农村，初心不变，一心想为“三农”做点实事的农村金融人的努力结果。创新的“乡村振兴贷”中有许多非创新的成分，这既是对传统的继承与发扬，也是有责任、有思想的表现。勇于转变思维模式的凤台村镇银行人，已享受到坚持初心、转变思维带来的成果，由7人组成的“乡村振兴部”的业务量已占全行贷款业务的1/3，凤台通商村镇银行在当地17家金融机构中综合排名前3，“乡村振兴贷”跑出了“支农、支小、支微”的“加速度”。

遵义新蒲长征村镇银行

金融工作感悟

遵义新蒲长征村镇银行负责人　代云波

遵义新蒲长征村镇银行全面助力乡村振兴，不断完善金融产品和服务，在为经济发展注入“金融活水”的同时，积极推动自身实现高质量发展。

党建引领把航向。始终坚持把加强党的领导和完善公司治理相统一，切实发挥党组织把方向、管大局、保落实的领导作用，把党的领导融入公司治理各环节，明确和落实党在公司治理中的法定地位，做到组织落实、干部到位、职责明确、监督严格。

坚守定位强合规。不断强化内控管理，深入推进从严治行，合力助推稳健经营和发展，形成了“1个总部+5个营业机构+3个（镇、乡）服务团队+46个村级助农取款服务点+流动服务宣传车”的全域网格化服务格局，率先实现了新蒲新区金融服务全覆盖。

村口银行得民心。充分发挥独立法人金融机构优势，充分借鉴其他银行农村金融服务经验，在46个村（居）服务中心设立村级银行卡助农取款服务点，让农村群众足不出村即可享受到便利和贴心的“金融+N”系列服务，每年为新蒲农村地区群众节约出行成本超过1 100万元，得到了老百姓的普遍认可。

社保银行寻出路。不断强化与新蒲新区管理委员会及各级政府部门沟通汇报对接，合力推动工作开展。充分抢抓社保、医保、税务等部门改革机遇，积极整合多方资源，依托社保卡和村级助农取款服务点，形成了独具新蒲特色的“社银一体化服务”新模式，现已发放社保卡超过32万张，整体客户数超过39万户，为下一步实现持续稳健经营和高质量发展奠定了坚实基础。

“社银一体”助力乡村振兴

2017年4月开业的遵义新蒲长征村镇银行，充分整合社保、医保、税务等资源，逐渐探索形成了“普惠金融＋N”一体化服务模式，实现了多方互惠共赢，让新蒲新区越来越多农村群众切实享受到了高效、低成本的一体化服务带来的便利和实惠，成为创新金融服务振兴乡村的一个重要典范。

遵义新蒲长征村镇银行创建伊始，在发起行仁怀茅台农村商业银行的带领下，充分吸收当地国有资本和知名民营资本，着力打造成新蒲新区人自己的银行，并成为新蒲新区唯一一家具有独立法人资格的银行。创办6年来，发展更加成熟稳健，成为第一家入住遵义金融商务中心（CBD）的银行机构，拥有员工114人，营业支行5个、服务团队3个、离行式服务网点25个，在46个村（社）铺设了助农取款服务点，存贷款及社保客户数超过39万户，率先实现了新蒲新区金融服务全覆盖，是新蒲新区服务网点最全、服务人员最多、服务范围最广、服务机制最活的银行金融机构。

截至2023年5月末，遵义新蒲长征村镇银行在行储蓄客户37.21万户，各项存款余额23.81亿元，贷款客户6 536户，各项贷款余额17.49亿元。累计在新蒲新区发放社保卡超过32万张，占新蒲新区社保卡持有人的95%，社保卡持有人数位居全国同类金融机构前三名。

遵义新蒲长征村镇银行作为一家新开业的村镇银行，传统业务主要是普通存贷款，初心和使命是“支农支小”，助力乡村振兴。

自2018年7月起，在新蒲新区管理委员会和社保、医保、税务等部门的指导配合下，新蒲新区内的社保卡主要由有政府平台公司控股背景的遵义新蒲长征村镇银行发放，短短4年时间便突破30万张，全行累计开立各类账户已突破39万户。从此建立了村镇银行中独步贵州、领先全国的“社保银行”模式。

在省、区、市有关部门的指导下，遵义新蒲长征村镇银行持续加大投入，探索形成了“普惠金融+N”服务模式，积极打通农村社保、金融服务“最后一公里”，将助农取款服务点整合为助农取款缴费点、金融信息采集点、金融知识宣教点、金融业务对接点、农村网购集散点、农村文化宣传点、便民医疗服务点，形成“七位一体”的普惠金融便民服务新平台，开创了农村一体化服务环境的高质量模式，做法有以下6种。

联政府。社保作为一项民生工程，新蒲新区管理委员会负责整体的统筹协调、职能划转、数据管理、业务认定等工作，通过政府协调推动，起到事半功倍的效果。遵义新蒲长征村镇银行作为新蒲新区自己的银行，一是汇报争取政策支持，定期开展工作汇报，积极争取新蒲新区管理委员会政策支持，全力对接和做好“两险”发放工作，及时解决工作中遇到的困难和问题。二是依托政府专项推动，通过汇报协调，新蒲新区管理委员会分管领导组织各镇（办）、区直属业务部门等召开了专门会议，形成了由遵义新蒲长征村镇银行“一行主导、多行参与”的发卡、征缴工作模式，各镇（办）及时召开启动（推进）会，对工作进行安排部署，为工作顺利推进提供了坚强保障。

搭平台。一是系统运行平台，通过不断主动上门对接工作，成功搭建了贵州省财政厅代理国库集中收付专线、国库集中支付业务电子化专线，打通了中国人民银行贵阳中心支行系统专线渠道，搭建了“社税银”系统、社保FES等，有效实现了让数据多跑路，让工作人员和客户少跑腿，实现了数据共享和融合发展。二是搭建政府合作业务推广平台，通过沟通协调和争取政策支持，新蒲新区管理委员会形成了由主要分管领导任组长的专项工作领导小组，将各镇（办）、业务部门、村“两委”纳入工作考核范围，形成了合力推进的工作机制，有力推进各项工作迅速落实到位。三是“社税银”联动工作平台，抢抓“两险”征收改革重大机遇，充分整合社保、税务等资源，借助“社税银”系统，率先在全市实现通过社保卡进行“两险”费批量代扣代缴，逐渐探索形成了“社(医)保+税务+金融”的服务模式，实现了社、税、银融合发展，在全省树立了典型。

创环境。受历史因素影响，新蒲新区无独立的法人金融机构，导致农村金融服务、支付结算环境较差。遵义新蒲长征村镇银行结合实际，投入大量人力、物力、财力，全力打造“新蒲新区自己的银行”，做客户家门口的“邻居银行”。一是加快网点建设，结合全行“1+8+24+66”网点布局发展规划，开业5个支行网点，成为遵义市第一家率先入驻遵义CBD的银行。二是完善服务体系，建成25个离行式自助网点，服务网络持续完善。三是打造村级服务环境，启用46个村级助农取款服务点，常态社保服务人员达60余人。

优产品。一是丰富信贷产品，先后创新推出了“新家园”“惠农贷”“幸福贷”等贷款产品，能满足不同客户的多元金融需求。二是结合社保工作的开展，创新推出“社保贷”产品，持有长征社保卡的客户均可根据社保缴存基数及资金留存情况享受不同额度信用贷款，进一步挖掘了社保卡的金融功能，提升客户体验，促进全行发展。

勤调度。一是成立专门的工作领导小组，由行内主要领导挂帅，亲自对接和督促落实各项工作，并抽调全行骨干力量，成立若干社保银行工作小组，持续深入各部门、镇(办)、村组等开展工作。二是加大考核奖惩力度，行内及时制定下发考核目标任务，并提高奖励标准，在工作结束后严格兑现奖惩。三是督促保障工作进度，新蒲新区管理委员会下发了相应文件，牵头成立了专项工作小组，由区督查工作中心督促各部门完成征缴任务，有力保障各项工作和决策部署快速落实到位。

强宣传。通过各种渠道强化宣传，不断提升知名度和影响力。一是强化自身宣传，结合网点阵地设置宣传台，利用高杆广告、网站、微信公众号、LED电子显示屏、员工微信朋友圈、海报折页等，积极宣传社保卡、“两险”征收知识，营造良好的工作宣传氛围。二是中央和省级媒体等宣传“两险”征收工作，有效提升了对外知名度和影响力。持有遵义新蒲长征村镇银行社保卡的客户均可享受单笔0.5万～20万元的信用贷款，同时还能享受一定程度的利率优惠。

家住新蒲新区喇叭镇红岩村的樊朝江夫妇曾长期在浙江帮人养猪，掌握了全套生猪养殖技术，决定回乡创业自办养猪场时，却苦于资金不足而无法启动。遵义新蒲长征村镇银行客户经理获知后，当即上门调查评估，最终通过“社保贷”产品为其发放贷款

10万元，让其养殖场顺利启动建设，截至2023年5月末，樊朝江的养殖场面积达1 200米^{2}，生猪年存栏超过1 000头，年收入超过50万元。

截至2023年5月末，遵义新蒲长征村镇银行累计发放“社保贷”14 005笔、金额2.13亿元，现有余额贷款3 322笔、金额7 812.33万，有力支持了辖区“三农”、个体、种养合作社等的发展。

遵义新蒲长征村镇银行助农取款服务点设在村级服务中心后，让全体村民都可以不出村就能办理社保、医保等线下、线上业务，大大方便村里留守老人的社保服务需要。如新蒲新区喇叭镇红岩村的村民到集镇领取社保100元，来回车程至少2个小时，车费10元，远一点的村组来回还会花更多车费。该村服务点仅2022年12月就发生业务2 128笔，且呈现递增趋势，据此测算，每月可至少为当地村民节省出行费用21 280元，每年至少节约车费25余万元，目前该行已完成建设并投入使用46处服务点，每年至少为新蒲新区农村群众节约业务办理车费1 100余万元。

遵义新蒲长征村镇银行负责人代云波介绍，该行助农取款服务点深度融合社保、医保及其他便民服务功能，逐渐探索形成了一条独有的“社(医)保+金融”农村金融服务模式，有效实现了“一点多用”“一卡通用”，得到农村群众得充分认可。随着助农取款服务点功能的不断提档升级，助农取款服务点正逐渐实现社（医）保费查询缴纳、缴水电费、充电话费、电商服务平台等多种功能，让村民足不出村，在家门口就能享受便利的支付和生活服务。

自遵义新蒲长征村镇银行社保卡发卡、“两险”征收及助农取款服务点工作开展以来，得到了地方党委、政府及各级部门的高度肯定，各级中国人民银行及人社、税务部门等的多位领导来到现场指导工作开展，中国人民银行总行党委“不忘初心、牢记使命”主题教育第四巡回指导组组长王迅一行现场观摩，要求加快建设进度，加大推广力度，让更多农村群众享受到便利和实惠。同时，《贵州日报》、《人民日报》、新华网、《中国税务报》、《中国农村信用合作报》等媒体进行宣传报道，“社（医）保+金融”一体化服务模式成效持续显现，正逐步成为新蒲新区具有发展代表性的一张“新名片”，并得以在遵义市和贵州省全面推广。

秭归兴福村镇银行

金融工作感悟

秭归兴福村镇银行行长　顾国宏

2021年8月调来秭归以后，我一度深感迷茫。秭归曾是国家级贫困山区县，地广人稀，常住人口15万左右，产业单调，仅以柑橘种植为支柱产业，经济体量差；且秭归乡镇之间全部为山路，从最远的支行开车到县城总行要3个多小时，交通不便，客户经理调查一个客户经常需要翻山越岭，一去就是一整天。

2022年，秭归兴福村镇银行的发展困难重重，同事们业绩低迷，士气低落，下半年贷款投放从负数起步。在这样的情况下，我们及时调整业务发展方向，将“做小、做散、做信用”的理念植入秭归兴福村镇银行每位员工的心里，“能上山的上山，能下湖的下湖”，做到业务下沉、人员下沉；聚焦小微主航道，只做“小微”一件事，突出“微”，巩固“小”，彻底改变“做大”的传统思想，选择“三农”及小微市场，坚持“小微”理念，与国有大行和城商行错位竞争，细分金融市场，下沉金融服务，坚守农村市场，把“整村授信”工作做深、做透，提高用信率，突破现阶段的瓶颈，以“0抵押、0跑腿、1个小时放款”的“001”“一站式”金融服务为推动工具。同时，我们开发了“柑橘贷”产品，老百姓只要有柑橘地，足不出户就能获得资金。

“苦不苦，想想红军两万五。”其实辛苦一点都不可怕，可怕的是没有方向和目标。在江苏常熟农村商业银行的精神传承和先进理念下，我们秭归兴福村镇银行统一了认识，及时调整工作方向，重建工作氛围，加强干部员工的交流，走进偏远乡镇同事们的工作中，让同事们心中重新燃起奋斗的火花。2023年上半年，秭归兴福村镇银行的经营情况良好，特别是贷款投放，新增700户，较2022年同期增加了13 000万元，全量贷款户均余额仅20万元，所有的“苦”都变成了“甜”。

因地制宜探寻新模式
农户授信助力乡村振兴

湖北秭归兴福村镇银行总部设在湖北省秭归县，现有5个银行网点(总行营业部、沙镇溪支行、水田坝支行、郭家坝支行、九里支行)、2 个兴福驿站(杨林、两河口)，员工队伍以“90后”为主。自成立以来，秭归兴福村镇银行积极响应国家金融政策，始终立足“三农”，专注为“三农”、小微企业提供金融服务，以“兴盛百业、福润万家”为使命，践行普惠金融初心。

近年来，秭归兴福村镇银行在三峡库区秭归县推行“001”“一站式”金融服务，按照“0抵押、0跑腿、1个小时放款”的原则，实现从融资申请、征信查询、回款约定到贷款发放全流程无纸化操作，有效解决了以往信贷业务办理时间长、空间距离远的问题，打通了秭归农村农业生产融资的“最后一公里”。通过“001”“一站式”金融服务全力支持秭归脐橙全产业链发展，有力推动了三峡库区“电商第一果”脐橙产业的高质量发展。

要实现“0抵押、0跑腿、1个小时放款”的“一站式”金融服务，解决金融授信问题是首要基础。秭归兴福村镇银行将“整村授信”作为解决三峡库区山大人稀、水域辽阔、交通困难问题的重要思路，努力在全县范围内实现“整村授信”，夯实了“一站式”金融服务的基础。

郭家坝镇位于长江南岸西陵峡畔，地处秭归县中部，属三峡库区移民大镇，是湖北省200个中心镇之一。全镇产业特色显著，共有脐橙种植村16个，脐橙种植园22 800亩，是三峡库区脐橙产业大镇。2020年，受新冠疫情影响，郭家坝镇传统的脐橙线下销售渠道受阻，快递、物流成本上升，全镇果农缺乏银行认可的抵押物或者担保条件，信贷资金获取困难成为制约脐橙产业高质量发展的瓶颈。

秭归兴福村镇银行敏锐地看到这一困境，决定以郭家坝镇为试点，在全县推进“整村授信”后提供“一站式”金融服务，并探索完善了秭归兴福村镇银行独有的“整村授信十步工作法”，快速推进了“整村授信”。“整村授信十步工作法”：第一步，寻求乡镇领导支撑；第二步，拜访村“两委”；第三步，确定目标村；第四步，名单筛选（依托村“两委”共同筛选有效“白名单”，以户为单位，筛选主要劳动力）；第五步，确定授信金额（以家庭为单位进行授信，确定分梯度差异化授信金额）；第六步，名单公示（分组或由理事会进行名单公示）；第七步，实地精准营销；第八步，上报审批；第九步，农户用信；第十步，贷后跟进维护。

“整村授信十步工作法”使秭归兴福村镇银行加快了授信速度、加大了力度，从2021年3月到2021年年底，不到1年就完成了全县22个村的“整村授信”工作，为推行“001”“一站式”金融服务夯实了基础，有效防范了信贷风险。

秭归县作为山区县，长期以来农户融资需求的季节性、小额化以及抵押物不足等问题制约着农业规模化生产。2021年3月，秭归兴福村镇银行在郭家坝镇邓家坡村首先试点推行农户办贷“001”“一站式”金融服务，按照“0抵押、0跑腿、1个小时放款”的要求，以“一员一码”实现全员服务下沉。每个员工通过专属二维码将贷款从线下拓展到线上，运用平板电脑、“兴福+”微信小程序、开卡机、签约台等电子设备和网络平台，在农户家中实现从融资申请、征信查询、回款约定到贷款发放全流程无纸化操作，全面提高了“支农支小”金融业务办理效率。

信贷员常常带着科技装备和一桶泡面走村进户，只要碰到有需求的农户，都能够实现现场申请、就地办理。通过“整村授信”后只要上传4张照片就能完成办理流程。

第一张是贷款人身份证照片；第二张是村委会或村子全貌图，能够大致使人了解该村主要的经济作物和地理位置；第三张是农户屋前屋后照片，能够反映出该农户是否有农田或者脐橙树，房屋周围是否打扫干净，是否踏实勤劳；第四张是农户客厅照片，从农户客厅装修、整洁干净与否以及悬挂的照片等反映出家庭是否和睦、家庭收入情况等。

“不要抵押，不用出门，几十分钟钱就到我卡上了，这个贷款办下来省时又省力！”郭家坝镇邓家坡村村民高峰在家收到8万元农户贷款后激动地说。秭归兴福村镇银行推出的线上无纸化贷款模式，有效解决了以往信贷业务办理时间长、空间距离远的问题，打通了农村农业生产融资的“最后一公里”，还节约了银行的人工成本，提高了业务办理效率，同时促进存贷业务快速增长。2021年全年为农户开卡1 288张，12月末贷款余额55 619.46万元，同比增长9.56%，储蓄存款余额63 114.18万元，同比增长7.87%，人均定期存款58 963元，同比增长10.41%。4家乡镇支行均开立在脐橙大镇，存款几乎全部来自果农，得到了广大果农的大力支持和信赖。

如何通过“一站式”金融服务进一步扶持秭归脐橙产业做大做强，秭归兴福村镇银行给自己出了一道必答题。经过全面研究，大家认为，金融服务不仅需要扶持果农种植生产，还必须融入秭归库区脐橙产业的全产业链发展，实现一、二、三产业融合发展，才能支持特色产业进一步实现高质量发展。因此，秭归兴福村镇银行决定将“001”授信业务在全县制造业和服务业领域推开，为脐橙产业全产业链提供“001”“一站式”金融服务。

宜昌荣升农业科技开发有限公司是一家从事脐橙数字化种植、生产、销售的科技公司，需要引进分选测糖设备，建立数智能化产业链。对该公司进行项目前景分析和风险评估后，秭归兴福村镇银行为该公司发放300万元贷款用于设备购买和建设。2021年，该公司投产半年，产值达5 000万元，全面提升了整个产业链的附加值。

郭家坝镇橙秭果业柑橘种植专业合作社理事长龚雪，是郭家坝镇首批开展电商业务的创业者，从2015年开始创业，经过几年摸爬滚打，创建了“三峡橙姑娘”微商品牌。2021年，她的合作社需要搭建电商合作平台，带动162个村实现村级快递物流代理发货。秭归兴福村镇银行通过“001”“一站式”金融服务为其发放扶持贷款资金，龚雪以此搭建了27家电商合作交流平台，与263户果农签订帮销协议。2021年，龚雪帮助2 700多户果农销售脐橙2万多吨，销售额达1.4亿元。

经过多年发展，秭归脐橙成为“三栖地理标志”（中国地理标志、地理标志保护产品、中国农产品地理标志）产品，享有“中华名果”、“中国名牌农产品”、2018年中国首届农民丰收节“100个农产品品牌”等90多项殊荣。“秭归脐橙”和“屈姑”品牌被认定为“中国驰名商标”。2021年，秭归脐橙品牌价值超过20亿元。

南城富民村镇银行

金融工作感悟

南城富民村镇银行行长　陈汝淼

2018年，我从温州到南城，开始筹建南城富民村镇银行。在30多年金融工作中，我始终以党建引领工作，南城富民村镇银行自2019年3月12日开业以来，积极发挥党建引领作用，以“党建+金融”赋能乡村振兴发展，积极探索“党建+金融”模式，实现党建与业务的深度融合，同时，我个人作为南城县金融领域的人大代表，带领全行干部员工积极落实各项支农惠农政策，仅仅4年多，南城富民村镇银行便累计为县域经济发展发放贷款近25余亿元。

成绩、荣誉的背后，是全行工作人员的努力付出，4年多里，我作为行长，一直主动靠前管理，“5+1”“白加黑”，全行工作人员充分发扬富民奋斗精神，以银行金融业务专家的身份，以及县委部门派出的“金融发展特派员”身份，主动下沉至南城县各村组的“神经末梢”。一方面，积极对接乡镇主要领导及驻村干部，开展党建共建活动，深入田间地头获取一手资料，切实做到“望”民情、“闻”民声、“问”计策、“切”症结；另一方面，强化服务水平，协同发起行大力开发线上信贷产品，积极为小微企业、个体经营户和农户提供支持，畅通“一站式”办贷渠道，进一步推进乡村振兴金融服务工作提档升级。

李强总理说：“坐在办公室碰到的都是问题，深入基层看到的全是办法。”从事农村金融工作，就要深入基层、融入群众，在防控风险的前提下，胆大心细，深化普惠金融，服务城乡发展，助推南城县域经济高质量发展。

下沉服务惠“三农” 富民特色助振兴

2022年，江西南城县为破解乡村振兴发展中的人、财、物困局，全面提升农村金融服务覆盖率，在南城富民村镇银行举办了“金融发展特派员”推进会，大力推行“乡村振兴+‘金融发展特派员’”服务模式，打造遍及城乡的基础性金融服务网络，并在全县12个乡（镇）分别派驻12名“金融发展特派员”，为乡村振兴提供金融人才保障。

南城富民村镇银行全体人员充分发挥“金融专家”作用，以县委部门派出的工作人员身份，主动扛起助力乡村振兴的重大使命，争当知农村、爱农民的“知心人”，主动耐下性子、扑下身子融进乡村，从“望、闻、问、切”4个方面着力，深入基层一线、田间地头开展上门走访、实地调研，多去群众聚集地“打卡”“露脸”，有针对性地制定金融问题解决方案，持续完善工作方法及工作举措，切实做到“望”民情、“闻”民声、“问”计策、“切”症结，逐户开展摸底调查，逐项对接金融需求，全面掌握农户家庭生产经营情况、金融服务需求以及贷款意向等信息，真正把村民的需求看在眼里、记在心里，用心、用情带动服务下沉、资金下沉、知识下沉，为乡村振兴激发“新动力”。

截至2022年12月末，南城富民村镇银行存贷款总量超14亿元，有效扶持了农户、小微企业的发展。各项存款余额8亿元，各项贷款余额6.2亿元，在3年多里共计为近3万存贷用户送去贴心的金融服务，为南城县巩固拓展脱贫攻坚成果同乡村振兴有效衔接提供有力支撑。

2022年，南城大地经历干旱酷暑，受连续40多天的干旱影响，李大哥的橘子园内许多橘子只有正常个头的1/4，李大哥就想着能否通过换一种经济作物让自己的家庭渡过这个难关，南城富民村镇银行的“金融发展特派员”得知该消息后，主动深入村居，到李大哥的种植园中了解情况，在信贷政策上灵活把控，经线上操作为其开通授信通道，仅用两天，李大哥便获批20万元的信贷额度。2023年春节后，“金融发展特派员”又一次登门拜访，李大哥看着红彤彤的草莓，满心欢喜：“切实感受到党的关怀和支持，今年的草莓一看就长势良好，难关已经是昨日了！”类似的故事在南城富民村镇银行经常发生，因为该行已经将“以客户为中心”深刻于每一位员工心中；从效率提升、辛苦指数、产品升级、科技赋能4个方面精细化金融服务，提升客户体验；从贷款申请到放款只需3个工作日办结的阳光承诺，到现在30万元以下贷款可当日申请并办结的效率；实行管户责任到人，提供一对一贴身服务，致力于服务好每个客户；贯彻“用辛苦指数换幸福指数、用辛苦指数换成长指数”的理念；提高产品性能，着力推广手机银行、自助柜员机及电子化技术的运用，不断提升产品性能、优化服务，实现“一站式办理”抵押登记电子证书业务；提高科技赋能，实现无纸化办贷，“公积贷”“普惠贷”等特色产品的推出助力实现一键贷款；移动开卡机的运用

可实现上门为客户服务开卡，为客户足不出户即可办理贷款奠定基础，通过科技赋能缩短了与同业间的差距，自身竞争力也得以增强。

南城富民村镇银行一直坚持以客户为中心，以市场为导向，以普惠金融为己任，加强产品创新、服务创新，不断延伸服务半径、扩大服务范围，以与南城县政府签订的“十四五”乡村振兴战略合作协议为东风，工作人员主动带着身份沉到南城县的10镇2乡中，既以银行金融业务专家的身份充分发挥作用，更以县委部门派出的工作人员的身份，主动扛起助力乡村振兴的重大使命，积极对接乡镇主要领导、分管领导以及驻村干部，及时了解乡村振兴的政策层面、村委层面以及各村特色及集体产业等层面的最新情况，跟踪解决金融服务进程中存在的问题和难点，积极发挥银行金融知识方面的专业特长，耐心指导乡镇、村居多元化、多层次的金融需求。同时提高服务水平，协同发起行大力开发线上相关信贷产品，积极为小微企业、个体经营户和农户提供信贷支持，帮助解决金融问题，畅通“一站式”办贷渠道，进一步推进乡村振兴金融服务工作提档升级，确保把资金用在刀刃上，更好地促进地方发展。

南城富民村镇银行与南城县株良镇结成党建共建联盟后，工作人员为进一步发挥“金融发展特派员”服务助力乡村振兴的作用，由中高层带队与当地干部对接，深入了解客户需求，得知远在四川的南城株良人有贷款需求，行长亲自带队，远赴四川千里送贷，对每家每户进行走访，通过“送贷上门”将金融服务延伸至村（社区）的“神经末梢”，延伸至在外打拼的南城乡贤，让致富有“源头活水”。

“金融发展特派员”勤下乡、勤入村，多到乡间看一看，才能了解到支撑乡镇发展的主要产业是什么，多到群众中间问一问，才能知道群众真正需要的是什么。通过积极开展“整村建档、连片授信”、村组长带队逐户走访等工作，把乡镇企业都走一遍，把农村农户都访一遍，真正为辖内的农户、个体经营户和小微企提供了及时、有力的金融服务支持，切实有效地助力农村优势特色产业发展，帮助村级经济增强了“造血”功能。2022年，南城富民村镇银行主要对22个村居进行授信，授信金额共计3.4亿元，走访2 561户。

2023年6月，炎炎烈日下，南城县的莲花渐次绽放，南城富民村镇银行“金融发展特派员”上山下乡，穿梭在农户、花池之间，再过20多天，就到了白莲收获的季节，为了不耽误莲子的采摘、去皮去芯、烘干等一系列流程，工作人员加班加点进行审批，提高办贷效率。银行客户经理甚至直接到加工现场签订借款合同。“今年，我家种了100多亩白莲，向南城富民村镇银行贷了30万元，这次仅莲子、莲子心预计就能够带来比较好的收入。”南城县建昌镇万年桥的一位莲子种植户高兴地向大家介绍种植莲子的心得和未来打算。

近年来，电信网络诈骗、非法集资事件频发，而金融知识普及薄弱的农村地区往往成为金融犯罪的法外之地。“金融发展特派员”主动为群众办好事、办实事，不仅经常给老党员、孤寡老人送温暖，还积极帮助群众排忧解难，每位员工都踊跃承担起社会责任，以“勿以善小而不为”的精神，“集小流汇江海”，用一点点小举动温暖人心；积极做好普惠金融宣传工作，走村串户开展存款保险制度科普、金融政策宣传及反假币、反电信诈骗、反洗钱及反恐怖融资等活动，用最通俗易懂的讲解方式向老百姓全面普及预防金融诈骗及农户个人征信维护等相关知识，将金融知识、惠农政策、致富信息送到寻常百姓家，提升农村金融知识普及率，持续营造良好的农村金融服务环境。截至2022年12月末，“金融发展特派员”共计开展各类社区、村居及厅堂活动100余场次，积极宣传各类金融知识，切实提升了群众的金融素养及对金融犯罪的防范意识。

蒙城湖商村镇银行

金融工作感悟

蒙城湖商村镇银行党支部书记、行长　韩丽娜

强国必先强农，农强方能国强。农村金融机构是建设农业强国的重要力量之一，作为一名村镇银行行长，我倍感责任重大。

村镇银行天然属农、属小，坚持支农强农是村镇银行的使命，虽然规模比较小，但具有决策链条短、市场反应快等优势。作为村镇银行，蒙城湖商村镇银行重点发力于提高金融服务“三农”的效率和能力。

一是加大资金要素供给，服务“三农”发展。蒙城湖商村镇银行坚持“一把手”主抓，把主要金融资源配置到农村重点领域和薄弱环节。二是创新金融产品，提升金融服务水平。蒙城湖商村镇银行创新推出“惠农卡”贷款业务，由信贷员上门办理，客户在手机端即可实现“一次授信、循环使用、随借随还”，满足了客户的资金需求。三是优化金融服务模式，提高资金投放效率。针对涉农客户融资渠道单一、金融知识缺乏等问题，蒙城湖商村镇银行以“金融知识进万家”、“百行进万企”、助力夏粮收购、返乡农民工金融服务、反电信诈骗宣传等为契机，常态化组织员工深入乡村进行产品营销和金融知识宣讲，打通农村金融服务“最后一公里”，实现了面对面交流，“零距离”提供金融产品。

作为一家新型农村金融机构，蒙城湖商村镇银行始终坚持“立足当地、服务‘三农’”的市场定位，以“便民、利民、惠民”为特色，秉承“想你所想、为你所享”的经营理念，切实下沉服务重心、深耕农村金融，借助移动智能终端，把柜面搬到农户家里，提升服务效率，为乡村振兴贡献一份坚强的力量。

“惠农卡”“兴旺·生猪贷”农户致富好帮手

“蒙城湖商村镇银行不愧是服务老百姓的银行，关键时刻为我解决了资金困难，真是雪中送炭啊！”这是养猪户对蒙城湖商村镇银行的评价。十年风雨兼程，十年砥砺前行，蒙城湖商村镇银行不忘初心、牢记使命，始终秉承“想你所想、为你所享”的经营理念，以支持地方经济发展为己任，坚持服务“三农”、小微企业，充分发挥村镇银行经营灵活的优势，综合运用多种金融工具，以满足“三农”金融需求为导向，围绕农村生产发展重点领域和薄弱环节，不断创新金融产品、优化工作流程，打通金融服务乡村振兴的“最后一公里”，实现“面对面”交流、“零距离”提供金融产品。

作为服务“三农”的生力军，蒙城湖商村镇银行坚持“一把手”主抓，纵深推进，聚焦目标导向和结果导向，主动作为、精准施策，有效推动各项“三农”政策落地实施。依托“数据+走访”的办贷模式和亳州市党建引领信用村建设服务平台，采用网格化分片包村的形式开展“整村授信”活动，各网点通过对接村委会、村小组，根据农户信用评级，围绕“三农”方面的资金、产品等持续创新，把主要金融资源配置到农村重点领域和薄弱环节。蒙城湖商村镇银行在走访调研中发现，农户在发展产业时因没有抵押物，生产经营的短期资金需求不能得到及时、有效的金融支持。养猪业是蒙城县畜牧经济的传统优势产业之一，也是当地农户增收致富的重要产业，因受条件限制，养猪业投入的固定资产及活体猪抵押存在较大的难度，直接影响养殖户规模化生产和提高经济效益。蒙城湖商村镇银行针对蒙城百姓希望获取有效、及时的金融支持，推出“惠农卡”产品，针对生猪类经营主体创新推出更具有针对性、更贴近行业性质、更适应生猪养殖和繁育特性的“兴旺·生猪贷”信贷产品，有效解决了农户“融资难、融资慢”的问题，降低了农户融资成本。

“惠农卡”由信贷员上门办理，客户不需到银行网点即可享受到便捷、高效的贷款服务。“惠农卡”具有小额贷款循环功能，以“惠农卡”为载体提供小额贷款放款、使用、还款等服务，客户在手机端即可实现“一次授信、循环使用、随借随还”，按照“一次核定、随用随贷、余额控制、周转使用、动态调整”模式进行管理，满足了客户的资金需求。有实体经营、征信良好的农户及个体工商户均可申请“惠农卡”，依据农户家庭财产、家庭收入、信誉状况、生产经营情况确定授信额度，最高授信30万元。

在外省务工的蒙城县漆园村民代茎葆无法照顾老人、小孩，2021年有意返乡创业，种植水果。建水果大棚需要一笔不小的资金，他手头的自有资金不足，蒙城湖商村镇银行信贷员了解到代茎葆的需求后，主动与其对接，介绍了特色产品“惠农卡”，主动帮其填写资料，不到1天，10万元信用贷款便发放到他的手中，目前他的大棚瓜果已成为致富的“聚宝盆”。

2022年的粮食收获季节，流转了300亩土地的蒙城县岳坊镇的王学武因购买农资犯了难，从亲戚朋友处筹借的资金杯水车薪，根本不够用。他听说蒙城湖商村镇银行在村里设立了金融服务站，专门解决农户的金融难题，便抱着试一试的态度，到金融服务站向工作人员诉说资金短缺难题。值班人员了解情况后，立即开展贷前调查，当天为他办理“惠农卡”，授信15万元，解了他的燃眉之急。

2020年，蒙城县三义镇曹街村的曹男男萌生养殖创业的想法，在家人和妻子的鼓励下搭建起养殖棚，开始养羊，因行情较好，有意扩大养殖规模，但出现了资金缺口。曹男男听说通过农户信用评级即可获得贷款支持，起初还不相信，抱着试一试的想法联系了蒙城湖商村镇银行信贷员，信贷员立即查询他的农户信用评级，实地调查养殖场状况后就为其办理“惠农卡”，发放了10万元信用贷款。

“惠农卡”服务农户的3个事例，是蒙城湖商村镇银行创新产品服务农户的缩影，产品的便捷性、有效性体现了普惠金融的精髓。截至2023年6月末，“惠农卡”授信户数7 054户、用信户数4 332户、用信金额52 564万元。

农户购买种猪、仔猪，建设猪场及从事其他与生猪养殖有关的生产经营，均可通过“兴旺·生猪贷”产品获取贷款。贷款方式为生猪养殖户线下申请，蒙城湖商村镇银行收到申请后，第一时间安排信贷员上门核实情况，根据借款人家庭的资金实力、生产经营状况、养殖技术、从事养殖时间、信用状况、还款能力、担保方式、贷款真实需求等因素来合理确定贷款额度，原则上在30万元（含）以内，对辐射面广、带动力强、与农户联结紧密的经营主体，贷款额度可适当调整，授信期限为2年。“兴旺·生猪贷”是一款混合类贷款产品，可以根据客户情况发放纯信用贷款，也可通过家庭成员共同签署保证书的方式发放贷款，还可通过抵押借款人的资产进行贷款，最快1天资金到账。为方便养殖户使用贷款，蒙城湖商村镇银行将授信贷款引入线上，在授信额度和期限内，允许客户通过柜台、手机银行、自助终端等渠道随借随还，“兴旺·生猪贷”按日计息，可帮助养殖户降低成本。

吃苦耐劳、头脑灵活、敢想敢干的陈效军是蒙城县漆园街道上的养猪能手，生猪存栏达200头，2022年他想扩大养殖规模，但前期的猪棚建设及新猪苗、饲料购买等需要大量的资金，手头资金周转不开。蒙城湖商村镇银行在网格化走访中了解到他的资金困难，主动积极对接，经过认真考察评估，为其开辟“绿色通道”，全程提供“一站式”服务，发放30万元贷款（其中信用贷款10万元、保证担保贷款20万元），解决了他的融资难题。

蒙城县坛城镇村民任明华对蒙城湖商村镇银行的信贷员进村走访宣传的饲养生猪农户可以申请生猪贷，不需要抵押物，凭信用和保证担保均可以获取贷款的情况将信将疑，他抱着试试的态度联系了上门走访的信贷员，上午申请，下午就得到20万元贷款。

于2015年开始从事生猪养殖的蒙城县庞庙村村民陈文辉，从圈养十几头猪起步，随着养猪经验日渐丰富，到2022年年初，养殖场已存栏300余头猪，养殖规模越来越大，流动资金需求也越来越大。2022年下半年，由于对行情预测失误，他养殖的存栏猪没有卖出，又用流动资金购买猪仔，导致购买饲料的资金严重不足，四处筹钱未果。蒙城湖商村镇银行的信贷员在村里开展金融知识讲座，陈文辉听到信贷员说有专门支持生猪饲养的信贷产品，当场提出贷款申请，上午提出贷款申请，下午信贷员就来到养殖场调查，晚上20万元信贷资金就到位了，“兴旺·生猪贷”彻底解决了陈文辉养殖场的断粮问题。

以上3个事例，是蒙城湖商村镇银行“兴旺·生猪贷”产品解决养殖户困难，促进蒙城县养猪产业发展的缩影。养殖户急需资金时，就能看到蒙城湖商村镇银行员工的身影，这和蒙城湖商村镇银行对产品的推广是分不开的。在“兴旺·生猪贷”产品推广方面，该行采用广泛宣传和重点宣传相结合的方式，通过官方网站宣传的同时，将服务区域网格化，组织员工进村入户宣传介绍“兴旺·生猪贷”产品，对养殖大户，信贷员上门一对一地介绍产品，提前采集辖区内的养殖大户信息，确保一旦养殖户有需求，就能在第一时间根据客户信息测算出贷款额度，出具可行的融资方案。“兴旺·生猪贷”产品自2020年推出至2023年6月，累计授信金额6 558万元。

蒙城湖商村镇银行强化金融服务方式创新，增加乡村金融服务功能和产品供给，加强农村金融服务体系建设，推进农村金融基础设施建设，切实增强农村居民金融服务获取意识和农村金融资源承载能力，不被固定思维束缚，从问题导向出发，创新产品、下沉服务，用“金融服务站+‘惠农卡’”模式，让农户获取金融支持更便捷、更有效；“兴旺·生猪贷”产品颠覆了人们对原有活体贷款模式的认知，为金融机构开展活体贷款提供了可借鉴的范例。蒙城湖商村镇银行贴近农村市场、结合实际、大力促进业务创新产品，是知重负重、担责尽责，牢记金融服务“三农”初心的体现，有效解决了金融服务“最后一公里”难题。截至2023年6月，蒙城湖商村镇银行各项贷款余额83 105万元，其中涉农贷款81 406万元，占比达97.96%。

河南固始天骄村镇银行

金融工作感悟

河南固始天骄村镇银行党支部书记、董事长　王博

金融强农是建设农业强国与乡村振兴的重要途径，涉农金融机构与乡村经济发展“共生共荣”，村镇银行作为涉农金融体系的新的生力军，在农村经济发展的新阶段，应当持续加大涉农金融供给，倾斜资源配置，不断发挥金融“活水”作用。

金融机构要坚持党建引领，擦亮金融兴农助农“新品牌”，坚持党的领导、加强党的建设是金融机构的“根”和“魂”，主动扛起金融服务乡村振兴的政治责任，充分发挥金融支持乡村振兴“生力军”作用。

金融机构要坚持业务创新，探索金融兴农助农“新路径”，在经济新常态下，传统的银行经营模式已经难以应对当前的经济、竞争形势，转型、创新才是大势所趋。通过持续创新实现金融服务的差异化、特色化、个性化，逐步形成差异化竞争优势，秉持“坚守定位、服务本土”的经营思路，与其他银行业机构开展错位竞争，逐步培养属于自己的核心客户群体和核心客户经理团队。

金融机构要利用科技赋能，打造金融兴农助农“新生态”，积极探索将信息技术引入乡村振兴金融服务领域，以科技变革引领业务再造，加快实现乡村振兴金融服务从线下到线上的跨越。依托金融科技力量，全面提升服务效能，助力转型发展。

全面助推乡村振兴、全力促进共同富裕，是金融助力高质量发展的题中之义。紧紧围绕国家农村金融政策和高质量发展要求，全面提升服务质量和水平，以金融力量助推农业振兴、农村发展、农民致富，努力做好金融助农生力军，奋力书写金融支持乡村振兴新篇章！

引入第三方物联网监管 破解县域企业发展难题

固始天骄村镇银行于2008年8月2日正式挂牌成立，为河南省第二家，信阳市第一家村镇银行。成立以来，固始天骄村镇银行主动融入县域发展，始终坚持“服务‘三农’、服务中小微企业、服务固始百姓”的市场定位，充分发挥本土优势，扎根乡镇，下沉服务，积极践行“全心全意服务地方经济，全心全意服务固始百姓”的服务理念，为当地近8万户的农户、个体工商户、小微企业主提供了优质、便捷、高效的金融服务。

15年来，固始天骄村镇银行以“做小、做散、做精”理念推动各项业务稳健发展，服务能力显著提高，综合实力不断增强。截至2023年5月末，下设8个职能部门、16家分支机构、1家普惠金融服务站，在岗员工200人，全行资产规模40.98亿元，各项存款余额35.07亿元，各项贷款余额27.51亿元。开业以来，创造了良好的经济和社会效益，累计上缴各项税费1.93亿元，已逐渐成长为固始县新型金融机构的一支生力军，为全县的经济社会发展作出了积极贡献。

固始县位于河南东南部，豫皖两省交界处，北临淮河水，南依大别山，县域面积2 946平方千米，辖30个乡（镇）、3个街道办事处，人口185万，是河南省第一人口大县、农业大县、劳务大县，是全省5个加快发展的区域性中心城市和10个省直管县之一。全县经济主要依靠农业、小微制造业等，为支持当地经济发展，固始天骄村镇银行结合固始产业的发展特点，加大普惠金融的下沉力度，主动了解小微企业的需求，创新担保模式，盘活流动资产。

小微企业融资缺乏传统金融模式的担保措施所需的固定资产抵押，有融资需求的小微企业在原材料采购阶段、生产阶段以及销售阶段都持有一定量的动产，但以这些资产做担保很难被传统金融模式接受，而通过企业动产质押能有效盘活小微企业经营中的流动资产，这笔款项可直接投入生产运营，从而减少在途货物对资金的占用来提高运营效率，有效破解小微企业融资难的问题。

河南羽润羽绒制品有限公司在经营中的流动资金主要集中到生产流通环节，大量的预付账款、动产和应收账款是其主要资产，缺乏传统金融模式的担保措施所需的固定资产抵押，很难从金融机构获得满足其生产经营的信贷资金支持。

该企业通过动产（鹅绒）质押，有效盘活其经营中的流动资产，有效破解小微企业融资难的问题。2022年9月18日，固始天骄村镇银行以存量货物动态质押形式为该企业授信400万元，期限为1年，解决了企业缺少担保措施的问题。

固始天骄村镇银行引入线上线下一体化的三方监管模式。该模式是指银行接受动产作质押，并借助金融科技、核心系统平台、智能设备等手段，由专业的监管公司进行动产监管，向中小企业发放贷款。监管企业提供质押物的保管、价值评估、去向监督等服务，架设起“银企”间资金融通的桥梁。将金融机构不太愿意接受的动产转变为其乐意接受的动产质押产品，并以此作为质押担保品或反担保品进行信贷融资，既解决了小微企业融资难的问题，又拓宽了资金方信贷渠道，还为资金方提供了全程监管服务，实现了三方共赢的局面。

固始县豫申粮油工贸有限公司成立于2006年2月6日，法人代表为黄志忠，经营范围为粮油、农副产品的收购、仓储、加工、销售及进出口业务，是集绿色农业种植、稻米精深加工、食用油生产、粮油贸易、科研和农副产品综合利用于一体的综合性企业，现主要利用大米生产过程中产生的副产品——米皮及米胚芽生产稻米油，属国内龙头企业，前景宽广。该企业属于“河南省科技型中小企业名录库”内企业。

2022年5月，该企业因产品研发和流动资金短缺，特向固始天骄村镇银行申请贷款490万元，期限为12个月。经过客户经理调查、上会，5月13日，该行为其发放“动产质押贷”490万元，切实解决了企业研发和资金短缺问题，助力企业复工复产。“动产质押贷”运用物联网监管技术，变“动产”为“不动产”；授信有效期内随用随还且无需审批；监管服务费全部由银行承担，综合成本较市场同类型产品低20%，适合缺少抵押物、拥有价格稳定动产资源的中小微企业。

近年，固始天骄村镇银行创新开发了“动产质押贷”产品，探索引入第三方公司监管模式，由第三方公司运用物联网技术对质押物的重量、位置、形状轮廓、存储状态、异常入侵等关键信息进行实时监管。该信贷产品允许部分或全部动产质押物在厂区范围内进行再加工，同时对客户用来质押的动产价值设置界限(贷款额度)，客户可以自由使用超出这个界限的动产，且不用追加保证金，真正变“传统静态质押授信”为“动态质押授信”，在缩短周转周期的同时，进一步拓宽企业融资渠道。固始天骄村镇银行已对羽绒、粮食生产等企业动产授信10笔、金额7 380万元，发放“动产质押贷”7笔、金额3 200万元。

固始天骄村镇银行根据客户的融资需求采取一次授信的方式，进一步提升审批效率，减少流程重复审批，同时采取动态质押授信，对客户用来担保的动产价值设置界限，在客户生产经营的过程中，用来担保的动产价值不能低于这个界限，高于这个界限的动产则客户可以自由使用。在这个模式下，客户既可以以货易货，也可以以款易货，日常生产经营活动受到的限制就小了很多。而且，一般企业在授信期间内不用追加保证金赎货，企业靠动产来融资的益处非常明显。

“真心感谢固始天骄村镇银行，如果没有家乡银行的资金支持，我的公司扩大经营、做大做强恐怕难以实现！”2023年4月20日，在外创业的王总打电话给固始天骄村镇银行，感谢固始天骄村镇银行胡族支行的工作人员不远千里送贷上门，为王总等人现场办理发放贷款200万元。

王总是固始县武庙人，早期在苏州盛泽等地从事纺织器材配件及纺织制造业，生意越做越红火，资金流量也越来越大，后回到信阳经营纺织业机器配件和纺织布匹海外销售，生意逐步平稳向上。但2020年以来，受新冠疫情的持续影响，国外市场销路不畅，导致资金周转困难，市场行情逐步回升后，公司的织布机已大半改制成畅销国内的产品线，但早期生产的销往国外的高质量订单布却在仓库里堆积了大半年。“这些都是按照欧洲标准做的布，现在国内价格达不到，卖了是要亏钱的。”虽然王总现在的纺织厂依旧机器轰鸣声不断，但他仍想谋求发展、扩大生产线，由于布匹订单的回款周期较长，且仓库内堆积的国外订单布没法变成现金，王总犯了钱的难。

王总为扩大经营的筹款愁眉不展时，这个消息传到了固始天骄村镇银行工作人员的耳朵里。固始天骄村镇银行的工作人员多次来到纺织园区，通过了解纺织布匹销售行情、原材料价格及纺织企业经营现状，为企业老板们想办法解决困难。最终通过库存产品质押的方式为王总等人送上信贷“及时雨”，成功解了创业老乡资金周转的燃眉之急。

为切实解决在外经商创业老乡生产经营中遇到的融资难、融资贵问题，固始天骄村镇银行大力推广具有利率低、额度高、担保方式灵活等特点的信贷产品，助力在外经商创业老乡的事业发展得又好又快。

在短短几天的纺织园走访中，通过线上与线下相结合的方式，固始天骄村镇银行一行人共办理6笔贷款，授信金额达500余万元，另外还有7名意向客户在进一步对接办理中，及时解决了县域外固始籍创业人士的金融需求，为在外创业经商的固始老乡送去“及时雨”，有效地提升了金融服务质效，传递了固始天骄温暖，让“乡情”更浓。

躬耕固始十五载，坚守初心再出发。固始天骄村镇银行不断探索金融支持乡村振兴发展的新路子，根据固始县产业发展特色情况，加强“固始振兴贷”“丰收贷”等产品的推广力度，创新推出“动产质押贷”等产品，因地制宜支持当地支柱产业迅速发展，有效覆盖和满足客户的多元化需求，促进农民增产增收。加大线上信贷业务推广力度，实现足不出户就能完成贷款申请到发放，有效满足客户“短、频、快、急”的金融需求。

固始天骄村镇银行将以更昂扬的斗志、更务实的作风、更多元的产品、更高效的服务，进一步加大金融供给，推动人员下沉、服务下沉、产品下沉，将更多的金融资源配置到农村重点领域和薄弱环节，以新担当、新作为赋能乡村振兴，继续争当服务固始乡村振兴的金融排头兵。

三

绿色金融类

资阳民生村镇银行

金融工作感悟

资阳民生村镇银行董事长　陈铭

责任与担当是村镇银行发展的内生动力。村镇银行的发展离不开人，而人的重要性体现在责任与担当上。领导班子以使命必达、目标必成的勇气和决心，肩扛责任与担当。在内部，向员工传递正确的企业文化理念，重塑员工信心，恢复自身造血功能；在外部，积极寻求政府、监管部门、股东、发起行的支持，通过增资扩股解决历史问题，寻求多方支持，打造银行良好生存环境。倡导“以贡献论待遇、以价值论岗位”“能者上、平者让、庸者下”的工作理念，让员工队伍的凝聚力、战斗力得到快速提升。

走好“四部曲”，实现高质量发展。一是持续调整业务结构，保证员工收入。实施“回归本源、做小做散、夯实基础客群、优化存款结构”的市场策略，持续调整发展。存款余额从13.34亿元增至21.87亿元，存款有效户从5 000余户增至19 000余户；贷款余额从7.89亿元增至16.41亿元，其中经营性贷款余额从4亿元增至10.21亿元，贷款户数从4 200户增至6 400户。二是着力提升合规意识，推进合规文化建设。坚持“从严治行、从严治军、从严治干”的要求，贯彻“严管就是厚爱”的理念，全行实行网格化管理，做好3道防线，编制制度汇编，开展员工家访，严格筑牢员工行为失范防火墙。三是落实精细化管理，向管理要效益。推出经营机构评级管理制度，实行差异化财务制度；优化资金使用，大力拓展同业交易对手，增加利息收入；调整办公场所布局，压降房租，推动业务库建设，降低押运成本及寄库费用。四是用心打造家园文化，助推团队建设。打造“命运一体”的家园文化，帮助员工树立正确“三观”，搭建员工成长渠道，优化人才结构，打造专业人才梯队建设，为每位员工制定成长规划和蓝图，将员工成长与企业发展相结合，提升员工认同度、归属感、荣誉感，营造家园文化氛围。

绿色金融助资阳绿色产业提质升级

四川资阳民生村镇银行是由中国民生银行作为发起行，与当地9家企业共同出资，于2010年9月成立的实行总分行制的新型农村金融机构，是全国11家实行总分行制的村镇银行之一，注册资本为2.1亿元，先后设立了7个经营网点。

自成立以来，资阳民生村镇银行始终坚持“服务‘三农’、服务小微”的经营宗旨，立足于资阳本土，为农户、农村经济组织、小微企业和个体工商户提供各类金融服务，以更短的管理链条、高效的决策优势和贴近客户的亲和力，走绿色金融之路，为当地农业支柱产业——柑橘、柠檬、花椒等的创新发展注入强劲新动能。

截至2023年6月末，资阳民生村镇银行资产总额24.03亿元，存款余额21.25亿元，贷款余额16.52亿元。开业至今，累计投放贷款2.82万笔、金额100.68亿元，其中涉农及小微贷款2.62万笔、金额92.25亿元；累计纳税近7 000万元；支持创业、就业5.6万余人，为绿色金融助力农业支柱产业提质增效写出精美答卷。

农业强则中国强，农村美则中国美，农民富则中国富。为积极践行普惠金融、振兴乡村的金融主体责任，积极践行绿色金融理念，资阳民生村镇银行成立了服务乡村振兴工作实施领导小组，设立乡村振兴部，全面推进金融服务乡村振兴工作。资阳民生人聚焦农业高质量发展和拓展农民增收致富渠道，长期穿梭于田间地头走访调研，按照董事会“一区域一特色”“一项目一方案”的绿色金融服务策略，制定服务乡村振兴工作实施方案、完善“三农”贷款管理办法、创新信贷产品，适时强力精准推出“柑橘贷”等系列绿色金融产品，为强农富农贡献重要力量。

资阳市位于四川盆地中部腹心地带，拥有千年历史文化，人杰地灵，繁华富庶。诞生于此的先贤苌弘是“万世师表”孔子的老师，从这里走出来的陈毅元帅为中国革命作出了杰出贡献。近年来，柑橘产业成为资阳市重要的农业支柱产业，也是资阳地区农民致富和乡村振兴的重点支柱产业。2022年，全市柑橘种植面积达33.46万亩，居四川省第6位；产量28.76万吨，居四川省第7位。仅单户种植面积达30亩以上的果农就有475户，其中1 000亩以上的种植业主13户。资阳雁江区打造柑橘产业园2个：佛山橘海现代农业产业园，种植面积13万亩，为四川省四星级园区；东峰柑橘现代农业园区，种植面积4万亩。配套产地初加工企业12家，年加工柑橘约25万吨。柑橘仓储保鲜冷链设施140余座、容积7万米^3，年储存量1.4万吨。

通过前期市场调研，资阳民生村镇银行了解到，柑橘企业及农户在土地租赁和柑橘种、管、采、加工及销售环节中，资金需求旺盛。同时，随着绿色理念、绿色金融普及以及消费提档升级，需建立统一种植、投入、生物防治、品牌、托管等技术标准，也需要投入大量资金。柑橘产业成本高、价格波动大、周期性强、市场风险大，果农以小散农户为主，资产规模、资本实力和承贷能力有限，他们面临着种植见效周期长、资金不足、融资困难的问题。

全面掌握该地区柑橘产业的实际情况后，资阳民生村镇银行积极响应，即刻组织松涛支行、乡村振兴部、风险管理部等进行深入研究，就如何配套信贷产品和优惠政策，支持资阳柑橘产业发展，助力区域乡村振兴展开专题论证。绿色产业正契合绿色金融理念，该行就针对果农用款特点，定制推出了“柑橘贷”产品，通过合理分析农户种植规模、前期投入、预期收入等，制定“一户一方案”的授信计划，对客户建档建册、分类分层管理，根据客户层级批量授信，并配套“一次授信、周转使用、随借随还、结算降息”的优惠政策，同时为柑橘行业生产加工的信贷需求开辟“绿色通道”，提升放款速度和效率，助力柑橘产业转型升级。

引入风险基金及财政贴息，创新增信方式破难题。为在增强抗风险能力的同时提升融资额度、降低融资成本，资阳民生村镇银行不断探索，经过多方协调，联手平台公司、财政等共同助力柑橘产业发展。通过行业融资担保公司筹集一定数额的资金，建立担保融资风险基金，区财政每年统筹安排担保融资风险基金，实行专款专用，存入指定保证金账户作为贷款风险保证金，根据农户抵押物的抵押金额放大相应倍数，向农户发放贷款，放大资金杠杆，加大扶持力度。符合条件的农户享受财政专项政策扶持，由区财政建立贷款贴息专项资金，每年按照年利率3%的标准给予会员农户贷款贴息，有效降低农户融资成本，强化政策扶持。

资阳柑橘种植规模大且品种繁多、良莠不一。资阳民生村镇银行打造“银协”合作模式。即资阳民生村镇银行与当地柑橘协会联动，一次性给柑橘协会授信3 000万元。实践证明，柑橘产业不仅是当地村民增收致富的支柱产业，还能提高耕地植被覆盖率，大大减少水土流失，实现了“绿水青山”也是“金山银山”的美好愿景。

资阳市所辖行政区大多地处成都平原腹地，交通相对便捷。但长期以来银行大多设置在城镇，村民获取金融服务方面仍然存在诸多短板。为了解决金融服务在乡村的“最后一公里”难题，也为了让绿色金融变成村民实实在在的利好，资阳民生村镇银行通过典型带动、示范引领，由点及面推进信用村、信用镇创建工作，采取集中评级、整体授信的模式，提供全流程上门服务，主动开展整村批量授信，为农户增收提供助力，为建设和美乡村提供全方位立体服务。

资阳民生村镇银行主动对接雁江区保和镇迎龙桥村、成都东部新区养马街道田家坝社区，通过与村“两委”干部逐户走访、采集信息、“面对面”沟通了解农户生产生活过程中的资金需求，分层、分类进行评级授信，让更多金融资源向农村、农业、农民倾斜。该行已完成对迎龙桥村423户农户的评分评级，对335户农户进行预授信，“整村授信”金额2 600万元；对田家坝社区的1 351户农户进行评分评级，并对786户农户完成预授信，“整村授信”金额5 000万元，让村民及时享受“家门口银行”的优质服务待遇。

与此同时，为加速推动服务乡村振兴落地，资阳民生村镇银行多方寻求合作，通过第三方服务机构取得农户信任，成功建立“三方”合作关系。根据农户经营特点，该行采取弱担保、小额授信和控制补贴账户回款的方式，为农户解决资金需求，得到农户一致认可。自试行以来，该行已累计收单近40户，放款21户，放款金额261万元，为促进农业高质量发展、提升农民生活水平、繁荣农村经济提供了金融支持。

为落实乡村振兴战略，积极融入振兴发展大局，资阳民生村镇银行还持续开展“客群服务”，根据特定客群特点，推出客群专属“民生易贷超市”系列产品，对柑橘种植、科技养鱼、青花椒种植、柠檬种植等13个绿色产业项目进行优先扶持，针对客群特点分别制定产业扶持方案并开展差异化综合金融服务。目前，该行已完成对13个项目的全面摸排，预授信3.09亿元，将根据行业周期特点积极为产业项目内客户提供信贷支持。

资阳民生村镇银行发扬“背包下乡”精神，选派优秀客户经理扎根农村基层，担任“金融园丁”“绿色金融村官”，带着真感情为群众送知识、送项目、送资金，为乡村建设出资、出智、出力，推动“一揽子”金融服务进村入户。为支持城市文明建设，该行主动包联社区，外派志愿者，开展文明倡导工作；同时持续提升服务质量和客户体验，在网点设立“学雷锋志愿服务站”，提供急救箱、爱心座椅等便民设施，升级适老服务和无障碍设施，设置特殊群体“绿色通道”窗口，公示“绿色通道”服务电话，设置服务无障碍通道。

资阳民生村镇银行始终坚持“支农支小”市场定位不动摇，积极践行绿色金融发展理念，全力克服外部多重不利因素的影响，深化服务乡村振兴，扎实践行普惠金融、绿色金融，探索特色产品，创新业务模式，坚定地在“三农”小微、农业产业、绿色产业等领域精耕细作，务实、高效地为当地经济的发展贡献金融力量。近年来，该行经营能力和管理水平不断提高，品牌形象和服务质量迈上新台阶，先后获得“全国百强村镇银行”“四川省银行业2021年普惠金融优秀案例单位”“资阳市普惠金融服务先进集体”“资阳市金融助力乡村振兴先进集体”等荣誉称号。

资兴浦发村镇银行

金融工作感悟

资兴浦发村镇银行行长　黄华文

近年来，结合资兴市产业发展布局情况和资源禀赋，资兴浦发村镇银行不断完善绿色金融产品服务体系，综合运用项目贷款等金融手段，重点支持清洁能源、生态保护、生态修复等重点绿色产业，不断加大区域绿色金融供给，绿色金融业务正步入“快车道”。

为实现绿色金融高效供给和满足经营主体多元化融资需求，资兴浦发村镇银行因地制宜开发了“养殖贷”“茶农贷”“银电通”“光伏贷”“建房贷”“银林通”“银电通”等20多种特色信贷产品，精准满足企业、小微主体等不同经营主体的绿色发展融资需求，全方位助力“绿美资兴”建设。

工作中，由于绿色普惠金融针对的客群存在可用于抵质押担保资产不足、生产经营信息不健全等特征，村镇银行对这类客群的识别和管理难度较大，同时由于大量涉及项目分散、种类各异的小微客户及“三农”领域客户，使村镇银行的营销成本增大，限制了绿色普惠金融的增量扩面。

未来，绿色金融还要继续以“三农”领域为切入点，探索绿色普惠金融新路径，提高普惠群体绿色金融的可得性，以金融信贷产品和服务创新支持绿色发展，强化绿色金融对全业务条线的渗透，为建设高质量发展的美丽资兴提供有力金融支撑。

强国必先强农，农强方能国强。绿色金融既是经济社会高质量发展的重要推动力，也是金融业自身转型发展的长久动力源。我们相信，绿色金融“活水”源源不断地流向农村产业，将为农村经济的发展注入强劲动力，助力实现乡村振兴战略目标。

有机肥料助有机蔬菜走俏大市场

四川宜宾兴宜村镇银行认真践行中央“推动绿色发展，促进人与自然和谐共生”生态文明理念，努力发挥绿色金融特色，支持无污染、无公害有机肥料的生产和使用，助力科创型农业企业的蔬菜苗和蔬菜广泛走入蔬菜种植基地和走上百姓餐桌，不断探索创新绿色金融服务，为推动经济绿色转型、绿色低碳产业高质量发展而努力。

宜宾市为“万里长江第一城”，有较强的种植业、养殖业和加工业，被称为“世界酒都”。酒糟和养殖场粪渣等在很长时间内是污染源和公害，为了使其变废为宝，一家科创型公司诞生了，那就是四川施利旺农业科技开发有限公司（简称施利旺公司）。

位于宜宾市叙州区柏溪街道江坳口的施利旺公司创办于2006年，五大厂区占地200余亩，现有厂房面积约7万米^2，是一家集研发、生产、销售、服务于一体的有机肥料加工企业，已通过有机生产投入品评估证明认证，主要涉及植物营养、土壤修复、农林废弃物资源化循环利用、酒糟生物发酵饲料四大领域。

叙州区畜牧业发展速度快，畜禽养殖量大，尤其是规模化畜禽养殖发展迅速，大量的畜禽粪污浪费流失，对环境造成了严重的污染。有机肥的生产是绿色农业产业链中的一个重要环节，推广“畜牧业—有机肥—种植业”循环经济发展模式，是解决目前大型禽畜养殖场粪污污染问题的关键。同时，有机肥可改善当地的土地肥力，提高耕地质量，实现“以畜促沼，以沼制肥，以肥兴果，以肥兴菜，以肥养土，以肥治土”的良性循环，完全契合中央一号文件提出的培肥地力、增加土壤有机质、实施“沃土工程”和“农业生态保护”的要求。

早在2021年，宜宾兴宜村镇银行了解到企业的融资需求后便第一时间启动信贷流程，并专门制定4项措施，提升金融服务质量。一是全流程上门服务。了解到4名股东平时忙于公司的生产，空闲时间不多且分散在不同的厂区后，宜宾兴宜村镇银行就组织客户经理携带设备资料等，从账户开立、签订合同到贷款资金使用，全程上门服务，让客户足不出厂便完成了此次贷款业务办理。二是银担合作解决担保难的问题。由于缺乏有效的抵押物，宜宾兴宜村镇银行在叙州区农业融资担保有限公司的帮助下，制定了由农担公司分担70%风险、银行承担30%的风险合作模式，有效解决了企业缺少担保物的问题。三是为企业降低融资成本。由于普惠性绿色金融为宜宾兴宜村镇银行重点支持方向，银行经过内部讨论后主动向企业提出在规定利率的基础上下调65个BP，进一步降低企业融资成本。四是提升审查审批效率。在总行领导的协调下，各部门相互配合，提高效率，在7天内完成了审查审批工作，并于2021年4月给施利旺公司投放首笔贷款300万元，解决了该公司流动资金的困难。

此后，宜宾兴宜村镇银行持续关注并支持施利旺公司的生产经营需求，于2022年1月授信800万元，企业可以随需随借，因此成为该企业最大的金融供应商。截至2023年5月末，宜宾兴宜村镇银行已累计发放贷款800万元，支持其有机肥生产。有了宜宾兴宜村镇银行的持续强力支持，公司获得快速健康发展，有机肥产品畅销四川省内外，质量得到肥料用户的认可。该公司自身也得到较大发展，2022年实现销售额10 700万元，利润630万元，税收24万元，促进了当地有机农业的发展。

如今已成为宜宾兴宜村镇银行忠实客户的企业负责人曾感叹，办理贷款时才第一次听说这家银行的名字，也是第一次享受到如此高效便捷的金融服务。

施利旺公司生产的有机肥料，除了大面积推广到市内外粮食和经济作物种植基地，宜宾兴宜村镇银行还主动帮忙找客户——同是银行金融服务客户的宜宾市叙州区鑫隆庄种养殖专业合作社，让银行客户成了客户的客户。

宜宾市叙州区鑫隆庄种养殖专业合作社，是叙州区岷江蔬菜产业园区的重点企业，从事优质蔬菜育苗、种植和销售，占地面积近100亩。企业积极参与农业现代化建设，致力于提高产品品质和市场竞争力。为了实现这一目标，需要大量的资金投入建设现代化的高标准智能蔬菜种植大棚和智能育苗大棚，但是由于缺乏资金支持，这一计划一度搁置。

宜宾兴宜村镇银行看到了这一机遇，于2022年年末积极与该企业联系，了解其现状和需求，并根据实际情况制定了灵活的贷款方案。为保障2023年春耕生产，银行立即决定为其提供190万元的贷款支持。贷款发放后，该企业迅速启动了建设工作，相继建成3座高标准智能蔬菜种植大棚和1座智能育苗大棚，为其发展奠定了坚实的基础。宜宾市叙州区鑫隆庄种养殖专业合作社现种有西红柿、茄子、辣椒、西瓜、豇豆、黄瓜、南瓜等多种果蔬，生产所用肥料大多为购自施利旺公司的有机肥，保障了无公害有机蔬菜的品质。2023年新建的智能大棚已为春种育苗约30万株，满足了周边村镇对春耕优质种苗的需求，同时带动了周边农户就业创收，仅菜苗一项就实现销售收入600万元。目前，宜宾兴宜村镇银行已为岷江蔬菜产业园区近100户种植大户投放贷款3 000余万元，这些种植大户大都采用施利旺公司的有机肥料，基本实现园区蔬菜有机化，着力打造为岷江下游特色有机蔬菜产业园。

宜宾兴宜村镇银行不仅支持有机肥料生产和有机蔬菜种植，还投放了首笔新能源贷款500万元，支持“动力之都”宜宾的电动汽车运输行业。

2023年6月5日，宜宾宜行汽车科技有限公司（简称宜行汽车公司）向该行申请流动资金授信1 000万元，用于租赁新能源汽车及充电桩。宜宾兴宜村镇银行按照相关规程，及时对客户进行资料审查和实地走访调查，6月29日便优先发放贷款500万元。

据介绍，宜行汽车公司主要从事新能源汽车推广、电动汽车充（换）电基础设施建设与运营、汽车租赁、巡游出租车等业务。截至2023年5月末，在充换电基础设施建设方面，建成87座充电站，共计1 832个充电接口，充电装机规模达59 085千瓦，建成重卡换电站7座。该公司主要负责统筹全市充电基础设施建设和推广应用新能源汽车，推动“宜宾造”汽车的发展。

宜宾兴宜村镇银行于2022年3月与该公司建立金融服务关系，双方日常合作较融洽。2023年，该公司因配合市委、市政府于6月8日在宜宾召开的第二届世界动力电池大会，需在全市新增和完善充电桩及换电站，并承担活动期间部分公务用车，导致借款人流动资金紧张。得知此情况，宜宾兴宜村镇银行立即联系公司主要领导，并为企业量

身定做信贷产品，同时成立专门工作小组为企业制定贷款方案，开通审查、审批“绿色通道”，限时办结。

此笔贷款的发放，为企业解决了充电设备及新能源汽车融资款问题，支持了当地充电桩建设和新能源汽车推广，同时支持了市委、市政府召开第二届世界动力电池大会，做好倡导节能减排、推进新能源基础设施建设的基本工作。

宜宾兴宜村镇银行地处宜宾市叙州区老城区，始终坚守“支农支小”的初心，着力为“三农”发展和小微企业提供支持。现有支行和网点9个，其中，乡镇网点3个，村组网点1个。

自2010年12月开业以来，除全力支持涉农企业实体生产经营并取得较好成绩以外，还把支持城镇个体小微工商户作为重点，及时投放贷款，助力大众创业、万众创新，进一步体现绿色金融助力乡村振兴的担当和责任。

家住宜宾市叙州区柳嘉镇的个体工商户柳从高，主要从事肉兔养殖及火龙果、桃子、李子的种植。现有养兔场占地面积400米^2，种植草莓约10亩，种植桃子、李子20亩。他向宜宾兴宜村镇银行贷款30万元用于扩建养殖场。“感谢银行的信贷支持，现在扩大了肉兔的养殖规模，可以充分利用兔粪处理技术，搭建起种养循环体系。兔粪中的磷、钾、氮及有机质含量均高于其他家畜粪便，施用兔粪有机肥，既能保护土质，又能促进农作物生长，果木长势更好了，现在每年销售收入约100万元，净利润达40余万元，实现了产值翻番。”像这样的客户，宜宾兴宜村镇银行还有很多。近年来，宜宾兴宜村镇银行坚守市场定位，服务“三农”、服务小微、服务城乡居民，其中小微企业和涉农贷款占比达85%，通过全面服务乡村振兴，不断完善金融服务体系，真正践行了“小而美”的初心。

南华兴福村镇银行

金融工作感悟

南华兴福村镇银行董事长　马骏

南华兴福村镇银行由江苏常熟农村商业银行主发起成立，于2019年7月获批开业，是全国首家投资管理型村镇银行。

错位竞争求生存。充分发挥自身的优势，展开错位竞争。比如为中小企业提供个性化的融资和咨询服务，积极开发和引入满足“三农”需求的金融产品，开办农户小额信用贷款业务；创新贷款方式，简化贷款手续；科学确定农业贷款周期，满足农民季节性农业生产资金需求；经营模式方便、灵活、快捷，竞争力更强。

创新产品助“三农”。面向农户推出“兴农贷”产品，根据农户种养规模，可选择信用或担保方式，授信额度为1万～15万元，情况良好可适当增加额度，切实解决了农户融资难、融资贵、融资慢等问题。

大力支持“基地＋农户”的产业化经营发展，支持当地优势产品和特色农产品生产，支持农产品加工业，加大对规模基地种养户的信贷支持，由种养基地辐射至周边村落，带动周边村民就业增收。

风险控制提质量。建立“防火墙”，控制社会风险。借助商业银行现代管理制度，建立有效的内部风险控制体系，以“公司担保＋农户”的经营模式开展信贷业务，实现联动经营，有效降低了经营风险。

注重建立风险控制机制，形成覆盖村镇银行各种风险的全面风险管理体系，加强前、中、后台的整体联动和相互制约，全面提高风险管理的有效性，促进各项业务持续健康发展。包括建立全面的风险管理组织架构，体现“以客户为中心”的思想，实现风险与收益平衡发展。

南华兴福村镇银行助造种植业“小巨人”

“学习用脑，多喝六个核桃。”“六个核桃”饮品走红已久，然而很少有人知道，“六个核桃”饮品的原材料来自位于云贵高原腹地，有“世界菌乡”“核桃之乡”“魔芋之乡”之称的云南省南华县。人们更不知道的是，成就野生菌、核桃、魔芋等种植业“小巨人”的其中一位幕后英雄，就是南华兴福村镇银行。

在南华县工业园区内，蓝天白云映衬下的魔芋加工厂高大整洁，因成品魔芋精粉的价值高达每吨6万元，库房内仅400吨魔芋精粉就价值2 400万元。

冯荣兴身材瘦高，面容清秀，有20多年魔芋种植初加工经验，是一位从楚雄市大过口乡来到南华县发展的优秀青年企业家。在一次机缘巧合之下，他得知南华工业园区的卫龙辣条厂正在转让，于是他和朋友一起投了1 600万元购置这座厂房。加工场地有了，可是下一步的设备整改费用缺口非常大。资金不到位设备就不能整改，设备不能整改就无法投入生产。

在南华兴福村镇银行老客户的介绍下，客户经理何娇接洽到冯荣兴，在了解他的金融需求后，何娇迅速向领导进行详细汇报。银行董事长马骏当即表示，魔芋产业正是需要我们提供大力支持的绿色产业，也是绿色金融的发展方向。南华兴福村镇银行经调查，获悉冯荣兴种植、加工魔芋经验丰富，其产品占全国魔芋精粉市场份额高达7%（楚雄彝族自治州魔芋精粉产销量占全国市场份额的21%），经营状况良好，是当地农民的致富带头人，于是积极召开贷审会，充分利用“一户一策”灵活简便的信贷审批优势，两个工作日便向其发放了440万元信贷资金，给予足够的资金支持。其中两笔担保贷款分别是200万元、195万元，利率分别为7.4%、7.3%，均分为12期；另外一笔是抵押贷45万元，利率为7.3%，分为36期。

拿到信贷资金后，冯荣兴便如火如荼地开始改造厂房设备，两个月便完成了设备改造工作，并将企业更名为南华嘉宇魔芋种植有限公司，陆陆续续实现投产。

获取信贷资金支持后，冯荣兴表示：“南华兴福村镇银行真是雪中送炭呀，真的十分感谢。”通过冯荣兴的宣传，当地的一些魔芋种植、初加工户与该行逐步建立了信贷关系。与此同时，南华兴福村镇银行也加大了对魔芋产业的金融支持力度，并根据该产业客户特色需求，确立了“公私联动”“上下联动”“行业龙头+产销上下游”全产业链协同服务模式，为绿色农业发展赋能，创新服务模式，打通服务绿色农业的“最后一公里”。

截至2023年3月末，南华兴福村镇银行共发放魔芋类贷款105户，贷款余额2 139万元，其中种植类及收购商共70户，余额675万元；初、精化加工户共35户，余额1 464万元，帮助110多人就业。该行贷款支持的魔芋种植加工相关客户预计全年可实现销售收入95 000万元，实现利润7 600万元。大力支持绿色农业发展，兴福村镇银行在行动。

“学习用脑，多喝六个核桃。”这种来自云贵高原离地10多米高的“高富贵”坚硬果子，一改传统食用模式，变成流体奶状饮品，成了老少皆宜的方便饮料。

位于云贵高原腹地的南华县，平均海拔2 100米，临近赤道线，属热带地区，适宜核桃种植生长。这里的核桃个大皮薄，品质优良，是全中国核桃深加工主要原材料供给地之一。

南华兴福村镇银行董事长马骏介绍说，核桃产业从种植到投产所需周期较长。为此，该产业信贷客户主要有两大类，一是核桃种植大户，二是收购和初加工大户。南华兴福村镇银行从2018年起介入该产业，已产生非常积极的影响，收到较好效果，实现了乡村振兴的基本目的。

南华县龙川镇的南华鸿发核桃产业开发有限公司的核桃收购及粗加工基地已小有规模。公司经理周建发介绍说，自己从事核桃收购已有10年，2022年核桃收购量800万公斤，销售金额2 000万元。同时带动周边100多户核桃农户实现增产增收。周建发还介绍，自2015年起，经严格选择检测，公司成为“六个核桃”等多个著名核桃产品品牌的定点原料供应商，合同签订的供货量是每年500吨，价值700万元。他表示这些成绩的取得离不开南华兴福村镇银行的贷款支持，仅自己一家公司便累计贷款100万元，现在仍有贷款余额68万元。

据“六个核桃”饮品生产厂商介绍，其独创的植物蛋白饮料，原材料主要来自太行山和云南高原。南华县核桃所为“六个核桃”公司供应的原料核桃，不仅品质优良、产量稳定，而且供应充足，是该饮品主要原材料最优质的供给地。正是巨量的核桃加工原材料需求，直接铸就了南华县核桃产业的强劲势头，从而带动核桃种植、收购和初加工的全产业链健康发展。

南华兴福村镇银行行长吴义才介绍，全县核桃产业现有贷款客户100多户，贷款余额1 000多万元。助力核桃产业每年增收500多万元，为乡村振兴作出了重要贡献。

在南华县城，一幅巨型广告牌格外抢眼——“世界菌乡”。据了解，南华县气温暖湿，空气清新，非常适宜野生菌类生长，且品质特别优良，在全中国乃至全世界都占有重要地位，每年产量多达7.8万吨，销售额超过30亿元，全县每年约5.6万人从事菌类生产加工和销售，成为南华兴福村镇银行贷款客户的有385户，贷款余额9 300万元。这是该行以绿色金融支持绿色农业发展的一个缩影。

南华县菌产业有关负责人介绍，全县260万亩林地，野生菌种类多、产量高、质量好，境内已知野生食用菌种类占楚雄彝族自治州300多种的97%，资源年蕴藏储量1万多吨，有“松茸之乡”“中国野生菌美食县”“中国野生菌之乡”“野生菌王国”之称。

南华县咪依噜天然食品开发有限责任公司是当地最大的野生菌生产加工和销售企业，产品种类齐全丰富，是国内同类产品中的出口骨干企业。公司老板余跃先的菌子加工企业，也是南华众多从事菌子收购、交易、运输、深加工的公司缩影。该公司自2017年成为南华兴福村镇银行贷款客户以来，已累计使用贷款9 300余万元，现有贷款余额3 500万元。

马骏介绍，南华的野生菌子天下闻名，交易市场声名远扬，野生菌产业年销售额在30亿元以上。随着特产菌业的发展，当地还在龙川镇开发建设特色小镇、特色村庄。南华县龙川镇小岔河村是一个地方特色浓郁的村寨。现已打造成AAA级旅游景区。南华兴福村镇银行于2017年1月为该村提供“整村授信”支持，授信额度2 000万元，用于支持特色村庄建设，目前已实际投放信用贷款105户、金额1 158万元，助力农户发家致富。全村每年接待旅客10万人，成了当地旅游热土。

历经7年奋进，南华兴福村镇银行成为当地“支农支小”重要新军，为助力乡村振兴、村民增收致富起到了重要作用。兴福村镇银行现有存款客户19 378户、余额9.28亿元，贷款客户5 661户、余额9.02亿元。其中涉及“三农”的贷款高达5 516户、余额8.53亿元，实实在在地践行了“支农支小”的使命。

“感谢南华兴福银行救活了我们的公司！”客户王永英激动地说。位于南华县蟠龙村的王永英是南华兴福村镇银行的贷款客户，她于2015年创办了南华县永英农产品种植专业合作社。“最开始我辛苦筹集了8万元启动资金，但因为生产流程问题，4万元购买的玉米种子全部种植失败，4万元投入也血本无归。”王永英说，“后来听说南华兴福村镇银行有支持创业的农户贷款，我们就尝试申请了，没想到真拿到了8万元贷款。”

8万元的农户贷款帮助王永英对其生产环境、业务流程进行改造优化，用于种植豌豆且实现大规模生产，很快公司就走上了正轨。2021年，她又到南华兴福村镇银行申请了50万元贷款用以扩大生产规模，种植紫甘蓝和玉米。目前，王永英在南华兴福村镇银行的贷款余额为50万元，除了大规模种植紫甘蓝外，她还养殖了100多头猪，并在种植基地发展起了餐饮，生意越来越红火。

南华兴福村镇银行始终坚持服务“三农”的战略定位不动摇，积极贯彻落实中央“三农”政策，扎根农村、服务农业、贴近农民，努力打通农村金融服务“最后一公里”。

文山广南长江村镇银行

金融工作感悟

文山广南长江村镇银行党支部书记、行长　周师公

云南文山广南长江村镇银行牢记“普惠金融”“支农支小”“差异化经营、专业化发展”的初心，全面推进“深耕责任田”和“整村授信”，为实现自身的稳健发展打下良好基础，先后荣获“全国十佳精准扶贫银行”“2017年度全国快速发展村镇银行”“全国巾帼文明岗”和“全国最具成长性村镇银行”等荣誉称号。

“支农支小”定位不动摇。广南县位于云南省西南部，地处云南、广西、贵州三省（自治区）交界处，是典型的山区农业大县。我行积极支持八宝贡米、茶叶、油茶、核桃、高峰牛和石斛等产业的发展。截至2022年年末，全行资产总额5.4亿元，各项存款4.6亿元。已累计投放贷款18.7亿元，余额3.9亿元，其中累计投放涉农和小微企业贷款16.36亿元，余额3.6亿元，涉农贷款余额占比为92%。

强担当落实金融政策。以党建为引领，深入贯彻落实党中央的各项金融经济政策，把金融支持经济发展作为出发点和落脚点，按照“不落一村，不漏一户”的原则，积极为广南县辖内11个乡（镇），72个村委会，累计1 297户农户投放脱贫小额贷款7 506万元；认真落实就业优先战略和积极就业政策，加大创业担保贷款投放。截至2022年年末，发放创业贷款116笔、金额1 695万元。

深耕作支持农业龙头。提高小微企业服务的优势性，逐一了解所辖经营主体的信贷需求，为春耕备耕、企业复工复产提供信贷支持。积极开展“百行进万企”活动，由管理层带队走访当地新型农村经济组织，积极支持大米、茶叶、柑橘和高峰牛等特色产业发展。

我行将不忘初心、牢记使命，持续巩固脱贫攻坚成果，全面助力乡村振兴。

文山广南长江村镇银行助推特色农业“强上强”

彩云之南，大美广南。地处云贵高原最南端的云南省文山壮族苗族自治州广南县，得造物主恩赐，享赤道温暖之巨利，物产富饶。

明清两代都被列为“贡米”的“八宝贡米”，几百年后走向黎民百姓家的餐桌。而国家级优质良种基因库重点保护的高峰牛，如今也成了广南县头牌特色农业产业“大明星”。

全县整体脱贫走向致富道路的广南县，经济基础仍然薄弱，“三农”产业的发展更是面临资本、技术和管理等方面的短板。此时，地处几千里之外江汉平原中心的武汉农村商业银行，联合武汉和广南当地的知名企业，成立了文山广南长江村镇银行，秉持绿色金融理念，强力助推“三农”产业发展，为当地强农惠农作出积极贡献。

广南县堂上村罗成鸿家的橘子地里满目苍翠。正在给柑橘施肥的罗成鸿笑呵呵地说：“我们堂上村气候温暖湿润，适宜橘子生长，这个季节的柑橘正处在谢花后第一次和第二次生理落果的阶段，特别是第二次生理落果期至稳果期栽培管理的好坏，往往直接影响结果树当年的产量及果实外观品质，这个时期的施肥和驱虫对果树产量非常重要，最近村里要成立新的选果公司了，高品质的橘子要卖到广西然后出口，销量会好很多，但要求检测合格，所以我们施肥要用有机肥，保证果子农残不超标，销量才会更多。”

罗成鸿种植橘子已有10余年，种植面积达120多亩。在他的记忆中，因为成本低，大家过去普遍选择普通化肥，但他始终坚持使用高品质的有机肥，虽然成本高，但能有效提升橘子的品质和口感，从而获得消费者的青睐，年年都有回头客。2023年年初，罗成鸿为施肥资金犯愁时，刚好遇到文山广南长江村镇银行工作人员到堂上村委会开展“整村授信”工作，在该行“整村授信”的支持下，不到1周，就获得了20万元信用贷款，解决了流动资金问题。

“贷款来得太及时了，没有耽误施肥的时间，为橘子的增收增产打好了基础，今年的柑橘预计可实现产值35余万元。”罗成鸿说道。堂上村作为广南县主要的柑橘种植基地，已经有40多年种植历史。文山广南长江村镇银行在走访中了解到，堂上农场辖内有近100户职工承包了柑橘地，农场80%的收入来源于种植柑橘，每年春耕备耕时都有较大的资金需求。于是该行迅速到农场宣传“整村授信”贷款政策，现场为农户开立银行卡，当天收集贷款资料并调查拍照，加快审批流程，仅1周就为30户农户放款，放款效率获得客户的高度认可。次月，有20多户农户主动对接并提交贷款审批资料，目前已累计向农场的承包经营农户授信320万元。

在广南县城新区宽敞大道旁，八宝贡大酒店格外醒目。云南八宝贡米业有限责任公司是一家靠茶叶起家的民营企业，投入巨资保护开发享誉近400年的“八宝贡米”，于2010年收购了原为国企的广南县八宝贡米业有限责任公司，成为当地数一数二的龙头农业企业。在酒店大堂最为显眼的位置，“八宝贡米”系列商品琳琅满目、精美无比，而那位白里透红的“米”娃娃更是让人过目不忘，大堂左侧是该公司生产的相关系列农产品展示柜，大堂背后的八宝贡零售商场内，相关产品一应俱全。公司同时种植优质茶叶2 300亩，年产量395万吨，年销售产值2 182万元，带动1 445户茶农致富，每户茶农年均增加收入1.5万元。

云南八宝贡米业有限责任公司投资2 000万元建成的大米加工流水线，在当地甚至云南全省都算数一数二，满负荷生产1天可加工包装精制大米150吨，只需要一线工人6名。

八宝贡米销售经理王章能介绍，公司目前自有水稻种植基地1万亩，去年生产销售大米4 068吨，销售额5 706万元。公司加农户种植八宝贡水稻3.5万亩，直接带动1 000户农户吃上“八宝米饭”，当年让这些农户增加收入近800万元。这些成绩的取得，离不开文山广南长江村镇银行的支持。王经理说，自文山广南长江村镇银行成立营运以来，公司一直是大客户，2016年以来累计使用贷款2 557万元，现在贷款余额还有2 366万元。

“广南高峰牛，中国第一牛。”文山广南长江村镇银行行长周师公介绍，土生土长的高峰牛越来越名贵，主要原因有3个，第一是云贵高原原生古老的黄牛品种，第二是牛背颈隆起如骆驼驼峰，堪称牛家族中的“高峰”，第三是肉中的“雪花”可与世界著名的日本和牛媲美。

平均海拔1 244米的谷多万亩草场，大门上有一块醒目的大理石标牌——“国家肉牛核心育种场”。高大宽敞的牛棚看似与普通牛棚没有两样，但空气清新无异味，牛圈干净整洁。负责人张永蔚介绍，高峰牛吃的都是草场的草，采用纯天然绿色养殖技术，使牛肉品质从源头上得到最根本的保障。高峰牛现已升级为广南县农业第一大产业，更是成为“一县一品”中的头牌。全县现有存栏高峰牛35万头，年可出栏肉牛13万头，综合产值32亿元，带动全县6.5万户养牛户实现增收致富。

位于县城郊区的高峰牛现代化屠宰场，食品级的屠宰车间一尘不染，亦无异味。通道墙上悬挂着精美的高峰牛图片，享受“电影明星”般的待遇，而荣誉墙上的“国家级龙头企业”的牌子和首届中国牛·优质牛肉品鉴大会的获奖标牌证书格外耀眼。这家屠宰场投资7 200万元建成的流水线，每天可屠宰300头牛，全年可完成屠宰10多万头。

云南谷多农牧业有限公司主要负责人称，公司一定要感谢文山广南长江村镇银行对公司的支持。自2016年起，文山广南长江村镇银行向公司累计投放贷款1 220万元，现有贷款余额298万元。3年疫情防控期间，公司的生产和销售都不同程度地出现困难，流动资金非常吃紧时，是文山广南长江村镇银行坚持支持贷款，才让高峰牛能够继续“牛”下去。

文山广南长江村镇银行行长周师公介绍，银行始终坚持乡村振兴战略，以绿色金融为抓手，不断加大对生态种植、绿色养殖领域的金融支持力度，以当地果蔬为切入点，

不断创新金融产品和服务，因地制宜加大农户小额贷款、“乡村振兴贷”、“惠农贷”投放力度，满足地方果商、果农、“八宝贡米”生产公司和种植大户、高峰牛养殖公司等的金融诉求，以实际行动争做绿色金融领域的践行者。2022年，该行涉农贷款占比持续提升，累计发放涉农贷款3.04亿元，较年初增加6 574万元。

广南县位于云南省东南部，地处云南、广西、贵州三省（自治区）交界处，面积7 810平方千米，辖18个乡（镇），177个行政村（社区），3 234个村小组，地势复杂，交通不便，发展较为滞后。最远乡镇距县城约165公里，往返车程需6小时，部分偏远山区农户想发展产业但资金不足，无法扩大种养规模，贷款不便。

为了赢得村民支持，文山广南长江村镇银行每周组织员工下沉到村委会，与村民“同吃、同住、同劳动”，深入村寨走村串巷，与村民“结对子”“做亲戚”，帮助村民解决生产、生活上的困难，争取群众的支持。用员工的话说：“村民家要收谷子了，我们帮忙运输；村民下地还没回来，我们帮忙接送小孩；村民住院，我们到医院慰问。”总的来说，村民哪里需要他们，他们就出现在哪里。

文山广南长江村镇银行将继续在绿色金融助力乡村振兴道路上奋勇前行。

北京大兴九银村镇银行

金融工作感悟

北京大兴九银村镇银行党委书记、董事长　王远昕

村镇银行就像一条加了小马达的竹筏，能载人渡河，也可以运送货物，但经不起大风大浪的冲击，我的任务就是千方百计让我们的筏子更加坚固，前行时尽可能避开风浪与漩涡，让它在首都南郊福地——大兴的经济大潮中勇毅前行。

在经营过程中，我一直倡导用心打造一支管控熟人小额信贷风险的专业团队，概括起来就是“四做四不做”——“做熟不做生，做近不做远，做死不做活，做短不做长”。要让带有革命老区红色基因的“九银文化”在大兴这片热土生根发芽、茁壮成长，需要包括我在内的大兴九银人以党建为引领，传承“四千万”精神，脚踏实地深耕大兴“三农”市场，服务小微，以心换心，以真诚换取首都客户对九银的认可。

2019年，我们成立了小微团队新“三农”事业部。北京新发地农产品批发市场占地1 680亩，固定摊位2 000余个。走遍每一个摊位，不是一件容易的事。徒步太慢，团队就给每人安排一辆电瓶车。市场拓展初期比较艰难，3位队员每天坚持拜访商户，三四个月没有一笔业务。功夫不负有心人，如今团队已发展成12人，贷款规模近5亿元，其中北京新发地农产品批发市场的贷款近4亿元。

今后，北京大兴九银村镇银行将继续深挖探索、持续下沉，一方面深挖北京新发地农产品批发市场，将市场做深、做透，同时复制营销模式，探索开发其他专业市场，使业务开展更加专业化；另一方面通过对行业进行调查研究，使营销目标更加精准化，寻找符合我行定位的客户群体。

作为京郊农村金融机构的一分子，北京大兴九银村镇银行将以高质量党建引领高质量可持续发展，牢牢把握首都“大城市小农业”“大京郊小城区”的市情农情，潜心坚守绿色金融“支农”定位，持续创新服务方式，努力探索精准服务乡村振兴的金融赋能之路。

践行“绿色金融”理念 彰显大兴九银责任担当

北京大兴九银村镇银行（简称九银村镇银行）总行位于西红门镇，紧挨北京市新发地农产品批发市场（简称新发地市场）。九银村镇银行于2019年成立新“三农”事业部，专门对接“三农”业务，借助地理优势，坚守“支农支小”定位，长期秉承绿色金融理念，重塑授信合规文化，通过提供精准化的金融服务，持续为首都“菜篮子”——新发地市场的产供销生态环境保护和发展注入“金融力量”。目前，九银村镇银行已为600余户商户提供资金支持，发放的相关授信金额超10亿元，服务的商户营业额累计超过200亿元。

自2020年新冠疫情暴发以来，新发地市场遭受几次重创，尤其是2020年6月，新发地市场作为该轮疫情的“风暴中心”，发生了聚集性疫情，市场中大部分商户的农副产品被封存、统一销毁，历经2个多月的休市，众多商户损失惨重，没有足够的资金去生产基地收买农产品，不但影响到北京市民的生活，而且极易导致基地农产品无人收购、烂在地里，造成资源浪费。为了帮助新发地市场恢复活力、重拾信心，九银村镇银行积极为资金流转暂时困难的商户提供展期、延期还本付息、减费让利等相关政策支持，面对新冠疫情和新发地市场的不明朗形势，九银村镇银行主动承担社会责任，员工冒着被感染的风险入市调研，对需资金采购农产品的商户提供信贷支持，不但帮助商户恢复了活动，也最大程度地降低了向新发地市场供应农产品的农户的经济损失。

新发地市场新冠疫情的突发，让诸多商户措手不及，许多农产品运输车辆停运，司机被封控，蔬果无法顺利进京。“西瓜大王”潘孝海的西瓜基地有大量西瓜即将上市，如果不能及时运到市场，投入的人力、财力等就会化为乌有，基地农民一年的收入也会受到损失。当即，潘孝海决定用自有资金协调其产地员工赴京进行供货服务，同时调动运输车辆将西瓜运至北京。但情况紧急，潘孝海的资金尚有缺口，且后续仍需资金支付下游农户，九银村镇银行了解情况后立马组织客户经理，冒着被感染的风险奔赴新发地市场，以最快的速度、最便捷的方式为其提供了100万元信用贷款，解其燃眉之急，确保基地西瓜成功输送到京，确保西瓜及时送至北京百姓手中，同时保住了基地农民一年的劳动果实。

张忠义在新发地市场主要经营香蕉品类，凭借丰富的经验，成为新发地市场香蕉批发零售商户的主要供应商，其经营的香蕉主要来自广西等国内产地及越南等国外进口。香蕉品类较为特殊，不易储存，容易腐坏。2020年年中，新发地市场发生了聚集性疫情，某商户香蕉也被查出病毒，香蕉商户们与产地均陷入困境，张忠义本人也因为疫情被隔离。九银村镇银行主动了解相关情况，同时推荐了线上产品“税金贷”，在原有基础上又提供了50万元循环信用类贷款，缓解其资金周转压力，协调基地的香蕉顺利运

达北京，为北京的各大超市及零售商户们提供了保质保量的香蕉，新发地市场的香蕉区又恢复了往日的热闹景象。

疫情防控期间，九银村镇银行一共为新发地市场500余户商户提供了6亿余元资金支持。九银村镇银行用金融服务支持商户，将全国更多农产品基地的产品送到北京市民手上，在保障北京市民生活的同时，极大地减少资源浪费，保住了农民的收入，体现了金融的人民性，展示了金融的绿色属性。

经销商相对生产基地更了解市场和消费者，生产基地和农户经常因信息不对称，导致产品不受消费者欢迎或因生产过剩而销售不出去，造成资源极大浪费。如果能通过销售端向生产端延伸，形成订单农业，就能使生产基地、农户及时获取市场信息，及时调整种植品种和数量。农产品经销商将产业链向生产端延伸，需要大量的资金支持，为支持农产品产业链绿色发展，九银村镇银行推出“新农贷”产品，专门针对农副产品批发市场中采用商户订单农业模式生产的涉农类特色产品，贷款金额从5万～500万元不等，考虑到市场批发商均为轻资产模式，九银村镇银行引入国有担保公司，采用纯信用或以担保为主，为市场客户提供资金支持，通过签订战略合作协议，降低担保费率，让利于客户。

“西瓜大王”潘孝海深耕新发地市场30几年，年营业额达3亿多元，多年来，潘孝海一直利用自己能及时获取丰富市场信息的优势，与中国农业科学院等单位合作，利用科技育苗种等技术，培育符合消费者喜好的新型西瓜，和不同基地合作，形成了从生产源头到运输再到销售的完整的农产品供应链，是标准的农产品绿色运营模式，针对该种模式资金需求量较大的情况，九银村镇银行优化现有产品，引入担保公司，开辟“见贷即保、风险共担”合作模式，通过担保增信为轻资产的潘孝海提供更大资金支持。截至2023年6月，九银村镇银行累计为其提供1 000余万元授信，潘孝海的绿色运营模式得到健康发展，为200余人提供了就业岗位，潘孝海已成为西瓜行业的风向标。

郑得厚负责新发地市场芒果区、新疆厅等的招商及商户管理工作，不仅为商户提供库房、住房等经营生活场所，还为芒果区商户建立供货渠道，为新疆特产等搭建营销平台。新冠疫情一度使芒果区市场面临枯竭的局面，九银村镇银行主动对接郑得厚了解情况，根据芒果区市场的实际情况，制定了芒果产、供、销供应链绿色运营模式金融支持方案，九银村镇银行携手北京市农业融资担保公司为其提供了近600万贷款，帮助郑得厚建立便捷的海南产地水果与新发地市场间的物流系统，使芒果产、供、销供应链更科学、更节能。如今，芒果区、新疆厅运营正常，郑得厚凭借丰富的资源和较强的信息分析、判断能力，成为连接基地和商户的桥梁，不断完善绿色运营模式。

九银村镇银行服务新发地市场“百强大王”超半数，通过利息优惠、纯信用信贷、提高信贷额度、延长信贷期限等方式，全力扩大农产品绿色运营模式效能。目前，九银村镇银行已为超70位“蔬果大王”、文明商户提供超5亿元贷款支持，为商户们降低担保费超50余万元。

新发地市场经营品类涉及蔬菜、果品、粮食、肉类等全品类农副产品，供应链各环节有效运行才能确保新鲜的农副产品快速送至大家的餐桌上，而任一环节出现问题，都有可能导致农产品变质，造成资源浪费。让金融机构更好地助力供应链发展、完善资源配置成了九银村镇银行的主要目标，九银村镇银行通过成立服务小组，分区域进入市场，摸清产、供、销整体流程，将各品类特点、商户具体情况等形成清单，精准定位商户融资需求，为优化供应链资源配置提供金融支持方案。如区分蔬菜类、瓜果类、物流运输类、包装配送类等，形成客户清单，同时根据其年营业额、员工数、品类成长周期等综合情况确定授信金额、期限，充分保障各品类的高效运转。

刘升义创立的北京升义和农副产品销售有限公司主要负责北京地区蔬菜、水果等农副产品的配送，为了优化资源配置，提高运转效率，刘升义结合其丰富的上下游产业客户资源，准备扩建在新发地市场的配送仓库，将需要配送的农副产品集中至该仓库，通过统一分装，缩短运转的时间成本及降低产品损耗，加快资源融合。扩建仓库的前期投入较大，九银村镇银行了解情况后，结合行业特色，通过核实其流水及上下游合同等材料，提供了无需担保、手续简便的纯信用贷款100万元，解决资金难题，帮助仓库从30亩扩建到44亩。目前刘升义年累计配送的菜品价值超4亿元，配送费用超千万。

绿色金融理念是助推九银村镇银行10余年来可持续发展的不竭动力，九银村镇银行团队下基地、跑市场，对资金流转暂时困难的商户提供展期、延期还本付息等相关政策支持，主动减费让利，以最快的速度、最便捷的流程、最优质的服务解决商户融资难题，让商户将全身心放在农产品流通事业上，特别是对农产品绿色运营模式的支持，展示了负责任的金融机构态度，是对绿色金融最好的诠释。九银村镇银行的善意也得到回报，商户大量的流动资金回流到九银村镇银行，单郑得厚的回流营业流水就近5 000万元，近两年九银村镇银行商户回流资金达数十亿元。

雄关漫道真如铁，而今迈步从头越。九银村镇银行的绿色金融之路越走越宽，正以时不我待的紧迫感、只争朝夕的使命感，践行初心使命，助力强农振兴，奋力打造京郊“小而美”百姓银行。

天津华明村镇银行

金融工作感悟

天津华明村镇银行党总支书记、董事长　张渊

30年前，我从大学校园走出，加入了农村信用社，成为一名银行新人；30年后，经历风雨的锻炼，我成为一家村镇银行的掌舵人；30年来，变的是年龄和职位，不变的是“为农、为民”的理想信念，在服务“三农”的道路上铿锵前行。

唯有坚持党的领导，才能战胜困难、发展壮大。30年的从业经历告诉我，党的领导是事业发展的定海神针，村镇银行要发展壮大，离不开党的领导。支持“三农”发展，通过与党政机关、企业、社区开展党建共建联建，凝聚各方力量，让党建成为推动村镇银行高质量发展、推进绿色金融建设的红色引擎。

唯有实干，才能行稳致远、走在前。村镇银行的市场定位和竞争环境，决定了我们必须脚踏实地、一步一个脚印扎实前行，我也坚信事业都是干出来的，任何困难都是靠实干战胜的。做好村镇银行事业，必然要求主动融入绿色经济发展大势，引金融“活水”灌溉实体经济“良田”，纾解民生痛点难点，为企业办实事好事，真正在改革发展中践行担当和责任。

唯有依靠科技，才能打通服务“最后一公里”。大胆拥抱科技，依靠科技助力村镇银行发展，借助科技手段，推进村镇银行科技化建设，要努力实现信贷业务线上办理，提高工作效率，缩短与大行的竞争短板；完善银行自助设备布放，缩短服务半径，实现“自助式、一站式、智慧式”服务，让银行服务触角延伸到社区、家，打通金融服务“最后一公里”，密切与客户联系，实现村镇银行在社区、村站稳脚跟，集聚发展后劲。

链式服务　降能增效

天津华明村镇银行积极响应国家绿色发展战略，秉承金融为民初心，全面融入新发展格局，持续精耕主责主业，聚焦绿色产业发展，创新绿色金融模式，以绿色金融“贷”动绿色经济发展，用金融“活水”滴灌绿色发展，做到了在服务中彰显责任、体现担当、勇于创新。截至2023年6月末，贷款余额21.9亿元，其中农户和小微企业贷款余额18.9亿元，当年累计投各类信贷资金12.4亿元，为2 720多户小微企业、商户和社区居民提供了便捷、高效的金融服务。

华明村镇银行以建设“绿色银行”为工作出发点和落脚点，主动适应新经济、新业态下的绿色产业发展，加快推动“银行＋”绿色服务品牌建设，助推实体产业转型升级。

推进“银行＋绿色产业群”实体产业链升级。围绕农业供、产、销产业链发展，该行重点为农民、专业合作社、农资经销商提供“一站式”金融服务，与蔬菜、畜禽、水产品等农产品从业者有效对接，推行“银行＋涉农龙头企业＋农户”“银行＋农民专业合作社＋农户”等多样化的链式服务模式。通过由银行提供链式服务，可使原来彼此关系不紧密的产业各环节形成紧密合作的关系，农民可依托农业龙头企业、合作社对接市场、管理、技术优势，降低生产过程中的成本，减少能源消耗，农业龙头企业、合作社通过银行纽带，不用进行再投资就能扩大自己的规模，减少了出现重复投资情况及恶性竞争的可能性，有效规避了资源的极大浪费。特别是银行通过金融杠杆的作用，有效地将销售机构融入产业链，使种植的农户、合作社、龙头企业能及时了解市场消费信息，生产符合市场需求的产品，让农户增加收入，这是绿色金融的创举。“欢坨”西红柿是东丽区首个上榜的“国字号”名特优新农产品。华明村镇银行依托与村委、农民专业合作社的合作，将从事西红柿生产、销售的从业者纳入服务体系，大力支持单一农户改、扩建种植大棚，扩大单一农户的生产规模；对规模化、标准化的农民专业合作社，大力支持购进现代化农业设施，推动产业升级，对纳入链式服务中的生产、管理、销售单位，从授信额度、利息上给予支持。华明村镇银行已累计为76户客户提供2 100余万元资金支持，推进产业规模经营，降低人力资源付出、减少农资消耗。

建立绿色节能企业服务模式。东丽区辖内高新经济园区众多，华明村镇银行主动与区内“绿色产业”龙头企业“手拉手”共同发展，发挥各自优势，取长补短，大力支持清洁能源、绿色交通、智慧农业等新兴绿色产业发展，延伸服务链条，为客户提供上、中、下全链条服务。天津某资租赁公司是国家第十三批内资试点融资租赁公司，服务半径涵盖了科技型企业设备升级改造、节能减排、新材料研发、轻加工等领域，公司根据客户需要购买生产设备并租售给客户，客户只需要每月按约定要求定期还款，期限最长3年，可随时提前归还贷款，灵活、便捷的金融服务实现了在帮助设备租赁者减轻融资、解决企业设备采购资金难题的同时，让小银行在绿色经济建设中找到突破点。目前，该行对园区内企业节能减排改造升级和碳排放设备及上下游企业累计发放贷款1 000万元；对园区内的高科技企业、绿色能源企业累计发放贷款1.2亿元，助力企业发展壮大。

华明村镇银行始终秉持绿色发展理念，发挥绿色银行服务优势，通过贴近客户、贴近市场，以多元化、个性化服务，焕发现有企业、产业的新活力。

东丽区有一大批种植合作社、生态园、种养大户、家庭农场，前期投入较大，在发展过程中后劲不足，大量资源没有发挥效能，造成资源浪费。华明村镇银行工作人员进社区、入田间地头，和资源闲置或利用不充分的农户、合作社、企业进行面对面交流，帮助其分析市场和查找原因。针对部分因资金问题导致的资源沉睡，华明村镇银行工作人员结合市场情况出台盘活资源的金融服务方案；针对市场情况发生变化导致的资源利用不充分，华明村镇银行引导企业进行转型发展，并提供金融支持。金融服务延伸到了民众的心里，解决民众的痛点问题。位于东丽区华明街道胡张庄村的村民徐某，整合村集体闲置的部分土地资源，开办了天津东丽区胡张庄大美田园家庭农场，但在投入几十万后，因资金短缺导致项目停工。华明村镇银行了解情况后，工作人员主动上门进行交流沟通，通过对徐某家庭条件及经营项目进行考察后，认定其资质符合申请“津担惠农贷”的基本条件，在最短的时间内为其审批发放“津担惠农贷”1笔20万元，年利率仅为5.15%，同时农担担保公司给予补贴利息2%，实际利率仅为3.15%，及时解了徐某资金需求的燃眉之急，帮助其家庭农场得以顺利营业。

东丽区辖内高新经济园区众多，有许多企业和项目需要资金支持，特别是一些科技成果需转化以形成生产力，华明村镇银行成立专门的工作团队，进科技园、高新科技区等园区，了解资源闲置、项目推荐、科研进展等情况。如位于园区的一家公司，是一家设计、生产和销售高速铁路电气化隔离开关和负荷开关，普通铁路开关及地铁开关的科技型企业。华明村镇银行工作人员在走访时了解到该企业因承接订单出现资金缺口，对其生产规模、产品设计、工艺流程等方面进行调查了解后，通过快速审批通道为其发放了1笔年利率6.05%的保证贷款100万元，保证客户订单及时交付。截至2023年6月底，工作人员共走访、对接各类经营主体1 500多家，根据不同主体制定不同的金融支持方案，优化资金用途，通过金融支持盘活12个项目，推进23项科技成果转化，授信3.43亿元，用信7 800余万元。

“智慧快贷”让办理信贷业务足不出户。华明村镇银行加大数字建设投入，上线了“智慧快贷”系统，利用“互联网＋大数据”技术，通过搭建业务数字模型，依托整合各类大数据信息，构建全新的信用评价体系，对客户实现精准画像，为业务发展提供科技支持。该业务系统以家庭为单位，以提前为客户进行预授信、纯线上办理为特征，客户可根据自身资金需求实际，随时随地通过手机线上办理贷款业务，真正实现了“动动手指就可以办好贷款”的金融便捷性。该系统的推出，极大地提高了信贷业务办理的便捷性和获客的精准性。同时，积极优化业务流程，将以往繁杂的纸质材料替换为电子影像录入，升级电子签章信贷合同，优化移动审批流程，一笔贷款、一名员工、一台平板

电脑、1小时内即可完成贷款的受理发放。目前，该行50万元以下的零售类贷款全部实现线上办理、线上审批、线上签章。仅2023年上半年，通过“智慧快贷”系统提交的业务需求1 200余笔、金额4.5亿元。

“智慧银行”让办理金融业务更快一步。华明村镇银行实施“智慧社区银行”发展战略，减少人员数量，解放人力资源，为全部网点配装智慧柜员机，实现开户、签约、转账、存取款等金融服务一机办理，客户仅需一次插卡、一次审核、一次签名，在柜台上需要十几分钟办理的业务，智慧柜员机仅需要十几秒，办理效率大幅提高，实现“自助式、一站式、智慧式”服务。华明村镇银行与天津某热力公司合作，签订取暖费代收协议，2022年下半年，仅军粮城支行一家支行就借助智慧柜员机为辖区的2万多户居民收缴取暖费3 000多万元。华明村镇银行坚持创新驱动，不断丰富绿色银行内涵，推出了“智慧快贷”“智慧银行”“圆融驿站”等数字化业务平台，让数据多跑路，让客户少跑路，让客户享受到高效、安全、便捷的金融服务，节省了时间成本，减少了交通出行，华明村镇银行大力推进金融数字化，方便群众，降低能耗。

华明村镇银行通过金融杠杆引导企业践行绿色发展，在银行内部推行绿色生活、绿色出行、节约能源、减少碳排放。华明村镇银行将融合资源、推进扩大生产规模、发挥资源效能以及节省时间成本纳入绿色工作，下大气力给予金融支持，是对绿色金融理念的高层次理解和睿智诠释，其思路、理念的转变给自己的业务发展带来了蓝海，得到政府、企业和员工的支持，值得金融机构借鉴和举一反三。

纳雍富民村镇银行

金融工作感悟

纳雍富民村镇银行董事长　吴志力

金融服务“三农”是实施乡村振兴战略的重要组成部分和内在要求。村镇银行因时制宜，切实履行“支农支小”职责，持续推动金融服务乡村振兴工作发展，做好农村地区金融服务的补充。

金融服务延伸至乡。近年来，在国家各类支农补贴、新型农村社会养老保险、医疗保险等惠农政策资金的发放与存取方面，助农服务点搭建起了村镇银行与农民群体间相互方便的桥梁，将金融服务延伸至农村最末端。

移动支付技术的应用为农民带来极大的生活便利。2015年前，智能手机还未在贵州山区普及，百姓缴纳水电费需跑到离家十多公里甚至三四十公里的乡镇供电所，那时的交通还不像现在这么方便，往返奔波常常让村民苦不堪言。现在国家电网App、支付宝、微信、“云闪付”等平台上都可以缴纳水电费、燃气费，在乡镇各类经营门店、家乡村口的小卖部购买商品都可以用手机扫码付款。

支持乡村产业振兴。村镇银行作为乡村振兴的生力军，在产业振兴的道路上同样发挥着重要作用。以创新信贷产品支持特色种养业、绿色产业发展等为抓手，龙头企业、农村合作社、家庭农场、农户为产业链条，产业园、特色小镇、田园综合体等为开发载体，全方位、多维度助力乡村产业在各地农村因地制宜、融合发展出多种模式。提供产、供、销一条龙服务的农民专业合作社通过村镇银行的牵线搭桥流转农户土地，每户至少年均增收3万元，带动当地1万户农村家庭积极创业就业。

强化业务风险管理。村镇银行在支持乡村振兴发展的同时，坚持强化风险管理，筑牢信用体系建设屏障，以“整村授信”工程为抓手，有效提升金融服务乡村振兴的质效。做精、做细农户信息采集和信用档案数据库建设，综合运用大数据分析，进一步深挖农村地区的申贷获得率和信贷覆盖率。同时积极强化支付风险防范宣传。借助便民金融服务点深入一线的优势，对农户普及金融知识、宣传防范电信诈骗等，提升服务点综合服务能力，普及移动支付的应用，全面乡村振兴。

建设绿色银行　助推绿色发展

纳雍富民村镇银行自2012年成立以来，始终秉承主发起行“做小、做广、做精”的经营定位，坚持面向社区、服务“三农”、扶持中小微企业的发展理念，多措并举，精准发力，助力地方乡村振兴，绘就绿色金融新篇章。

发展绿色金融是我国一项重要的国家战略。近年来，随着绿色发展、绿色金融理念的落地生根和大力推行，纳雍富民村镇银行自觉践行创新、协调、绿色、开放、共享的新发展理念，围绕推动绿色发展、建设生态文明的总体要求，以绿色银行发展支持、引导、促进和服务经济社会发展为主线，推动经济加快向绿色化转型，不断提升经济增长潜力，助推贯彻新发展理念示范区建设。一是挖掘优质新兴小微企业，助力缓解小微企业发展遇到的阶段性困境，为客户结构转型提供新的发展空间与机遇。二是加快绿色支付建设，优化个人绿色信贷产品，为绿色产品消费者提供融资帮助。该行大力发展绿色金融，不仅是顺应国内外绿色发展形势的应然要求，更是提升品牌价值的实然举措。

建立绿色银行组织架构，推动绿色银行建设。一是坚持从战略高度推进绿色金融发展，持续完善绿色建设的顶层设计，将绿色银行建设融入治理体系，不断完善从董事会、监事会、高管层等层面到专业部门的组织架构，成立绿色银行建设工作领导小组。领导小组将建设绿色银行作为助力小微企业发展、支持乡村振兴的主要抓手，制定推动绿色银行发展的工作计划，明确责任分工，推动工作有效落实。二是加大资源倾斜。加大绿色考核比重，从绿色信贷业务发展态势等方面开展全方位评价。三是实现绿色办公。从基础入手，完善管理办法，对水、电、纸等进行精细化管理，升级无纸化办公系统，全面提升绿色金融理念。

科学开展普惠金融，助力县域乡村振兴。为做好地方普惠金融，在发起行先进系统的支持下，自2018年以来，纳雍富民村镇银行持续开展“普惠大走访，富民进万家”普惠走访建档活动，在政府对该行信用体系建设的大力支持下，该行派遣“金融村主任”50余名，同时县政府专门为该行客户经理的挂职下发了相应的文件，并明确各乡镇要积极配合该行搞好农村信用体系建设相关工作。该行成立10年以来，累计投放普惠贷款140亿元16万人次，惠及全县所有行政村居。在毕节，纳雍富民村镇银行做优产业金融，积极介入县域内发展较好、技术成熟的特色企业，大力扶持茶产业、药材种植、布朗李、玛瑙红樱桃、玫瑰花、林下养殖等特色种植养殖项目，累计发放贷款0.44亿元、986笔，有力地支持了县域特色农业的发展，并累计为60.27万人完成建档工作，通过该行建立的张家湾镇、百兴镇等11个金融服务点，有效覆盖金融服务空白村居，为全面提升县域金融服务打下坚实基础。

积极布局谋划，打造全市首家绿色村镇银行。因纳雍富民村镇银行县域普惠金融成效显著，为进一步发展县域绿色金融，当地中国人民银行优先选择将该行作为毕节市村镇银行类首家绿色银行试验点行。2023年年初以来，多次到该行进行调研指导。该行经

多次评估，于2023年2月成立绿色银行工作领导小组，出台《纳雍富民村镇银行关于推动绿色银行建设的工作方案》《纳雍富民村镇银行绿色贷款管理办法》等文件，同时建立以业务主管为团队长的绿色金融服务团队，将绿色金融与普惠金融协同发展作为主要抓手，围绕推动绿色发展、建设生态文明的总体要求，以绿色银行发展支持、引导、促进和服务经济社会发展为主线，推动经济加快向绿色化转型，不断提升经济增长潜力，助推贯彻新发展理念示范区建设。

全面加强绿色信贷投放力度，助力县域绿色经济发展。纳雍富民村镇银行充分利用“普惠大走访”活动，深入农户、普惠小微企业，积极开展上门走访、批量授信、普惠建档工作，将金融服务“递给”千家万户，最终实现“户户都授信、人人能贷款”。加大首贷户拓展力度，增加绿色发展的信贷供给，优先给予中国人民银行再贷款低息资金支持，提升绿色贷款占比。此外，该行以农村信用体系建设带动农村绿色产业快速发展为主线，依托农村信用工程建设，把绿色发展纳入信用农户、信用组、信用村、信用镇（乡、街道）创建与评定等参考体系，对不同评价结果的企业及农户在授信、利率等方面执行差别化信贷条件，对信用良好的农户及小微企业在贷款额度、期限、利率等方面给予优惠，促进绿色信用与绿色金融互动发展。截至2023年4月17日，该行绿色贷款余额为14 448.07万元，共1 345户，其中获得中国人民银行绿色再贷款支持168户、金额1 800万元（后期中国人民银行会加大绿色再贷款支持力度）。

强化数字金融建设，提升金融服务质量。纳雍富民村镇银行坚持用好、用活科技支撑，利用普惠全流程平台持续简化信贷资料，缩减办贷审批流程。根据走访情况分类施策，按照市场化原则合理确定贷款额度、期限和利率，简化审批流程，优先给予再贷款低息资金支持。对暂无贷款意愿或不符合条件的实施动态管理，及时反馈融资对接过程中发现的问题，根据客户发展意愿和经营条件变化，适时满足信贷需求，构建起“无贷户—首贷户—长期客户”递进式金融支持路径。

加大服务模式创新，助推绿色发展。创新“银行＋协会＋农户”的贷款模式，深入践行绿色金融发展理念，推动生态文明建设。对此，纳雍富民村镇银行选择以纳雍县化作苗族彝族乡为试点，通过纳雍县青年致富带头人协会的宣传，以线上申请、上门放贷的模式开展绿色金融服务，主要投向樱桃种植、茶叶种植、红头竹笋种植、食用菌种植、中药材种植、林下鸡鸭养殖等。通过协会协调，链接银行和绿色产业农户，通过协会提供的名单向有绿色产业的农户提供贷款资金支持，让农户种植有技术、有资金，支持其在有机农业、无公害农业、生态农业、循环农业、绿色畜牧业、绿色渔业等领域的生产发展。

借款人谢玉文是贵州省毕节市纳雍县化作苗族彝族乡发大嘎村人，在纳雍县化作苗族彝族乡从事中药材种植已经6年了，是纳雍县青年致富带头人协会的成员之一，在新冠疫情防控期间，谢大哥发出去的货款收不回，产品销售额也持续减少，他面临着经营资金周转困难问题。这一困难不仅仅是谢大哥一人的困难，也是化作乡种植户们的经营现状。该行客户经理通过协会了解到化作苗族彝族乡种植户们的情况后，携带便携式开卡机上门为他们集中办理业务，利用普惠金融全流程系统进行现场授信审批，种植户们用一部手机就可以获得贷款。为种植户授信时，优先通过扶贫再贷款低息资金向其授信，现场授信的10万元不仅有效解决了谢玉文的资金困难，更为当地的种植户带来了希望。截至2023年4月17日，该行向化作苗族彝族乡投放绿色贷款余额912.24万元、105户，大力支持了化作苗族彝族乡林下产业的发展。

为更好支持该类客户解决抵押物不足等问题，纳雍富民村镇银行以发放信用贷款为主，充分利用发起行强有力的科技保障，让客户足不出户就能获得绿色贷款支持，真正实现从为贷款至少跑一次向现在一次都不用跑的转变。此外，“银行＋协会＋农户”贷款模式的大力推广，还助力该行快速找到发展绿色产业的农户，及时为其提供金融服务，有效解决绿色产业发展融资难问题。

倡导绿色办公，践行绿色经验理念。纳雍富民村镇银行积极践行绿色办公，倡导减少收集纸质资料，积极利用发起行先进的系统，不断提升绿色办公覆盖面：一是柜面服务方面，积极利用发起行先进的核心系统，做到除法律规定的纸质资料外，其他资料实现无纸化。二是信贷方面，利用发起行先进的走访系统，采取拍照、手机录入等方式收集资料，在提升工作效率的同时减少了对纸质资料的依赖及纸张消耗。三是积极采用线上视频方式进行各类培训，减少员工出行费用，践行绿色办公。四是减少纸张打印，会议材料非必要不单面打印，尽量使用电子屏幕投放。五是建立健全节约用水规章制度，认真做好节水宣导工作，倡导全员节水。加强日常用水设备维护，杜绝跑、冒、滴、漏和长流水现象。加强对食堂洗菜、洗碗筷和物业保洁等用水管理，提高日常用水的重复利用率。六是积极开展“光盘行动”，引导全行员工餐厅不多点、食堂不多打、厨房不多做，养成珍惜粮食、厉行节俭、反对浪费的良好生活习惯，杜绝“舌尖上的浪费”。七是严格控制总行公务车出车次数，定期对公务车辆进行保养。倡导员工公交出行，减少燃油消耗，以实际行动践行低碳出行。八是建立减碳目标。积极尝试明确机构层面的减碳路径和目标，努力实现自身的全面脱碳，脱碳主要包括自身脱碳和投融资脱碳两个方面。

强化金融知识宣传，让绿色金融发展遍地开花。多渠道开展金融政策与信贷产品宣传普及工作，大力营造助企纾困、金融支持绿色发展的宣传氛围。2023年年初，该行出台了《关于印发纳雍富民村镇银行一村一活动营销方案的通知》，客户经理利用各类传统节日、赶集天、村居特色节气、比赛等，摆摊设点开展阵地营销宣传活动。为了解当地绿色产业发展情况，行领导带队走访林下经济种植基地，对从事茶业种植、林下菌类种植等的农户开展实地走访，对于符合条件的客户优先给予中国人民银行再贷款低息资金支持，减少其融资成本。

荔波富民村镇银行

金融工作感悟

荔波富民村镇银行党支部书记、董事长　陈峰

5年来，荔波富民村镇银行始终坚守“服务‘三农’，支持小微”的战略定位，融入低碳经济、循环经济的发展，引金融“活水”灌溉实体经济发展之“良田”，有效填补农村金融服务的薄弱环节，助力小微企业不断发展壮大，在荔波县脱贫攻坚战、乡村振兴中积极履行了本土银行的责任担当。

聚焦“三农”小微，助力乡村振兴。为支持荔波县农户、城镇居民、个体工商户以及小微企业的发展。5年来，荔波富民村镇银行助力果农将柚子树变为“摇钱树”，助力养殖户将“佳荣牛”变为“黄金牛”。累计发放贷款15.87亿元支持荔波县实体经济发展，累计为28 640户农户、7 546户小微企业提供了便捷、优惠、高效的金融服务。

党建引领促发展，凝心聚力谱新篇。充分发挥党组织的政治核心作用，将党建工作与业务发展紧密结合，紧紧围绕上级党组织的要求，开展党员活动日、志愿者进社区等形式多样的活动，使党组织生活真正行动起来。注重队伍的培养，为党组织注入新鲜的血液，不断壮大党组织的力量。

创新驱动发展战略，强化县域农村金融服务。通过手机App、4G开卡设备，直接到农户家里、企业的生产现场办理业务，实现“银行的柜台搬到客户家门口”的上门服务，打通金融服务“最后一公里”。

荔波富民村镇银行将持续推进惠农、强农、兴农行动，紧跟荔波县发展步伐，想民心之所向、促民众之所需，紧紧围绕“绿色”这篇大文章，发挥金融杠杆作用，助力荔波县老百姓将“青山”变为“金山银山”，将“绿水”变为“致富水”，继续为乡村振兴贡献富民力量。

顺势发展
让绿色金融更有生命力

荔波富民村镇银行成立时间相对较短，但善于挖掘发展的增长点，将自身的事业发展融入国家乡村振兴事业中，紧紧围绕地方政府的“绿色生态、全域旅游、幸福荔波”战略目标，深入农村、农户、产业开展调研，发现和挖掘农户、产业的需求，了解当地实情，收集外部信息，开展综合分析，找到自身发展和地方经济融合的突破点，坚持金融支持绿色发展、坚守生态底线原则，强力推进生态建设，促进绿色生态优势转化为经济发展优势，实现生态建设与经济发展双促双赢，开创“百姓富、生态美”的局面。

2018年，荔波县黎明关水族乡久安村五组村民罗玉梅和父母一起种了20亩树，收益还不错，2021年决定将种树面积扩大到50亩，购买树苗、肥料及维护费等是一笔不小的费用，荔波富民村镇银行得知罗玉梅的情况后，提供了12万元的纯信用贷款帮助发展种树产业。荔波县小七孔镇中心村石漠化很严重，远看荒山秃岭，近看怪石盘亘，见不到可用的地，老百姓收益低。荔波县兴心桑蚕种养殖有限公司找到石漠化地区可发展的辣椒项目，荔波富民村镇银行主动对接企业，制定信贷支持方案，为辣椒示范基地建设项目发放65万元的绿色金融项目贷款。截至2023年6月末，荔波富民村镇银行在全县石漠化治理重点地区，累计投放绿色贷款513.44万元，支持了樟江河谷0.67万公顷精品水果基地、龙宝山万亩血桃基地、水利万亩油茶基地、马鞍山0.2万公顷林业特色产业园区、兰鼎山万亩仙草园，以及林下养蜂和林下采摘业（特有食用菌）等，真正实现了从石山荒山到“绿水青山”再到“金山银山”的嬗变。

荔波富民村镇银行在2020年的“普惠大走访”中，主动对接生态移民户莫亮忠，听说他想发展食用菌种植后，经过一番调查及资料收集，随即向他发放贷款10万元。像莫亮忠这样的生态移民搬迁户，在荔波还有很多，于是荔波富民村镇银行成立一个工作小组，明确职责分工，在移民安置点提供金融服务，已在荔波县城内12个移民安置点投放贷款13户、金额84万元，主要支持了安置户发展养牛、养猪等种养项目。

荔波县朝阳镇拉岜村有着悠久的枇杷种植历史，几乎家家户户都种植枇杷，是荔波有名的枇杷基地。2019年，朝阳镇大力倡导发展“五星枇杷”种植项目，拉岜村村民积极响应，纷纷加入合作社发展枇杷产业化种植，但面临资金周转困难，荔波富民村镇银行得知情况后，联系村“两委”及各组组长，为全村农户开展评级授信工作，第一时间向朝阳村吴启义等10余户种植枇杷的农户共计发放了67万元贷款，快速解决村民们种植枇杷的后顾之忧。荔波富民村镇银行累计为朝阳镇359户枇杷种植户提供贷款2 643.82万元，有力支持当地枇杷特色产业发展，助力乡村振兴，同时激活乡村发展内

生动力，带动村民创业致富。

荔波茂兰竹子林休闲庄有一座6层自建乡村小别墅，院落宽敞明净，有20多间精美简约的客房，负责人戴莹玄4年前还顶着贫困户的“帽子”，是荔波富民村镇银行的民宿贷款扶持其走上致富路，近年来，荔波富民村镇银行围绕以民宿为主的乡村旅游，创新推出针对民宿发展的贷款产品及服务，直接或间接为兰鼎山森林公园、甲良凡思谷、观音峰等13处山地旅游新景点，洞塘梅原、联山湾、五眼桥等18个农家乐接待示范点，淇江寨票、懂蒙、水浦等7个民宿示范点及民宿个体户120余户，累计发放贷款783万元，带动就业1 300余人。

一个又一个事例，展示了荔波富民村镇银行对营造林、石漠化治理、水土流失治理、生态移民等绿色发展项目的金融支持，为更好地服务不同客户，荔波富民村镇银行组织人员下沉服务，针对不同客户的需求制定个性化方案，以启动“绿色荔波建设三年行动计划”为契机，围绕地方政府实施绿色水域护佑、“绿色通道”建设、“金山银山”打造、绿色屏障构建、绿色城乡建设、绿色矿山建设“六大工程”开展金融助力布局，将融资和融智相结合，向客户宣传党的方针、政策及金融知识，为客户提供发展产业的信息，确立了“群众有需求，富民上门帮，农户及其家庭受益”的金融助农模式，为绿色项目、绿色产业赋能，创新服务模式，打通“绿水青山”与“金山银山”的双向转换通道。

荔波将军岩曾是一片光秃秃的荒山荒坡，只要下雨，雨水就会裹着泥沙冲下山，最可怕的是发生泥石流。为治理好这片荒山荒坡，村民龙国勇响应政府号召，建蜜柚基地来治理水土流失。2022年12月，龙国勇正在为重新购置棚膜、购买柚子苗和化肥、保养土壤等资金问题犯难时，荔波富民村镇银行在3天内就向他授信40万元，在龙国勇的多年努力和荔波富民村镇银行的金融支持下，将军岩已建起6 000亩柚子基地，不但解决了水土流失的问题，还能每年能给龙国勇带来2 000多万元的收入。佳荣镇村民潘文海先是搞水果批发，后来跑大车、做桥梁工程，由于缺乏资金，垫资不足，收入也不乐观。2017年，潘文海开始发展水产养殖业，佳荣镇没有工业污染，拉毛村又是全县有名的生态村，环境好、水质好，养出来的水产品品质好、销路好，一时间供不应求，潘文海想扩大养殖规模，可没有资金。荔波富民村镇银行为他送来了“及时雨”，给他发放了20万元贷款，潘文海风风火火地干起了生态“拉毛鱼”养殖，在获得贷款的第二年就实现盈利20多万元。这两个事例是荔波富民村镇银行以金融助力“绿水”变“财源”的缩影，在荔波拉岜蜜柚、龙宝山桃园、3个万亩新寨枇杷产业化示范基地，荔波樟江精品水果及休闲观光农业园等6个省级农业生态示范园区，17.32万亩精品特色经果林种植，19万亩无公害蔬菜，10个林下养殖示范点，198户家庭农场建设中均能看到荔波富民村镇银行的身影。在金融的支持下，荔波的“短板”被转换成百姓致富的“长板”，好水质这一“长板”的作用也得到极好的发挥。截至2023年6月，荔波富民村镇银行发放水产养殖贷款23笔、余额235万元，为山区百姓找到新的致富道路。

一个又一个鲜活的事例，诠释了荔波富民村镇银行围绕“生态建设产业化，产业发展生态化”的发展理念，针对“一乡一特，一村一景，一村一品，多品共赢”的发展模式给予金融支持，促进发展林下经济与林业结构调整相结合，与林业产业相结合，与无公害农产品生产相结合，与致富开发相结合，推进宜种则种、宜养则养，采用“银行+公司+基地+农户”或“银行+电商+企业+园区+合作社+农户”的模式，积极引导和鼓励群众发展一批集生态、景观、效益、休闲、旅游、采摘、养殖于一体的山地特色产业，以产业带动脱贫，让群众走上“致富路”。2020年以来，荔波富民村镇银行持续加大农户贷款投放，2021年净增3 300万元，增长14.34%；2022年净增1 600万元，增长6.09%；截至2023年6月，共授信农户3 986户，农户贷款8 759笔，累计授信金额5.39亿，贷款余额2.82亿。

荔波富民村镇银行推进金融强农工作，走符合当地实情之路，做政府想干的、民众所需的、“富民”能干的、当地可行的事情，紧紧围绕“绿色”，发挥金融杠杆作用，顺势而为，减少了工作推进的阻力，形成了政府、民众、银行三者的合力，有效地促进了地方经济发展，改善了农村生活，在推进农民致富之路上，自己也实现发展壮大。

武宁恒通村镇银行

金融工作感悟

武宁恒通村镇银行负责人　蔡海宇

2006年开展试点设立村镇银行，发展至今，全国已有1 600余家。村镇银行的产生有着特殊的历史背景，一直肩负着支持“三农”发展的使命，支持乡村振兴，这是我们的主业，也是头等大事。

一是服务产业兴旺。一方面，农业现代化需要集约化、规模化生产经营，需要加大农业科技研发投入，这些都离不开金融支持。另一方面，培育农村种养大户、家庭农场、农民专业合作社等新型农业经营主体，仍需要投入更多金融资源。

二是服务乡村建设。加强乡村基础设施建设，提升农村公共服务供给水平，需要大量中长期信贷投入；打造生态宜居乡村，保护修复乡村生态，需要加快发展绿色金融，释放绿色生态价值；盘活乡村优质资源，支持发展乡村休闲旅游、农村电商，也离不开金融支持。

三是服务农民致富。第一，要继续完善基础金融服务，提升农村金融服务的普惠性，做好农民工群体和新市民金融服务，帮助农民树立风险可控、信用良好的健康心态和消费观念。第二，要深入挖掘农民的金融需求，注重提高农民群体的金融素质，创新金融服务产品，满足农民资产保值增值、健康养老等金融需求。

金融助力农业高质高效、乡村宜居宜业、农民富裕富足大有可为，可以考虑从以下3方面发力：一是深化金融供给侧结构性改革，完善农村金融组织体系。二是坚持创新驱动，提供高质量的金融服务。继续探索扩大农村资产抵押担保融资范围，推广“银政”“银担”“银保”合作模式，缓解融资难、融资贵问题。三是发挥协同作用，营造良好的农村金融生态环境。

践行绿色金融　赋能“绿水青山”

江西武宁恒通村镇银行是由“全国标杆农商银行”浙江温州龙湾农村商业银行作为主发起行建立的股份制法人商业银行。自开业以来，武宁恒通村镇银行以党建工作为“主心骨”，推进党建引领与业务发展相互促进，坚守立足县域“支农支小”市场定位，首创“恒好贷”“甜蜜贷”“码上贷”和“家庭信用贷”“乡村振兴贷”等产品，并重点推出了“绿色贷”“碳信贷”等绿色金融产品，创新“恒通绿色金融+生态产品价值实现机制”模式，帮助超8 700个客户实现致富梦，有效支持了当地经济社会实现绿色发展。

对于村镇银行而言，发展绿色金融是有效落实国家重大战略部署和“双碳”工作要求、助力实体经济高质量发展的必然要求，也是推动客户结构调整、提升竞争力的关键一环。自成立以来，武宁恒通村镇银行依托当地实际，将绿色金融作为一项产业来重点发展，致力于打造有温度的绿色金融品牌，建设与环境和谐共存的绿色银行，助推国家“双碳”目标建设。

为进一步加强武宁县生态产品价值实现机制试点工作，武宁恒通村镇银行积极探索“两山”转化路径，深入破解生态产品价值实现度量难、抵押难、交易难、变现难等问题；形成了以县委、县政府为主导，企业和社会各界参与，市场化运作，可持续的生态产品价值实现路径，促进了农村金融体系的建立。

长水村位居九岭山脉中段武陵岩向北延伸的一支分脉中，占地面积84平方千米，森林覆盖率达93.7%。由于生态良好、环境优美，被评为“全国生态示范村”。近几年来，该村依托良好的生态环境，走“生态农业+休闲旅游”的发展道路，吸引了不少游客前来观光，村民生活水平有了很大提高。但该村的深山老林中还有不少人家，由于交通闭塞、观念落后，以及病、残、缺劳动力等原因，仍有不少村民生活比较困难。

2017年5月19日，武宁恒通村镇银行行长吴忠靖主动请缨，被武宁县委组织部任命为该村帮扶“第一书记”。在担任“第一书记”期间，经过深入调查研究，吴忠靖了解到，村内分布着几十万棵被誉为“植物黄金”的红豆杉，全村还育有上千亩红豆杉苗木。红豆杉属高附加值经济树种，大有文章可做。于是他多次向县委、县政府汇报自己的想法，和相关单位、罗坪镇党委、政府领导以及长水村“两委”沟通交流，最后达成广泛共识，即主推“长水恒通红豆杉公益林”项目，走出一条独具长水特色的致富路。

据介绍，“长水恒通红豆杉公益林操作模式”即通过志愿者、公益人士捐资认养红豆杉树苗，由困难户代为养护，领取工资报酬；长水村村委给认领者颁发荣誉村民证书，给予旅游观光方面的优惠，并挂牌刻碑铭记；募集的资金作为帮扶基金，用于扶助困难户发展林下经济。

这种帮扶模式既美了生态，又富了百姓，受到当地群众的热烈欢迎，也得到很多社会爱心人士的大力支持。该项目推出后，温州一些企业家和爱心人士积极认领红豆杉，当即筹得3万多元资金。武宁恒通村镇银行用这些钱购买鸡苗、种羊，分发给有养殖能力的困难户，通过养殖实现增收致富。九江边防检查站得知这一情况后，总队领导带领战士前来认领红豆杉，并捐出6 000元用于“恒通林”公益帮扶。在认领红豆杉活动现场，爱心人士亲手栽下认领的红豆杉，看到挂牌上写着自己的名字，都露出了欣慰的笑容。他们收到荣誉村民证书时，高兴地说：“如今咱也是长水人了，要常回家看看，为家里的发展多出力。”

“长水恒通红豆杉公益林”项目更是得到主发起行领导的大力支持。温州龙湾农村商业银行董事长刘少云亲自带队到长水村慰问困难户，为困难户送上礼品和慰问金，并带头认领红豆杉。

如今，“恒通林”发展迅速，初具规模，已委托村民培育红豆杉种苗1万余棵，共植树500余棵，筹到帮扶资金10万余元，陆续建成了“恒通温州林”“军民共建林”“中国平安江西分公司林”“浙大校友生态帮扶林”等，为长水村发展林下经济奠定了良好基础。

在推出“长水恒通红豆杉公益林”的同时，武宁恒通村镇银行致力于开创属于长水的生态农产品品牌，联合当地养蜂联合会，成功申请长水村为武宁县中华蜜蜂协会“成熟蜜基地”。目前，该基地已建成无菌储装蜜库，申报原生态“蜂巢蜜”等商标，打造“长水蜂蜜”品牌。

截至2020年年底，长水村先后获得“全国绿色小康村”“全国文明村镇”“中国美丽休闲乡村”“中国乡村旅游模范村”以及“江西省级生态村”“全省十大和谐村庄”等20余项国家级、省级殊荣，被评为国家AAAA级旅游景区。

近年来，武宁恒通村镇银行通过建立生态产品监测、评估、交易与管理技术体系，健全生态产品交易制度体系，完善并示范推广生态产品交易平台，创新生态产品价值转化路径和价值实现机制；在全县各乡（镇）建立生态产品价值转化中心的交易网点，让生态资产稳定增值，生态产品价值有效释放，打造形成在全省乃至全国可复制、可推广的生态产品价值实现机制。

2021年5月20日，武宁恒通村镇银行合作成立的武宁县生态产品储蓄银行和南昌大学江西生态文明研究院在武宁县罗坪镇长水景区游客服务中心揭牌。2022年，武宁生态产品储蓄银行正式更名为武宁县生态产品价值转化中心。同时，武宁恒通村镇银行在罗坪镇长水村、鲁溪镇等地设置金融服务站，每个金融服务站配有专门的金融服务员，优先办理武宁县生态产品价值转化中心推荐的贷款。目前已推出“绿色贷”“甜蜜贷”等相关金融产品，主要面向生态产品、绿色产业等领域。

武宁县生态产品价值转化中心聚焦生态产品价值实现机制创新，为武宁县生态产品储蓄银行建立了配套存储仓——恒通金融监管仓。恒通金融监管仓从源头对蜂蜜、茶叶等生态产品进行质量监控，生态产品成熟后分等定级计量入库，生态产品交易结算完成后，及时完善该生态产品溯源档案并进行效益结算。

为了早日实现乡村振兴，武宁恒通村镇银行党支委与武宁县浙江商会党支委、长水村总支委组成党建联盟，通过“党建＋金融”模式，以长水村为试点，派驻武宁恒通村镇银行工作队入村，建立恒通金融监管仓收储库，推动“村有集体经济＋销售＋金融建设”，联合打通长水村农林产品的“产、供、销”融合发展之路，让当地百姓富起来。

2023年3月，根据武宁县委、县政府关于践行“两山”理论的工作要求，武宁恒通村镇银行召开绿色金融工作推进会，与南昌大学江西生态文明研究院、杨洲乡党委及各村党支部、中国银行保险监督管理委员会（现国家金融监督管理总局）九江监管分局武

宁监管组签订了党建共建联盟协议。同时，为进一步加强对杨洲乡生态价值转化工作的探索，南昌大学江西生态文明研究院、杨洲乡人民政府及武宁恒通村镇银行三方联合工作站同步启动，构建“政银校”合作新模式。

会后，武宁恒通村镇银行工作人员发扬“三水”精神，第一时间对杨洲乡的6个村进行调研走访，运用“无感授信、有感体验”的先进方法进行授信建档。

该行员工利用周五、周六、周日3天外加两个晚上，加班加点地把长水村总共507户全部走访完毕；除去五保户及无劳动能力的人外，可授信的有400余户，均建档授信，授信总额3 800余万元。随后，该行派驻了乡村振兴金融专员入驻罗坪镇。目前该行为长水村村民发放“乡村振兴贷”1 000余万元，切实为生态产品抵押转换提供了资金保障。

近年来，武宁恒通村镇银行将绿色金融提升至战略层面，且持续加强顶层设计，完善绿色金融的制度建设和治理架构。在治理架构上，建立该行高级管理层统筹领导、绿色金融事业部牵头协调、总行各部门全力支持、各分支行落地推进、全行员工参与的绿色金融管理架构和工作格局。

2023年3月，中国人民银行九江市中心支行的王主任及南昌大学江西生态文明研究院副院长郑博福一行来到武宁恒通村镇银行与中国人民银行武宁支行黄行长、武宁县发展和改革委员会柯主任及武宁恒通村镇银行班子成员共同召开绿色信用体系机制研究座谈会，并为武宁恒通村镇银行绿色金融事业部揭牌。本次座谈会着力解决如何让经营主体与金融机构之间建立征信系统，如何更好地促进农村金融体系建立以助力“三农”、助推乡村振兴等问题。

在工作中，武宁恒通村镇银行邀请南京大学郑博士研究团队测算出长水村及南屏的村碳汇量和碳排放，认为碳汇量可推动未来收益权的发展；2023年3月31日，该行为南屏村村民梅孔根发放了一笔“碳信贷”。本笔贷款为江西南屏农旅开发有限公司的罗汉果订单合同贷款，由宜春市万载县与杨洲乡签订罗汉果购销合同，杨洲乡与江西南屏农旅开发有限公司签订订单合同，再由江西南屏农旅开发有限公司与村民梅孔根签订罗汉果订购合同。该行基于本次订单及南京大学测算出的南屏村碳汇量，给村民梅孔根发放了“碳信贷”10万元，用于购买罗汉果苗、化肥及农用具等。

2023年3月，武宁恒通村镇银行为杨洲乡授信生态产业贷款6 000万元，切实为杨洲乡生态产品抵押转换提供了资金保障；同时对杨洲乡6个村进行“白名单”筛选，共发放5笔“碳信贷”，余额50万元。

武宁恒通村镇银行将积极践行绿色金融的发展理念，坚持服务“三农”、小微，努力践行绿色普惠金融，将武宁县的农林资产变现，打通农村经济微循环，推广“恒通绿色金融+生态产品价值实现机制”模式，各方面协同发力，为建设美丽武宁贡献新的“恒通力量”。

长兴联合村镇银行

金融工作感悟

长兴联合村镇银行行长　凌福明

十几年的金融从业经验让我一直在思考“金融强农”的真正含义。农村金融市场长期以来不被各大金融机构重视，如何激活农村金融市场，如何让乡村创业获得更多的金融支持，如何解决小微企业融资难、融资贵难题，一直是我重点思考和着力解决的问题。

村镇银行要始终坚持“立足县域，支农扶小”的经营宗旨和以支持地方经济发展为己任的经营要求，大胆改革，锐意创新，充分发挥新型农村金融机构在服务县域经济、支持“三农”、支持小微企业和支持实体经济中的新作用、新贡献。

要坚持发挥党建引领作用，通过不断创新“党建＋”的方式和载体，打造属于村镇银行的党建品牌，发挥金融惠农、助力乡村振兴的重要作用。

要下沉服务，贴近“三农”、小微，打通普惠金融“最后一公里”。围绕金融惠农，从资金支持到“资金＋技术”双支持，走出一条金融助农支农的新路子，让村镇银行的金融服务更接地气、更有温度。

作为班子成员，我将保持求真务实、主动担当的责任感和使命感，常怀“金融为民”助力长兴百姓过上美好生活的初心和使命，带领长兴联合村镇银行干部员工打造一支“懂‘三农’、爱‘三农’、助‘三农’”的队伍，用最实际的行动和最真挚的情感，为长兴县域的乡村振兴散发自己的光和热。在助力乡村振兴、促进共同富裕的新时代征程上，将田野“沃土”作为服务“热土”，将“支农支小”时代课题写在广袤大地上！

绿色强农　绿色惠农

长兴联合村镇银行成立于2008年5月，是浙江省成立的最早的村镇银行，也是浙江省目前存贷款规模最大的村镇银行。作为一家立足县城、服务“三农”的新型农村金融机构，目前有14个机构网点，实现全县各乡（镇）网点全覆盖。成立15年来始终坚持“支农支小”、服务“三农”的经营理念，秉承绿色发展理念，支持县域经济发展。截至2023年5月末，全行各项存款余额55.8亿元，各项贷款余额达69.17亿元，贷款户数达2.14万户。

长兴联合村镇银行经过15年的经营发展，已与当地老百姓深深地融合在一起，在绿色农业大范围推广的背景下，如何更好地服务“三农”、回馈社会，如何结合绿色金融有效支农扶农，一直是长兴联合村镇银行探索的方向。

2014年，长兴联合村镇银行发现了与杭州安邦农业生物科技有限公司合作的契机，该公司的“仟禾福”水溶性肥料是浙江省首个绿色食品生产资料，是专门为提高绿色植物生产潜能、提高作物抗逆性、节水农业及保护环境设计的。“仟禾福”水溶性肥料的推广有利于控制和减少农业方面的污染，推动农业增效、农民增收，保障农产品供给的质量安全，改善生态环境。

为在帮助农户增产增收的同时减少化肥使用量，保护生态环境，长兴联合村镇银行与杭州安邦农业生物科技有限公司开展合作，以“绿色普惠金融、绿色生态农业”为主题，启动“仟禾福惠农工程”，通过提供绿色食品生产资料、聘请农业专家免费提供技术指导培训及咨询服务、提供惠农贷款资金支持，全方位服务县域农户。

2020年以来，长兴联合村镇银行在继续做实“仟禾福惠农工程”工作的同时，大力推进乡村振兴，开拓创新，发挥绿色助力乡村振兴的金融生力军作用。一是启动“党建＋仟禾福惠农工程”工作，将“党建＋仟禾福惠农工程”做成该行的特色亮点工作。通过与当地村委签订党建协议，组建党建联盟，全行党员积极走访对接贫困户、示范基地、种植大户，普及农业种植知识，帮助农户增产增收，全方位跟踪贫困户的脱贫致富全过程，全面了解种植大户做大做强的经营历程。二是邀请国内知名农业专家教授来长兴开展水稻、蔬菜、茶叶、瓜果等系列农业生产专题讲座，现场指导长兴县农业生产，把国内、国际最前端的农业生产技术引入长兴，提升长兴县农业生产水平。三是对接互联网、物联网，搭建农产品销售平台，搭建互联网、物联网优质农产品销售平台，解决优质农产品销售难问题。四是每年出资20万元购肥送肥，主动对接长兴县委、县政府结对“双扶”专项行动，扶贫结对困难农户115户，结对扶贫的家庭农场、农业大户49个。115户结对困难农户瓜果蔬菜等种植面积831.7亩，每年农业种植收入490.967万元，与其他农户相比，增加净收入32.73万元，户均净收入增加2 846元。

启动“仟禾福惠农工程”以来，经过长兴县资深农技专家10年的跟踪验证，“仟禾福”有机肥料有六大明显优势：一是促进农作物成长；二是提高农作物品质；三是促进农作物提早成熟，且延长采摘期；四是农作物增产增收，普遍增产10%～30%；五是降低化肥成本和人工成本；六是增强作物抗逆性，可以减少土壤中的化学残留。“仟禾福”有机肥料可以促进作物根系发育，从而改善土壤板结等问题，改善生态环境。

10年来，长兴联合村镇银行累计为“仟禾福惠农工程”投入200多万元，其中用于购买“仟禾福”有机肥料180余万元，赠送给长兴县农户使用。截至2023年5月末，长兴联合村镇银行共有“仟禾福”示范基地139个，现有“仟禾福惠农贷款”农户3 450余户，惠农贷款6.2亿元，每年优惠让利310多万元。当年受益农户4 038余户，当年受益农业面积0.72万余亩。

长兴联合村镇银行的“仟禾福惠农工程”获得各级政府部门的支持和专家的认可，曾入选《浙江银行业绿色金融发展报告》《湖州银行业绿色金融优秀案例汇编》，并获评“湖州银行业优秀绿色金融亮点项目”。

长兴丽晶家庭农场位于虹星桥镇龙从村新318国道北侧“农园新景”实验示范带内，位置优越，交通便利，蔬菜基地总面积102亩，是长兴联合村镇银行“仟禾福”示范基地。

经过近几年发展，基地蔬菜种植模式逐渐精简高效，以番茄—莴笋、西瓜—花菜为主，生产效益良好，其中樱桃番茄、水果黄瓜、西瓜等以休闲采摘为主，莴笋、花菜等在当地批发市场销售，每亩效益均超万元。

长兴联合村镇银行不仅从贷款资金上支持农场建设，授信贷款金额100万元，还为农场提供“仟禾福”有机肥料，聘请农业专家免费提供技术指导培训及咨询服务，取得了良好的经济效益和社会效益。

农场每年为村集体经济增加收入2万元，为当地村民提供30个就业岗位，帮助当地农村劳动力就业增收55万元。

湖州作为“绿水青山就是金山银山”理念诞生地，具备良好的生物多样性基础：毗邻太湖，山明水秀，被誉为“中国最美湿地”的下渚湖湿地坐落于此，生态系统多样；是朱鹮、中华秋沙鸭、银缕梅等国家重点保护野生动植物的栖息地，物种和种质资源丰富。

长兴联合村镇银行一直在探索构建与生物多样性保护相适应的绿色金融服务体系，努力形成具有长兴村镇特色的金融支持生物多样性保护的探索实践。截至2023年5月末，长兴联合村镇银行累计发放支持生物多样性贷款约2亿元。

浙江长兴扬子鳄省级自然保护区位于长兴县西北方向的泗安、林城两镇交界处，始建于1979年，2007年经浙江省政府批准升格为省级自然保护区，总面积132.98公顷。保护区系统谋划、全面开展生物多样性保护工作。浙江省生态环境厅公布浙江省生物多样性体验地名单，全省共有15个单位入选，浙江长兴扬子鳄省级自然保护区是湖州市唯一一家成功入围培育名单的单位。

长兴联合村镇银行主动走访对接浙江扬子鳄景区管理有限公司，调查了解扬子鳄现状、生长环境、繁育放生周期、设施建设、保护意义、遇到的困难等。野生扬子鳄原分布在长江中下游地区，由于该区域人口稠密且近百年来发展较快，其栖息地不断被开发为耕地、鱼塘等农业用地，生存空间不断被压缩，种群数量锐减。20世纪50—90年代，扬子鳄经历快速的分布区退缩和种群数量下降，主要致危原因为大量栖息地丧失和人为捕食，90年代以后人为捕杀威胁逐渐减少，但由于适宜的自然栖息地面积十分有

限且高度破碎化，扬子鳄种群数量难以自然恢复，人工繁育种群也缺少适合的野放场所，环境污染和遗传多样性丧失成为潜在的威胁。长兴扬子鳄繁殖基地分为繁育区和野外放归区两部分，其中繁育区由幼鳄越冬温室、幼鳄生态池、亚成体生态池及成年生态池组成，共需建设生态池80余个，野外放归区350亩，资金缺口约850万元。

调查了解到保护浙江长兴扬子鳄省级自然保护区生物多样性意义及长兴扬子鳄繁殖基地建设资金不足的情况后，长兴联合村镇银行高度重视，为支持其建设繁育区，由客户经理、风险经理开展“双线”调查，开通审查审批“绿色通道”，浙江扬子鳄景区管理有限公司授信、发放贷款快捷高效，目前累计发放贷款3 400万元，贷款余额850万元。同时，浙江扬子鳄景区管理有限公司贷款利率比长兴联合村镇银行平均贷款利率低233个BP，有效降低融资成本。浙江扬子鳄景区管理有限公司贷款到期后，长兴联合村镇银行积极对接，协商还款事宜，充分利用无还本续贷产品为其进行续贷周转，解决其贷款到期筹资还贷之忧。此外，长兴联合村镇银行还支持浙江长兴扬子鳄省级自然保护区扩建征地周边村——林城镇新星村的经济发展，为失地农户经营提供资金支持。

在长兴联合村镇银行的金融支持下，长兴扬子鳄繁殖基地繁育区已顺利建成幼鳄越冬温室、幼鳄生态池、亚成体生态池及成年生态池等80余个生态池，实现扬子鳄子一代、子二代和子三代的自然繁育。目前扬子鳄种群数量约为8 000余条，实施扬子鳄野外放归11次，共计放归扬子鳄1 380条。

长兴联合村镇银行作为地方性新型农村金融机构，一直以来践行习近平总书记“绿水青山就是金山银山”重要思想，加快绿色金融惠农、强农脚步，加大力度支持县域生物多样性保护，先后获得“全国AAAAA级村镇银行”“全国十佳村镇银行”“全国优秀村镇银行”“全国村镇银行品牌价值十强单位”“浙江银行业金融支农推进年活动先进集体”等荣誉，得到地方政府、监管部门和广大客户的充分肯定和一致好评。

四

普惠金融类

三门银座村镇银行

金融工作感悟

三门银座村镇银行董事长、行长　张云明

金融是现代经济的核心，涉农金融是建设农业强国与乡村振兴的重要资金来源之一。2023年中央一号文件明确部署，要撬动金融和社会资本按市场化原则更多投向农业农村，推动金融机构增加乡村振兴相关领域贷款投放，发挥全国农业信贷担保体系作用。我们牢记村镇银行天然使命，坚守“支农支小”定位，村镇银行必须将自身的金融业务“再下沉”，下沉到村居，下沉到农户家中，村镇银行要满足客户更趋多元化、多层次的需求，就需要不断丰富信贷产品种类。例如，养殖业是当地的核心产业之一，“三门青蟹”在全国较为知名，我们就推出“青蟹商标贷”质押贷款产品，因地制宜，还创新推出“共富文旅贷”“共富工坊”“富渔贷”等产品。我们与农户同频共振、共同发展，做实、做深县域金融服务，客户经理每天走街串巷，“进村狗不叫”这一句朴实、形象的话体现了我们客户经理与村居保持高频联系、融入村居、服务村居的工作状态。正是始终从客户的需求和方便出发，才有了“简单、方便、快捷”的服务招牌。

从2010年开业至今，农户户均贷款从早期的6万元不到发展到现在的户均19.74万元，早期从事农业生产的客户也走起了规模化、专业化、特色化的农业生产之路，我们不断提升对“三农”的金融服务水平，更好地满足乡村振兴的金融需求，真正做到了金融强农富农、带动共同富裕。当地农户获得优质金融服务的同时，也有利于村镇银行自身的长足发展。

做实做细信贷支持 走“有血、有肉、有骨”的普惠金融之路

中国漫长的海岸线中有一段属于台州，其中有充满潜能和希望的一部分属于三门。走进三门县，街边广告牌、公交车上等地方都写着“鲜甜海港”字样，这里被称作“小海鲜天堂”，盛产蛏子、贝类、对虾，还有登上《舌尖上的中国》的跳跳鱼，作为国家地理标志的“三门青蟹”更是名声在外，是很多“吃货”心目中的顶级食材。三门银座村镇银行坐落在拥有独特自然禀赋的东海之滨，切实守住了立足县域特色“支农支小”的承诺，交上了一份亮眼的助农答卷：开业13年，15家营业机构，基本实现三门县各乡（镇）全覆盖，截至2023年6月末，各项贷款余额56.7亿元，涉农贷款余额52.22亿元，涉农贷款占比92.1%，通过机构、服务双下沉，以“整村授信+一站式服务模式”累计为三门县275个村的76 194户农户授信397.1亿元。

三门县海岸线长227公里，拥有对水产发展极为重要的滩涂21万亩，被誉为“中国青蟹之乡”，“三门青蟹”因肉质细腻、口味鲜美、营养丰富，在2006年被国家质量监督检验检疫总局正式批准为原产地域保护产品（即地理标志保护产品）。养殖户杨再志一家两口从事水产养殖已有23年，26亩水塘里养着青蟹、蛏子、贝类等四五个品种的海鲜，他的养殖管理房就建在水塘边，简单的两间小房，几把小凳摆在房门口一个简易的棚子下。说起自己如今的养殖生意，杨再志坦言，近两年生意没有以前好做，水温、气温都是问题，一场雨也可以让海水的咸度发生变化，海鲜养殖对环境的要求很高，这些变化都会造成严重的影响。新冠疫情防控期间，养殖户的承担能力有所下降，又没有产业化养殖的大型企业降低风险的举措，像他这样的散户从事海鲜养殖就像“开盲盒”，每天几百块的饵料撒下去，收成和损耗只有到收网的那天才能知道。

“靠天”不只是养殖面临的问题，销售同样没有保证。散户的销售渠道只有中间商，通常中间商会划片收购，大部分时间是能全部收购又能全部卖掉的“双赢”局面，行情好的时候抢都抢不过来。可一旦情况有变，中间商便不再登门，养殖户因为产量不确定、时间不确定，所以无法自己做订单，海鲜情况又特殊，收上来要马上运走，否则保存就需要花大价钱，也难免损耗。更关键的是，海鲜留在塘里同样不是上佳选择。种植养殖是依赖动态的营生，万物生长有时，对经营者来说，停滞就意味着亏损，多余的塘租、养料就是无形的消耗，三门银座村镇银行客户经理的一句话道出了其中的艰难：“两个月前的10万元和两个月后的10万元不是一个10万元。可问题在于，两个月后还不一定能卖到10万元。”因此客户经理时常发挥“桥梁”作用，因为上下游都有认识的人，多少可以帮衬一些。对于养殖户的困难，客户经理表示，每逢市场不好的时候，生鲜一滞销，养殖户的弱势就非常明显，很容易陷入束手无措的境地，低价出售成了唯一的出路。杨再志说很多养殖户也加入了合作社，但合作社只是在批量买料、买苗的时候有一些价格上的优惠，在销售端基本帮不上忙。关于这点，客户经理和养殖户也有

清晰的认识，三门当地很多海鲜养殖散户除了无法保证产品数量和时间外，塘里还是多种海鲜混养，而收购者总是专一于一个品类，“买蛏子的一批，买虾的一批，买螃蟹的一批”，“购销在一家，以产品抵原料”的低风险模式在产品多样化的三门是行不通的。面对如此复杂的散户养殖状况，三门银座村镇银行却给出了很简单的答案。

这个简单的答案就是三门银座村镇银行的支农惠农产品——“村聚易贷·兴农卡”。早在2010年开业时，杨再志就和三门银座村镇银行建立了联系，如今，杨再志“村聚易贷·兴农卡”的授信额度是15万元，授信时长是6年，和其养殖塘承包周期一致，6年里可以随借随还。目前杨再志用了7万元贷款，授信额度完全满足了他的生产需求，说起这些他似乎很轻松：“不够就（从额度里）再拿一点。”

如今，三门银座村镇银行在“村聚易贷·兴农卡”产品设计、服务提升等方面日趋完善,探索形成了可持续、可复制、独具特色的村居金融工作法。三门银座村镇银行把“定人定村”作为当前村居作业模式，每一年客户经理都会根据村居作业现状升级作业流程，进一步下沉到村民当中，与村民零距离接触，倾听客户需求，及时、有效地为村民提供金融服务。以“村聚易贷·兴农卡”推广为契机，三门银座村镇银行不断丰富产品线，在深化“三农”金融服务上不断创新突破，深入田间地头走访经营需求，同时推出“青蟹商标贷”“富渔贷”等产品，不断创新金融产品和助农拓销服务。

更值得一提的是，除了给予养殖户足够的启动资金外，三门银座村镇银行对农户的扶持之旅还延长到了销售端，时常以三门银座村镇银行“生活圈”直播的方式，搭建线上平台，为滞销的蔬菜瓜果和各类海鲜卖力吆喝，为农户的优质产品拓宽销售渠道。

青蟹养殖是三门当地的特色农产业，涉及农户数量众多，市场基础非常成熟，经专家评估，“三门青蟹”国家地理标志商标价值为46.66亿元，是当地青蟹养殖户一笔宝贵的无形资产。2021年，中国银行保险监督管理委员会浙江监管局深入谋划制定全省银行业、保险业支持高质量发展、建设共同富裕示范区行动方案，要求各地区监管部门和金融机构通过实行“一县一策”“一机构一品牌”来有效满足乡村振兴。为了更好地支持养殖户应对多变、复杂的养殖生产，提供更完备、多样的资金供给，在属地监管部门的共同推动下，三门银座村镇银行积极对接三门县农业农村局，签订《三门青蟹商标质押融资战略合作协议》，创新推出“青蟹商标贷”产品，约定为商标许可的使用人整体提供意向授信5 000万元，商标许可的使用人可以根据经营需求，向三门银座村镇银行申请贷款，通过国家地理标志的商标赋能，银行可在原有风控基础上为农户的融资需求打开一条“绿色通道”，有效解决农村“长尾”客户融资难的问题。这不仅代表当地政府部门和监管部门对该行发展的认可，也体现了村镇银行作为新型农村金融机构对服务乡村振兴、促进共同富裕的重要作用。

创新服务模式的同时，有效加强“政银”协同也是关键。2022年6月，为全面贯彻落实党中央、国务院和各级党委、政府等关于稳住经济大盘、金融支持百万经营主体专项行动等工作部署，加强“政银”协同，创新服务模式，激发经营主体活力，三门银座村镇银行联合三门县市场监督管理局签订战略合作协议，推出“共富文旅贷”产品。2022—2027年，该行计划投放2亿元用于支持中小微企业、企业主、农民专业合作社、个体工商户等各类经营主体高质量发展。三门银座村镇银行联合三门县市场监督管理局推出的“共富文旅贷”产品，可为旅行社、乡村民宿、文创企业等经营主体提供最长3年期限的低息贷款，帮助文旅市场提振信心，自发布以来，已为400家个体工商户发放金额8 500万元。“共富文旅贷”产品突出乡村振兴、助企纾困、共同富裕工作重点与专项带动效益，以三门县市场监督管理局推荐为主，客户自主申请为辅，以“手续简便、利率优惠、绿色通道、随借随用”为原则。

多年以来，三门银座村镇银行深入落实国务院稳经济“一揽子”政策举措，以及省、市、县各级政府、监管部门有关稳经济“一揽子”政策措施工作部署，充分践行该行社会责任与使命担当，强化金融服务与保障，进一步推动金融助企、纾困、惠民等政策措施精准、直达、快享，强化政策应知尽知、能享尽享，实现“稳企助企、稳进提质”，护航经济社会发展，制订了《浙江三门银座村镇银行贯彻落实稳经济“一揽子”政策措施实施方案》，出台金融助力稳住经济大盘23条举措，在当地小微企业园区开展政策集中宣讲，通过“线上+线下”方式对园区内小微企业进行宣传，及时回应企业诉求和关切，确保“看得见、听得到、办得了”，将决心和信心传递给社会。

“支农支小”不必“做大做强”，而是让所有人都有希望。对普通养殖户而言，“讨小海”的生活不止有悠闲的节奏、舒适的海风和壮阔的落日，更多的是与天求存、与地争时的日常与考验。滋养每一份希望，护航每一段成长，三门银座村镇银行扎根的是“鲜甜海港”的滩涂，更是每一位合作农户赖以生存的滩涂。这里是中国一个普通的“小县城”，也是乡村振兴大蓝图里的“小县城”，更是三门银座村镇银行人用初心守护、用汗水滴灌、用脚步丈量的希望县城。

天长民生村镇银行

金融工作感悟

天长民生村镇银行党总支书记、行长　朱有辉

在金融服务乡村振兴的深度与广度持续增强的时代背景下，村镇银行更应以完善金融服务乡村振兴体系为主要抓手，坚守“支农支小”发展定位，持续提升普惠金融服务质效，立足新时代、新征程，找准发力点。

深化党建引领，夯实村银“双基共建”模式。巩固我行当前信用村建设基础，丰富村级综合金融服务工作站服务内容，提升服务普惠化、便利化水平，增强金融惠农的广度与深度，开展信用户、信用村信息采集和主动评级授信工作，不断提高金融服务的覆盖率和可得性，强化普惠金融业务发展。

保持创新活力，优化“支农支小”产品体系。围绕新一轮粮食产能提升行动，重点支持粮食和重要农产品生产主体扩大产能、设备改造、技术升级、农用物资购销等融资需求。融合推进乡村振兴和绿色金融，满足农业绿色发展金融需求，给予优惠增信。围绕当前农业投入盘活变现难问题，拓宽涉农信贷抵质押物范围，全面推进以农村土地经营权、集体建设用地使用权、村集体经济组织股权等权利融资。依托核心企业自身实力及与上下游企业之间的真实交易基础，加大对上下游企业融资增信的支持力度，提升链上企业农户和新型农业经营主体融资可得性。聚焦农产品“购、销、储、运”等流通环节融资短缺问题和农业产业链较短、农副产品附加值普遍不高问题，加大对绿色化、优质化、特色化、品牌化种养大户和农产品加工的金融支持力度。依托安徽省农村金融综合服务平台，为新型农业经营主体提供专属信贷服务，扩大服务惠及面。

我行将继续加强党的领导，坚持“支农支小”业务定位，践行金融强农助力乡村振兴的使命和责任，为农村地区繁荣发展添砖加瓦。

积极探索普惠金融新服务 奋力谱写“支农支小”新篇章

建设农业强国是全面建设社会主义现代化国家的基础支撑。强国必先强农，为做深县域金融，做广普惠金融，天长民生村镇银行积极调动更多金融资源向农村集聚，持续提高服务的广度、深度和精度；天长民生村镇银行牢记“增强农村金融服务”的历史使命，坚守“支农支小”发展定位，不断探索和实践，书写普惠金融服务乡村振兴的“民生答卷”。截至2022年年末，该行共设立26个农村综合金融服务工作站，累计发放涉农贷款超50亿元，服务“三农”客户超过5 000户，涉农贷款余额5.57亿元。

加强组织和制度保障。天长民生村镇银行设立金融服务乡村振兴工作领导小组和乡村振兴专营机构，在乡（镇）支行设立乡村振兴服务团队，制订《乡村振兴工作三年规划（2022—2025）》，明确各项工作的重点、目标、措施及推进步骤。以党建为引领，统筹部署、协调推进信用村建设行动，持续增强该行普惠金融服务乡村振兴能力。

建立村银“双基共建”模式。天长民生村镇银行与天长市26个自然村（社区）签署了村银共建协议，一方面，通过26个农村综合金融服务工作站、创新服务模式提升服务普惠化、便利化水平，增强金融惠农的广度与深度；另一方面，通过整村推进，全面开展信用户、信用村信息采集和主动评级授信工作，逐步实现线上信息采集和系统自动评分、分级、预授信等，在乡风文明建设中增强农民信用意识、改善农村的金融生态环境，不断提高金融服务的覆盖率和可得性，助推普惠金融业务发展。

形成多渠道联络机制。该行与农业农村局、乡村振兴工作专班等政府单位及中国人民银行等单位建立常态化工作联络机制，定期交流、互通信息，引导全行切实做好普惠金融服务乡村振兴工作。

充分发挥“信用村”基层党组织的关键作用，践行“人人可贷”的理念，推动普惠金融业务发展。

建立“三信”循环体系。结合基础信息、家庭财务状况、乡风文明评价等综合指标信息，对结对村农户进行分类评级，建立“信息、信用、信贷”的循环体系。截至2022年年末，累计为455户发放信用贷款4 164万元。

推进名单制授信。天长民生村镇银行联合当地农业农村局向水稻种植、芡实种植、渔业养殖、稻虾混养等特色农业的经营主体开展名单制授信。截至2022年年末，该行共为303户发放水稻种植贷款3 120万元，为17户发放芡实种植贷款285万元，为25户发放渔业养殖贷款353万元，为11户发放稻虾混养贷款135万元。

推动区域“整村授信”试点。该行依托铜城支行的物理网点优势，启动铜城镇乡村振兴暨“整村授信”项目，在铜城镇23个社区（村）完成建档立卡2 600余户，在此基础上搜集、跟踪、对接农户增收致富过程中的资金需求。截至2022年年末，已为124户发放贷款合计1 427万元。

自2021年6月以来，高邮湖天长水域启动退捕工作，“以船为家”的渔民积极响应政府“退渔还湖”的号召，上岸安家，开始新的生活。“当了几十年渔民，对水产养殖情有独钟，还是干养殖老本行吧！”湖边村村民刘先生感叹道。一家人商量后决定上岸养殖螃蟹，将养殖场地从湖里转移到岸上，但承包水塘、购买蟹苗及饲料的资金投入却成了压在刘先生心头的大石头。天长民生村镇银行在“党建引领信用村建设”活动中了解到刘先生的情况后，主动上门对接，为其办理了10万元信用贷款，解了刘先生的燃眉之急和后顾之忧。

在湖边村、北荡村，这样的渔民还有很多，刘先生仅是一个缩影。“退捕”以来，天长民生村镇银行已累计支持“上岸渔民”86户，发放贷款资金近1 600万元。让渔民上岸有“桥”，致富有“门”。

建立“五个一”工作机制。一个共建目标，即天长民生村镇银行围绕村集体增收、农户金融服务获得率、乡风文明建设等制定具体的工作目标和举措。

一套金融服务方案，即该行根据“一村一品”的建设目标，有针对性地制定金融服务方案，开发个性化的金融服务活动和产品。

一个金融服务工作站，即该行在每一个共建村均挂牌设立村级金融服务工作站，用固定的地点、固定的时间、固定的团队，将现代金融服务阵地延伸到村级“最后一公里”。

一个金融服务团队，即该行在每一个共建村配备1 ~ 2名固定人员组成现场服务团队，各管理条线人员也分片包干组成服务支撑团队，在村委及各村民组内指定人员组织村级服务保障团队，各自发挥所长，共同为乡村振兴发力。

一个考核激励方案，即该行内部针对共建村各项活动制定详细的目标方案及成效目标，对内实行专项资源配置、专项考核激励，切实提高团队成员的积极性。

丰富普惠金融产品。该行根据农村现状、业态和经济发展特点，充分发挥村镇银行创新优势，上下联动，不断创新、丰富产品体系。

针对农民资产的特殊性，天长民生村镇银行积极参与农村改革试点，发放全国第一笔“两权”（即农村土地承包经营权和农村集体资产股权）抵押贷款，发放滁州市第一笔农村宅基地抵押贷款。

针对农业生产资金需求的及时性，该行与担保机构创新开展银担“见贷即保”合作新模式，极大地提高了服务效率。截至2022年年末，已为120户发放银担“总对总”担保贷款3 441万元。

针对农民创业的积极性，在天长市人力资源和社会保障局及财政局的支持下开发创业贴息贷款。截至2022年年末，约104户享受贴息政策，每年节约112万元利息。

针对农村产业的区域特色性，根据全市特色农业的分布，该行创立了“惠农通”服务品牌，在基本产品“信用户贷”的基础上创新推出系列特色产品，如“劝耕贷”“芡实贷”“稻虾贷”“水产贷”等，积极为农村发展提供金融服务支持。

一直以来，农村集体产权存在权属确认难、价值评估难、质押登记难等问题。为持续深化农村集体资产股份权能改革，进一步激活农村经济社会发展动力，该行发挥地方法人机构优势，积极参与农村改革试点，主动发力、精准施策，以“党建引领信用村建设”和“整村授信”为基础，引入“农村集体资产股权”及“农村宅基地”增信，同时优化作业模式，集中办理、提升效能，丰富农户融资渠道，为产业振兴提供资金保障。

“以前贷款要抵押物，要担保人，现在用村集体的股权作抵押，手续简单多了。”天长民生村镇银行首笔农村集体资产股权质押贷款客户熊某某如是说。农村集体资产股权质押贷款实现村集体“股权”转化为村民“现金”，农村集体产权的引进，进一步丰富了“整村授信”的产品体系，丰富了农户融资渠道，为农村发展、村民致富提供金融基础。截至2023年5月末，该行累计发放农村集体资产股权质押贷款19笔、金额146万元，发放农村宅基地抵押贷款13笔、金额97万元。

天长民生村镇银行充分利用省、市政府各平台，引入先进的管理系统，发挥民生银行科技力量，改善传统专业模式，提高工作效率，进一步提高农村金融服务质量。一是对接省信息平台提升服务效率。加入安徽省党建引领信用村建设信息平台，发布“惠农通·村集体贷”“惠农通·信用户贷”等线上产品。二是利用移动运营提升服务体验。为更好服务农村客群，同时为有效解决缺少物理网点的问题，该行提出全程上门服务的理念，利用移动运营设备，从与客户达成意向到合同签订以及最后的贷款投放，全程无需客户到网点办理。

天长民生村镇银行选派优秀年轻干部到铜城镇龙岗社区任党总支部第一书记、驻村工作队队长，深入基层一线支持乡村振兴各项工作的开展，吃住在村，想办法干实事并施展专业才识，为金融服务对接出谋划策，开发并投放针对当地特色农产品的“芡实贷”产品，有力支持地方经济发展，助力产业振兴、文化振兴。

王老板是天长市龙岗芡实专业合作社理事长，种植芡实近20年。近几年，随着农业科技发展，芡实品种得到改良，在合作社带领下，农户们逐渐转种名叫“光头强”的新芡实品种，该品种具有产量高、抗病强、易采收和加工等特点。合作社组织芡实种植户统一种植、统一施肥、统一加工、统一包装销售，全流程标准化、专业化、规范化，提高了经营收益，让大家得到了真正的实惠。但近两年肥料价格涨幅较大，之前预备的肥料购买资金不够，肥料资金缺口成了王老板惦记的大事。

2022年，在驻村干部的积极推荐下，该行的客户经理带着“芡实贷”产品来到合作社，帮助王老板解决融资难题。“信用贷款的利息比其他银行还低？用手机就能操作？还能随借随还？还款了就不用付利息了吧？”一连串的问题，在得到客户经理的肯定答复后，王老板放心了，当即办理贷款，第二天授信就下来了，王老板的心终于踏实了。

目前，天长民生村镇银行累计向龙岗芡实种植户发放特色贷款约1 000万元，助力龙岗社区的芡实种植面积超1万亩，带动周边就业超过2 000人，芡实加工和销售的年产值近1.5亿元，龙岗芡实还被评为国家地理标志保护产品。

奋楫扬帆行致远，勇立潮头谱新篇。该行将踔厉奋发、勇毅前行，进一步深耕普惠金融服务乡村振兴之路，因地制宜、开拓创新，持续提升普惠金融服务乡村振兴能力。

天台民生村镇银行

金融工作感悟

天台民生村镇银行党总支书记、董事长　王芳

“支农支小支实体”是村镇银行的立身之本。村镇银行体量小、资金实力弱，要在激烈的市场竞争、同质化竞争、大打价格战背景下找到一条适合自身发展的路径，获得当地客户认可，坚守定位，坚持本土化、差异化、特色化经营是必然选择。

天台民生村镇银行经过11年摸索磨炼，总结出了一套符合自身发展的支农强农工作模式，就是始终坚持“一个引领、三个背靠”。“一个引领”就是以党建引领经营管理。“三个背靠”，一是背靠发起行，充分借助主发起行的系统、技术、团队等资源提升自身竞争力；二是背靠股东，充分利用好股东资源提升自身影响力，天台民生村镇银行的中小股东多为当地优质企业、行业龙头企业，资源丰富，近年来我们充分挖掘股东企业上下游产业链业务合作机会，积极探索、实践金融支农强农新路径，实现利益最大化；三是背靠当地政府，注重加强与当地政府的沟通联系，主动融入当地经济发展，用活、用好当地金融、农业、财税政策等，顺势而为、借势发展，提升自身实力。

在此基础上，我们开展千村万户大走访、大调研活动，从区域内经济环境、行业成熟度、客户群结构等多角度出发，构建和完善符合当地产业特色和金融需求的经营模式，充分发挥独立法人金融机构决策链条短、市场反应快、“船小好调头”的优势，以定制化的“产品+服务”双轮驱动模式，锁定目标客群、推出特色产品、改善业务流程、提供优质服务，让金融服务既有“泥土味”，更有“烟火味”，努力将服务做到当地农户、小微企业的心坎上。

“普”出县域共赢 “惠”及三方利益 拓展金融服务新维度

佛宗道源，山水神秀，守着天台山的天台县总让人觉得气定神闲。天台民生村镇银行坐落在这样一个钟灵毓秀的县城，守着“支农支小支实体”的创行初心，服务众多朴实勤劳的农户。截至2023年上半年，天台民生村镇银行贷款余额11亿元，涉农贷款10亿元，让“做一家有责任、有温度的银行”从一句承诺变成了现实。

近年来，天台民生村镇银行围绕“做微，做小，做基础客户群”的发展规划，依托浙江和盈畜牧科技有限公司（简称和盈畜牧）平台优势，重点支持企业下游养殖户，为合作社养鸡户搭建鸡棚、支付保证金等经营活动提供金融资金支持，加强和企业、农户的沟通交流，积极促成批量授信工作，以解决养殖户融资需求为起点，进一步支持企业做大做强，形成规模化、产业化养殖，进而降低养殖风险，促进三方共赢。

银行、企业、养殖户三方合作、共同成长的发展之路要从企业下游的养殖户说起。陈荣华是和盈畜牧下游合作社中的一个养殖户，也是天台民生村镇银行探索金融支农新路，与和盈畜牧开展合作支持的首批客户。陈荣华在和盈畜牧经营肉鸡养殖已有5年，属经营成效较好的一批，近年来想要在原有养殖基础上扩大规模，经过前期考察，选址在有合法批复、地理位置较好的白鹤镇三茅科村，此处坐北朝南，冬暖夏凉，通风较好，在天台民生村镇银行的资金支持下，陈荣华如愿在这里搭建了2个鸡棚。天台民生村镇银行为和盈畜牧合作项目配备了“共富贷”专项资金2 000万元，通过批量授信、给予特殊优惠利率给予精准支持，并开通绿色审批通道、简化办贷流程，为养殖户提供金融便利。考虑到鸡棚一般地处偏远村庄，天台民生村镇银行利用移动终端提供上门开卡等服务，同时利用“银担联动”政策为养殖户解决担保难问题。为节约养殖户融资成本，该行提供“民生e贷”产品，一次授信、自助放款，以随借随还的方式满足养殖户的用款需求，现已为15户养鸡户发放“共富贷”325万元。

与陈荣华合作的和盈畜牧是一家采用“公司+合作社+农户”运作模式，“产供销”一体化的现代化畜禽养殖企业。公司承担产业链中技术难度较高、资金需求量较大的种苗、饲料、药物、疫苗研发与生产及市场开发等环节，即“统一鸡苗、统一饲料、统一饲养标准、统一兽药疫苗、统一肉鸡产品保价回收”，并负责搭建技术、管理、市场等各种平台。在企业的规划和自我定位中不难看出，推进实现产业化、降低风险、提高生产率是企业未来最大的目标，而在肉鸡产业链中承担饲养管理环节的农户可谓是相当重要的一环。该企业天台分公司负责人表示，天台分公司2024年的目标是年上市1 500万只鸡，2023年是800多万只，成长空间还是很大的，为了达到这一目标，目前最主要的项目是改造旧鸡棚，因为数字化程度不高导致的低成活率是目前制约发展的最主要原因。2023年，企业需要推动发展进入“快车道”，这就要求养殖户跟上企业的脚步，但智能化鸡棚的投入对当地养殖户而言，已然超出了目前的承受能力，凭养殖户自己筹措是筹不到那么多钱的。企业的发展依赖于每一个养殖户，资金问题不解决，谁都无法发展。

对于日后的合作，天台民生村镇银行提出供应链金融的思路。企业的鸡棚升级计划涉及大量情况相似的农户，因此符合批量授信的条件。企业出面给下游的养殖户进行担保，银行以此为依据推进批量授信，企业再以反担保的方式约束贷款农户的资金行为以降低企业的风险。比如改造一个鸡棚需要100万元，企业负担一部分，剩下部分的养殖户可以在企业的担保下找银行进行贷款，企业与农户签订反担保协议，假设养殖户1年的净利润是30万元，就要拿出20万元还给银行。村镇银行客户经理坦言，银行直接对接农户确实有难度，农户担保难是一方面，其发展到一定程度，银行给的额度不能满足他们的实际需求是另一方面，而此项目中，村镇银行可以通过批量贷款的方式给出合适的额度，利率也更低，同时银行决策链短的优势可以发挥出来，项目推进的效率也会大大提升，因此目前重点推进“银行＋企业＋农户”的模式。农业生产的特殊性决定了几乎任何金融思路用在农业产业上的风险都会比用在其他行业大一些，比如银行和农户间还是存在信息差和不对称的问题，无法得到农户生产经营的真实数据，银行就无法给出最准确的评估和进行授信。此项目的可行性在于可以比较好地解决信息差的问题。产业化运营、智能化养殖的趋势可以有效降低养殖风险，在养殖户拥有恒温恒湿、可以自动喂料喂水的鸡棚，企业可以随时掌握养殖户鸡棚的具体情况，并有专人随时跟进解决技术问题的情况下，传统养殖面临的很多风险都可以得到控制，能有效降低损失。在三方合作中，企业除了可以把控经营情况，还可以更好地向银行提供养殖户的生产情况，以此帮助银行解决信息不对称的问题，银行据此为企业和养殖户做好资金服务，养殖户只要心无旁骛地做好养殖工作就可以了，可谓三方共赢。

之前天台民生村镇银行也跟企业提过这个方案，但企业对给养殖户进行担保总有顾虑，该行考虑到企业的情况后提出了反担保方案，打消了企业的顾虑，企业负责人坦言：“农户也要出一些，一点都不出我们心里也没底。”他表示这也是一种体现农户意愿和决心的方式。在反担保情况下，鸡棚的所有权在贷款还清前都归企业所有，一家养殖户放弃经营时，鸡棚可以马上转手给另一家，或干脆由企业自己经营，基本不会对企业造成影响。企业负责人表示，目前合作的99%的农户都有诚心和能力做好养殖，不存在不好养的现象，只存在个别养不好的农户，如何减少甚至消除这种情况也是企业目前要解决的问题，所以提高技术水平、推进智能化养殖刻不容缓，而高质高效地实现这一切离不开村镇银行的大力支持。农村供应链金融发展最怕拔苗助长，超出农民承受范围不但伤农，还会危及整个供应链条，所以企业和天台民生村镇银行在计划中会立足真实、具体的数据，根据不同规模的养殖户一年的利润作出合理预判，进而制定相匹配的还款计划，让稳步增长的不只是企业的交易额，还有每一户养殖户的年利润。该企业疫情防控期间盈利不足，但没少过农户一分钱，这也是村镇银行愿意积极沟通、帮助企业发展的一个重要原因。村镇银行客户经理表示，就天台县而言，农业项目的发展空间还是很大的，再加上国家重视、政策支持，发展的前景越来越好。

为适应市场需求，进一步贯彻落实金融服务乡村振兴决策部署，更好地抢抓乡村发展机遇、拓展农村金融业务，天台民生村镇银行除了推出“村贷通”“共富贷”等一系列信贷产品外，还落实了一系列举措，如推进“党建＋金融”模式，根据党支部牵头制

定的“整村授信”计划，与各村居的党支部确立共建关系，重点发展“红色信贷岗”，树立榜样作用，确定有效村居联系人，发挥以一带多和宣传作用，确定每个村居的主办客户经理，明确驻村信贷员主要工作职责，做好与村干部、村民的联动和交流，形成驻村习惯，确定至少一个村居联络员、一个固定的办公地点，提高村居化营销服务水平，按照普惠金融服务要求，深入开展村居业务，逐步健全“整村授信”模式；建立长效伙伴机制，明确“伙伴银行”主要工作职责和设立要求，根据“一调研、二定点、三铺面、四跟进、五评估”的“五步法”标准流程和关键动作，明确批量项目操作流程，明确伙伴村居区域准入要求和信贷要素，定期跟进，各业务机构灵活开展适合当地产业和村居特色的批量营销工作；大力推广“整村授信”模式，在原有村居中选取1～2个村居作为成功典型案例进行提炼和推广，促进探索村居批量获客模式，常态化开展村居营销工作。同时，逐步做好农户建档工作，建立内部管理机制，以“整村授信”“信用户评定”为切入点，做好进村入户、批量化采集工作，发挥主动性和创新性，做到“乡不漏村、村不漏户，户不漏人”，精确采集基层信息，重点调研农户信用情况、银行交易情况、经营行业情况和融资需求信息等，一户一档建立农户信息库，逐步实现电子化、系统化、自动化。目前，天台民生村镇银行伙伴村居共立项77个，为301户发放贷款7 745万元。下一阶段，天台民生村镇银行将通过与村居建立共建关系，逐步实现伙伴村居批量建档、批量授信，持续提高该行在县域内村居的金融支持覆盖面；加大农业产业链项目的批量开发力度，一方面依托农业重点企业及上下游客户，助推农户就业创业，另一方面结合共同富裕工作要求，积极对接“共富工坊”，以实际行动支持农业客户，扩大农户经营，实现共同富裕。

上虞富民村镇银行

金融工作感悟

上虞富民村镇银行董事长　陈建锋

自1986年从事农村金融工作以来，我始终不断学习、思考和实践，我认为村镇银行作为我国金融体系中的“毛细血管”，位处乡村振兴第一线，必然是金融助力乡村振兴的重要力量。

村镇银行设立的初衷就是围绕“三农”和小微企业的需求，为其提供产品和服务，努力缓解金融服务薄弱领域的融资难、融资贵的问题。因此，以满足人民日益增长的美好生活需要为导向，以支持农业供给侧结构性改革为抓手，上虞富民村镇银行不断创新乡村振兴产品体系，丰富支持乡村振兴的内涵，提升服务乡村振兴的质效。紧紧围绕乡村振兴大局，坚持以客户为中心、以需求为导向，为创业初期和创业发展阶段的农户和小微企业量身打造“富民·创业贷”“富民·丰收小额贷”等特色贷款产品。

“支农支小”是村镇银行的使命所在，是主责主业，更是优势所在。纵观我国村镇银行17年的发展历史，坚持“服务‘三农’、服务微小”的市场定位，为每一个普惠客户提供方便快捷的服务，以普惠信贷产品支持小微企业，不断提升普惠金融服务质效，才是村镇银行可持续发展之正道。

党的二十大为村镇银行吹响了开启新征程的雄壮号角，我坚信，在全面号召农业强国的今天，立足乡村振兴的新起点，村镇银行将愈发有为。在助力乡村振兴的道路上，上虞富民村镇银将始终坚持以服务“三农”和小微企业为宗旨，立足客户需求，不忘初心，大力推进具有现代特征和自身特色的精品银行建设，着力打造区域内“机制活、产品惠、渠道广、流程简”的银行业优秀金融机构，努力做好普惠金融服务工作，积极为助力当地乡村振兴贡献金融力量。

金融支持乡村振兴
普惠产品助力“三农”发展

“上虞人自己的银行”是浙江省绍兴市上虞区广大农民朋友和小微企业对上虞富民村镇银行的真实评价。上虞富民村镇银行成立于2014年，是浙江温州鹿城农村商业银行作为主发起行，在上虞发起设立的新型农村金融机构，也是目前上虞区两家法人银行之一。上虞富民村镇银行始终秉承“融合致远，富源万家”的企业文化理念，坚持立足当地、扎根村镇，服务“三农”、支持社区，为小微企业提供全方位的金融服务，助力乡村振兴，打通金融服务的“最后一公里”。

基于对地方普惠金融的贡献，该行被绍兴市人民政府评为“服务‘三农’发展优秀集体”，被上虞区政府授予“2019年度发展贡献奖”“2019年度金融创新支持经济发展优胜单位”“2021年度金融支持经济发展考评一等奖”等荣誉。9年来，上虞富民村镇银行累计投放各类贷款达131.3亿元，其中涉农贷款近110.77亿元，惠及农户和小微企业13 666户。截至2022年年末，上虞富民村镇银行涉农贷款18.83亿元，较年初增加1.45亿元。

护航“创业新力量”，助推创业新高度。李建伟是一位资深虾农，2023年他与其他虾农一起成立了渔业公司，养殖规模逐步扩大到220亩。2023年年初，正是抢抓虾苗投放的关键时节，他却遇到了资金难题。一筹莫展之际，脑海中突然闪现上虞富民村镇银行沥海支行的身影。原来，上虞富民村镇银行近几年大力开展乡村振兴金融助农服务业务，经常深入田间地头进行政策宣讲、数据采集、授信等。过去，因为自己的虾场养殖规模小，资金方面基本没有缺口，所以李建伟一直没在意。现在遇到了这样的燃眉之急，他抱着试试看的心态赶紧主动通过微信联系上了上虞富民村镇银行沥海支行的客户经理。客户经理了解到李建伟的情况后就迅速赶了过去，热情地向他详细介绍了相关的金融产品和业务。“就提供这些材料，贷款能不能批下来？即使批下来，能批多少？”从没有和上虞富民村镇银行合作过的李建伟带着焦虑和怀疑向客户经理提供了养殖场的基础资料，不到1天，30万元“助业贷”就到账了，李建伟心中悬着的石头也彻底落了地。看着手机银行上显示的额度，李建伟激动地拨通了客户经理的电话：“上虞富民村镇银行的产品和服务太棒了，真是太感谢你了！”在真切感受过上虞富民村镇银行优质便捷的贷款服务后，李建伟开始主动当起宣传员，经常介绍周边的朋友和养殖户到上虞富民村镇银行进行咨询和贷款，从而点燃了周边百余户养殖户的创业热情，助推当地水产养殖业健康发展和持续壮大。

助力“致富带头人”，共推新农村发展。徐敢是浙江省绍兴市上虞区下管镇振新村的致富能手，在2018年就已经是村里小有名气的家禽养殖能手了，近几年来，他通过努力专研和经验积累，更是成了全镇有名的“养殖专家”。下管镇是上虞区的旅游发展重点乡镇，2023年以来，该镇农村休闲旅游逐渐兴旺，辖区内农家乐和酒店的鸡、鸭等

家禽消费需求急剧增加，一度处于供不应求的状态。徐敢对自己的养殖技术充满信心，非常想抓住发展的大好机遇成立家禽经营部，转变以往重养殖、轻销售渠道的模式，并扩大经营规模，但苦于自身条件的限制，一直无法融到足够的资金。2021年，上虞富民村镇银行为更好地助推新农村建设，推出了“致富带头人”贷款产品，并在区内各村进行走访宣传。客户经理在振新村村“两委”的座谈工作中了解到村民徐敢的困境后，马上主动上门进行核实采信，很快就为他办理了首笔30万元贷款，在2023年又追加贷款20万元，大力支持其家禽经营部做大做强。2023年，徐敢的家禽经营部已经发展成当地一家知名的集家禽养殖、加工和销售于一体的家禽养殖企业，年养殖2万多只家禽，主要供应周边乡镇的农贸市场、农家乐和酒店等，年产值在300万元左右，年利润近40万元。上虞富民村镇银行的金融持续助力不仅帮助徐敢扩大了生产规模、提高了经营效益，同时大大促进了下管镇乡村旅游业的振兴发展，把新农村发展推向了一个新高度。

聚力“兴农人”，“贷”动共同致富。“小康不小康，关键看老乡”，实施乡村振兴，农民是主体，农民生活富裕是根本。上虞富民村镇银行围绕这一中心，聚焦农民富裕富足，全力做好农民身边的“金融贴心人”。

绍兴市卫良牧业有限公司是一家集种猪育种、生猪养殖、生猪屠宰、经营销售于一体的现代化畜牧业民营企业。近年来，公司负责人任卫良将“企业+农户”“合伙经营+二次分红”等多种生产经营模式相结合，大力发展起集餐饮、住宿、休闲于一体的农家乐。2022年年底，受诸多因素影响，任卫良正在为缺乏采购饲料的资金犯愁时，上虞富民村镇银行得知了消息，主动对接，第一时间上门调查，为其快速投放“助业贷”50万元，解了燃眉之急。如今，先富起来的任卫良没有忘记还在致富路上的乡邻们，带动周边农户发展葡萄种植达400余亩，直接带动30余人长期就业，间接带动300余户农村家庭致富。

上虞富民村镇银行自2019年推出“富民·创业贷”和“致富带头人”等贷款产品至今，已累计发放8.84亿元，惠及农户和小微企业1 230户。

上虞富民村镇银行深入推进以党建为引领，以“整村推进，整村授信”为依托，以“信用户、信用村、信用乡镇”评定为抓手的农村信用工程，加强与当地乡镇、村委的合作互动，以村为单位，以农户和新型农业经营主体等为对象开展整村建档评级授信工作，大力弘扬诚信文化，引导农户重信守信，发挥金融引导乡风文明的作用，合力打造更加诚信、和谐的农村金融生态环境。

上虞富民村镇银行全体员工发扬“背包精神”，连续10年开展扫村、扫街、扫户、扫园“四扫”服务，常态化举办“金融知识进万村”等活动，“5+2”“白+黑”，努力为广大农户宣讲金融知识，同时把更多金融资源配置到农民，低收入群体和老年人、残疾人等特殊群体，让所有群体都能享受符合自身需求的金融服务。目前，该行员工已累计走访村居300余个，走访农户24 000余户。

上虞区崧厦街道祝温村是“全国民主法治示范村”“全国文明村镇”“全国乡村治理示范村”“全国第一批绿色村庄”“全国妇联基层组织示范村”，村党总支部被评为“全国先进基层党组织”。上虞富民村镇银行为祝温村全村村民进行授信，同时签订“党建共建推动乡村振兴”协议书，能够更好地为辖区企业、群众提供更加精准的金融服务，实现互融互促、双向共赢，最大限度地发挥金融机构主体责任。

该村党总支书记胡树君一开始并不熟悉上虞富民村镇银行，前几年，在该行员工一次次主动上门宣传过程中逐渐了解、认可、接受了这家银行。他说：“上虞富民村镇银行是一家值得百姓信任的银行。”所以，现在祝温村的村集体资金也存在上虞富民村镇银行。同时，他还以身说法，积极帮助该行向村民宣传，该行的工作人员也经常到村里为村民提供便捷、周到的金融服务，如今，祝温村已实现“整村授信”，村里的老百姓都非常信任上虞富民村镇银行，在有资金需求的情况下，都会及时主动联系该行客户经理，也都能在第一时间享受到该行提供的满意服务。上虞富民村镇银行为祝温村村民致富和村集体的发展提供了坚强的资金保障，已累计签订银村合作协议100余份。

在助力乡村振兴的道路上，上虞富民村镇银行以坚持服务“三农”和小微企业为宗旨，立足客户需求，不忘初心，大力推进具有现代特征和自身特色的精品银行建设，着力打造区域内“机制活、产品惠、渠道广、流程简”的银行业优秀金融机构，努力做好普惠金融服务工作，积极为当地乡村振兴贡献金融力量。

东阳富民村镇银行

金融工作感悟

东阳富民村镇银行董事长　黄强

在长时间扎根基层的工作中，我注意到，东阳有108.8万常住人口，目前登记注册的经营主体超过13万户，也就是每8个人中就有1个创业者，而且其中个体工商户超9万户；2021年新设经营主体3.2万户，其中新设企业0.8万户，新设个体工商户2.4万户，充分说明东阳经济有活力，而且有巨大潜力，东阳人民有巨大的创业创新热情。把东阳富民村镇银行打造成具有自身特色的精品社区银行一直是我的目标和方向。我行始终坚持“支农支小”的市场定位，不断推动经营重心下沉，构建产品标准化、流程简化、服务线上化、营销网格化、队伍专业化的经营模式，不断提升服务水平，集中优势资源为“三农”和小微企业等客户群体提供特色金融服务。体现在服务上，就是引导客户经理真正扎根社区，坚持开展“普惠大走访”活动，通过扫街扫楼、上门服务，深入田间地头、企业车间和市场一线，调查了解市场基础信息和客户金融需求，不断推进精准服务。体现在产品设计上，就是围绕小微客户难以提供抵押物的痛点，加快发展信用类小贷产品，聚焦客户的经营能力、人品，更加注重第一还款来源，经过几年的努力，从开业初期的“富民小微贷”“富民安居贷”产品，到现在的“信义快贷”“助业贷”“税源贷”等产品，根据不同客户的特点，逐步形成了较为完善的信用类产品体系，简化手续，提高效率。截至2023年4月末，我行信用类贷款余额、客户数分别占全部贷款规模和客户数的54.7%、87.4%，也就是目前大部分客户在我行都有信用贷款。

立足特色产业、重点群体让普惠金融“遍地开花”

东阳富民村镇银行于2014年5月26日正式开业，走过了极不平凡的9年，9年间，在当地政府和中国人民银行等监管部门的支持和指导下始终立足金融服务，勇担社会责任。作为基层金融企业，该行坚持立足本地，以金融普惠为工作重点，不断深化“做小、做广、做精”的战略定位，扎实推进乡村振兴工作，切实加大“三农”贷款投放力度，倾情帮助解决“三农”实际问题，为当地经济发展作出积极贡献。

红木产业作为东阳的一张“金名片”，在东阳市政府的一系列优惠政策扶持下，产业迅速发展，红木品牌如雨后春笋般涌现，现已形成横店镇、南马镇两大木雕红木产业基地和中国木雕城、东阳红木家具市场两大交易市场，成了东阳经济的一张名片。

洪伟是一个年轻的小伙子，精明、干练，虽年纪轻轻，但已在商海打拼多年。2014年，洪伟进入红木家具行业，抓住电商崛起的契机，为众多红木家具电商企业供货，除了他自己的工厂经营生产，还有十几家当地企业为他提供代工和配套服务。2022年，他的公司年销售额达7 000万元。洪伟于2010年开始接触互联网，多年的经验让他发现互联网是未来发展趋势，在创业过程中总结出互联网做得再好也离不开供货系统的经验，喜欢看书、思考的他从一些知名公司“全产品、全服务”的模式中获得灵感，想把企业做大到让大部分电商、经销商在东阳都和他的企业对接，同时又不影响中间商的采购价，做大体量后可以使成本自然下降。他表示做红木家具最大的成本在库存，风险主要集中在木工和开料上，开料会产生消耗，不同经验、不同手法的开料人会产生不同的消耗。主要的压力来自时间成本，一件家具成型大概要大半年，家具不是刚需，如果销售渠道打不开，就会转化成库存，进而增加各方面的成本。这两年红木的价格整体下降，但近6年，他的公司一直在给各大电商供货，他的理念是他能做得了B端，以后就一定能做得了C端。公司的电商业务已经起步，抖音、淘宝、拼多多等多平台的准备工作都在持续推进。但红木行业的利润低，在洪伟信心满满突破C端的进程中，是东阳富民村镇银行始终陪伴在他身边，为他雄心勃勃的发展之路再添动力。

红木家具企业多受红木材质特性和生产经营周期的制约，面临所需流动资金大、成本高的问题，一部分企业还因规模较小，销售受新冠疫情影响，面临流动资金不足和融资难的问题。东阳富民村镇银行了解到相关红木企业的需求后，第一时间进行对接，开展各项工作，结合相关红木企业当前的经营状况、负债等综合情况，灵活设计贷款产品，为红木企业融资拓宽了渠道，让红木企业“沉睡的资产”变成“活资金”。东阳富民村镇银行通过模式创新，让更多信贷资金被精准投放给红木家具小微企业。东阳有很多集红木家具生产、销售于一体的小微企业，由于土地、厂房等不动产抵押物不足，无法从银行贷到更多资金，融资难一直是制约红木产业发展的主要瓶颈。不少企业存放

有花梨、紫檀、酸枝等名贵红木，却因无处抵押而成为“沉睡的资产”。东阳富民村镇银行把这些经营规模偏小、占有不动产等社会资源少的中小企业的资源“拢”到一起，对木材及家具进行合理估值后为这些企业提供贷款服务，让金融“及时雨”助推红木特色产业发展跑出“加速度”。目前，东阳富民村镇银行已服务当地红木企业994户，发放贷款4.24亿元。

红木产业并非东阳市唯一的特色产业，也不是东阳富民村镇银行唯一重点扶持的产业。张轩在东阳经营一家磁钢厂，工厂雇用了十几个工人，年产值达2 000万元。张轩说，这个行业的原材料需要用现金购买，但下游的客户一般需要3个月的账期，这让他时常面临资金紧张难题。他选择合作伙伴，最看重的不是多一个点、两个点的利益，而是服务要好，东阳富民村镇银行的服务实在又贴心，他们这些年合作得很愉快。东阳富民村镇银行利用微贷技术准确分析小微企业的准入关，不仅给予客户经理足够的底气和信心去走访企业，更为那些踏踏实实经营的小微企业送去了金融支持。多承担社会责任也是时代赋予银行业的使命。锦上添花不如雪中送炭，冰冷的钱币经过富民人的手也变得有了温度。

除了聚焦特色产业，东阳富民村镇银行还会关注重点群体，用开拓性的眼光去发现不同群体的潜能和需求，以普惠之心呵护每一颗努力奋进的心。东阳市巍山镇旺财家庭农场主要种植茶花和培育香榧苗。据经营主徐某介绍，她从事茶花种植5年多，早年一直在南京做服装批发、零售，由于受电商挤压，实体店的生意持续下滑，便决定带着资金回到家乡创业。农民出身的她首先想到的就是利用土地资源进行二次创业，于是在巍山镇某村承包了近10亩的土地种植茶花。但是徐某经营的茶花基地规模小，茶花又因缺乏技术支持而生长滞缓，这让她几乎失去了信心，准备放弃创业回南京从事老本行。东阳富民村镇银行了解到情况后，带着农业技术推广站的技术人员帮她寻找茶花生长滞缓的原因，对基地的土壤、水源灌溉、肥料、植株间距等进行详细调查，发现主要是受日照时间和土壤的影响，建议她采用苗木进行遮阳处理即可。东阳富民村镇银行随即对徐某信用授信10万元用于采购、安装基地遮阳设施。经过3个月持续观察，她的茶花苗生长情况明显改善。看到这一切，徐某对自己的茶花基地又有了信心，于是扩大了承包规模，承了周包边近40亩土地，除了种植茶花外，还培育香榧苗。

东阳富民村镇银行始终坚持服务“三农”和中小微企业，持续加大涉农信贷支持力度，贷款投放逐步上升，在自身业务实现持续、稳健发展的同时，不断加大对地方经济和财政的贡献，9年来累计纳税13 102万元。同时，为提升普惠金融工作覆盖面，该行始终加强与政府部门、乡镇街道、村居社区互动，持续开展并深化信用村居建设，同时紧紧围绕市委、市政府经济发展战略，立足“支农支小”，进一步强化金融保障，增强信贷供给。该行还推动网格营销优化服务，引导客户经理真正扎根社区，对支行网点和客户经理实行“分区包片制”，并借鉴学习主发起行——浙江温州鹿城农村商业银行的优秀经验，统一员工思想，优化网格营销模式和考核机制，推动客户经理深入田间地头、企业车间和市场一线，开展“普惠大走访”、上门服务，收集掌握客户基础信息和金融需求，践行“以辛苦指数换幸福指数”，提升精准营销和服务能力，截至2023年3月末，涉农贷款21.15亿元，占全部贷款余额的95.71%。

东阳富民村镇银行不断完善面向“三农”、社区居民、小微企业的产品体系，争取主发起行支持，加强科技研发，借助“丰收互联”手机银行系统、微信业务平台，加快存款产品、贷款产品线上化、标准化、数字化；推进信贷结构优化，加大信用贷款投放力度，不断简化流程、提高效率；持续深耕社区，推进普惠授信模式全流程线上化，努力扩大服务覆盖面，提升客户获得感；灵活运用“支农支小”再贷款等专项金融工具，降低小微企业融资成本；持续深化“最多跑一次”改革，在市政府“无证明城市”改革的基础上优化业务办理流程，让“数据多跑路、客户少跑路”，争取早日全面实现“一次都不跑”，打造阳光普惠、便捷普惠。

除此之外，东阳富民村镇银行还积极发挥党建引领的作用，聚力强“根”铸“魂”，于2021年11月正式成立中共东阳富民村镇银行总支部，逐步规范化开展党建工作，2022年坚持党建工作与业务经营管理同谋划、同部署，推动“党建入章”，落实“应建尽建”，把加强党的全面领导融入企业管理、公司发展全过程，做到增强“四个意识”，坚定“四个自信”，做到“两个维护”，提升“把方向，谋大局，保落实”的能力和定力，以党建引领各项业务开展。同时，东阳富民村镇银行始终主动组织参与并积极配合中国人民银行、公安机关等部门开展公益类金融知识宣传，重点宣传防范电信网络诈骗以及反洗钱、远离非法集资、确保网络安全等涉及百姓生活和财产安全的知识，在当地营造了良好的金融宣传氛围。2020年新冠疫情防控期间，行领导率先垂范慰问在前线防疫抗疫的街道办事处工作人员，捐赠了日常所需生活物品等物资，全行上下发扬不畏艰难、风雨无阻的精神，坚持为客户提供便捷、高效的金融服务，真正做到想客户之所想、急客户之所急，助力普惠金融温暖千家万户，为乡村振兴贡献力量，塑造了企业负责任、有担当的良好社会形象。

东阳富民村镇银行将始终不忘服务“三农”的初心，牢记扎根乡村使命，紧扣“乡村振兴、共同富裕”两大主题，围绕地方特色产业和新业态，以贴心的服务、滴水穿石的精神，扎实推进普惠授信建档工作，助推农村信用体系建设，做实“支农支小”文章，努力成为践行普惠、深耕“三农”的有温度的银行，为实现东阳的乡村振兴贡献力量。

抚松榆银村镇银行

金融工作感悟

抚松榆银村镇银行董事长　高照东

“国家要复兴，乡村必振兴；乡村要振兴，金融必先行。”

“核心价值观——创造比利润更高价值的银行。”

以上两句话是抚松榆银村镇银行的发起行——吉林榆树农村商业银行李国英董事长所言，是榆银人所学、所悟。抚松榆银村镇银行围绕这两个核心要义，在吉林榆树农村商业银行的赋能引领下，走在零售数字化转型的路上，立足地域，“支农支小”，悉心探索，一直向前，在1年多内历经转型之变。

一是客户之变。有效客户增长1 230户，实现了从做业务到做客户的初步转变，收获了客户对服务、效率、体验感、获得感的认可和评价。

二是结构之变。信贷户均额度25万元，从公司类业务规模占比较大，到目前的数字化零售信贷占比33%，在1年多内实现了结构的优化。

三是量面之变。“榆快金融·驿站”的设立，为当地农户提供基础金融服务，有效实现区域和服务延伸。“三年零售攻坚，五年小而美”战略实施以来，零售数字化信贷规模净增长1.41亿元，业务触达全区域，实现了农村金融服务增量和扩面的双重效果。

四是形象之变。让贷款像存款一样简单，你有多急，我有多快！产品体验和效率的提升，使榆银品牌和榆快金融产品在区域内快速传播。“温度银行”“速度银行”的品牌形象得到广大客户的一致认可和好评。

五是信心之变。吉林榆树农村商业银行以管好、放活、赋能、共享“八字方针”，引领抚松榆银村镇银行零售数字化转型，增强了发展动能，提升了金融助农的信心和决心。抚松榆银村镇银行将在零售数字化转型的道路上，坚守初心，坚定信念，继续谱写金融助力乡村振兴战略新的篇章。

金融普惠实体经济　助力“参乡”强农惠农

巍峨长白山，大美抚松城！2014年，由白山松水孕育而来的抚松榆银村镇银行正式挂牌成立。现有营业网点两家，金融驿站两个，企业员工48人。九载耕耘，栉风沐雨，抚松榆银村镇银行始终坚持以建设“温度银行”“速度银行”“抚松人自己的榆快银行”为目标。按照发起行吉林榆树农村商业银行的战略部署，2021—2025年，以“科技化赋能、数字化驱动，打造数字化银行”为基础，实现“小而美”银行目标愿景。围绕“乡村振兴、服务实体”布局发展战略，改进“三农”“小微”金融服务模式，做好党建与普惠金融协同发展工作，充分发挥村镇银行“服务‘三农’、支持小微”金融主力军作用，进一步提升村镇银行支持地方金融服务水平，提高乡村振兴和实体经济服务能力，持续创新金融支农产品、服务和模式，坚持满足涉农企业、专业农场、农民合作社等新型农业经营主体的金融需求，全力推进农村实体经济发展和乡村振兴。抚松榆银村镇银行成立以来累计发放贷款16.81亿元，截至2023年6月末，累计为“三农”、小微企业发放助农贷款13.03亿元，同比增加3.66亿元。各项贷款4.28亿元，其中榆快金融线上贷款产品贷款用信1 116户、用信金额1.39亿元，户均用信12.46万元，用信率73.71%，占各项贷款余额32.48%。

抚松县是著名的“中国人参之乡”“中国蓝莓之乡”“中国椴树蜜之乡”“中国矿泉城”。为帮助抚松县盘活这些优质资源，拓宽销售渠道，切实提高农民收入。近年来，抚松榆银村镇银行紧紧围绕白山市委“一山两江”品牌战略部署和抚松县委打造高质量“两山”理论实践创新的“抚松样板”决策部署，立足县域发展，坚持服务“三农”，拓展服务领域，创新信贷产品，不断提升抚松榆银村镇银行的行业内知名度和客户满意度。抚松榆银村镇银行坚持创新金融支农产品、服务和模式，为全县创业农户提供贴心的金融服务，用金融“活水”“贷”动乡村产业共富。在发起行吉林榆树农村商业银行“三年零售攻坚、五年小而美”零售数字化转型战略引领和科技赋能下，抚松榆银村镇银行紧贴抚松发展特点和客户多元化的金融需求，为农户、新型农业经营主体、社区、小微企业等客群提供具有“快简足优好+八随五秒”(速度快、手续简、额度足、利率优、服务好，随用随贷、随有随还、随时随地、随心随意，秒申、秒批、秒签、秒贷、秒还）特点的多款数字化、全线上、纯信用的支农惠农“榆农快贷”信贷产品，深得广大客户的青睐，不断擦亮抚松榆银金融品牌。同时，抚松榆银村镇银行举全行之力开展“三体结合，一体推动”，以“两服务、四走进，开展四送、做好四员”“党建+金融”和网格化营销为载体，通过实地走访和主动上门服务，不断将最适合的金融产品推介给农企、农民。截至2023年6月末，共发放农户贷款10 435笔，累计发放金额8.62亿元，为地方农业农村发展注入了金融“活水”。抚松榆银村镇银行始终坚持践行金融普惠理念，改善地方信用环境和金融环境，积极发挥“榆快金融·驿站”作用，努力实现农村金融服务的有效延伸，“零距离”客户服务。

家庭农场主安丰华主要从事人参种植和养殖二代野猪。2022年，安丰华急需资金购买参籽及草料，在一筹莫展之际，抚松榆银村镇银行第一时间深入农场走访，及时为其发放“榆块·乡村振兴贷”40万元，解了燃眉之急。同年，安丰华准备加大二代野猪繁育量时遇到了资金难题，安丰华首先想到抚松榆银村镇银行，经过调查，抚松榆银村镇银行为其发放“榆块·乡村振兴贷”40万元。如今，安丰华的养猪场已发展为县级示范养猪场，养猪场房面积2 000米^2，工人20余人，猪舍30余间，二代野猪300余头，其中种猪50余头，年幼猪仔150余头，解决了资金短缺问题后，新增养猪舍10余间，新培育二代小猪仔50余头，养殖专业性进一步加强，推动喂养、繁殖、排泄物处理一体化，也带动了附近农民增收致富。

陈瑞豪从事人参切片加工。2022年，他打算扩大加工规模，但自已缺乏资金，正发愁时，抚松榆银村镇银行得知消息后第一时间主动上门调查，为其快速投放“榆块·乡村振兴贷”30万元。同年，陈瑞豪进购人参时遇到资金难题，抚松榆银村镇银行通过实地调研，采用上下联动方式，开辟“绿色通道”，用2个工作日完成审批，为其发放“榆块·乡村振兴贷”30万元。如今，陈瑞豪的人参加工厂已发展为大规模厂房，厂房面积1 000米^2，工人150余人，每天进行人参切片加工1 500千克，现有人参产品零售点1个，切片成品20余种。

徐锡强是万良镇小屯村农民，种植人参也从事人参加工，每年从人参种植、田间管理到厂房开工、费用结算，资金流转一直是经营难题。2022年5月份，徐锡强需要购买参土、参籽等原料，但缺少流动资金，正在此时，抚松榆银村镇银行客户经理来到村里开展信贷宣传，徐锡强了解贷款产品后，向抚松榆银村镇银行申请智能线上贷款产品“榆农快贷”，经核定，徐锡强申请的最终贷款额度为16.7万元，截至2023年6月末，贷款余额14万元，合同借款日为2022年5月25日，借款到期日为2025年3月24日，借款期限3年。抚松榆银村镇银行线上智能贷款真正做到“随用随贷、随有随还、随时随地、随心随意”“秒申、秒批、秒签、秒贷、秒还”，方便快捷，解决了广大农户融资难题。

以上3个事例是抚松榆银村镇银行始终坚持以“农”为本，持续支持各类新型农业经营主体发展的缩影。目前，银行已对抚松县14个乡（镇）、130个自然村进行信息采集，采取“背靠背三三评议”，对符合该行贷款条件的农民开通“榆农快贷”线上准入，并对符合银行贷款条件的农民进行宣传营销。“榆快金融”线上贷款产品贷款预签约授信9 417户、预授信金额10.46亿元，已签约授信1 514户、已签约金额2.35亿元，“榆快金融”线上信贷产品基本实现客户足不出户即可获得信贷资金，提升了产品体验感，突出了信贷资金的普惠性、便利性和可获得性。行政村评议覆盖率达88.05%，有效支持了地方特色产业发展，满足人参市场资金需求，助推实体经济稳步发展。

抚松榆银村镇银行聚焦抚松县农村金融市场特点，研发多款数字化、全线上、纯信用的支农惠农“榆农快贷”信贷产品。“快简足优好+八随五秒”的数字化金融产品深得广大客户青睐，不断擦亮抚松榆银金融品牌。着眼未来，抚松榆银村镇银行将进一步加快推进面向四大零售类客户的“1162”系列线上贷款产品（“榆农快贷”“榆快·乡村振兴贷”“榆快·园丁贷”“榆快·天使贷”“榆快·金领贷”“榆快·公薪贷”“榆

快·信易贷”“榆快·房易贷”“榆微快贷”）的宣传和推广，全面提升金融服务精准度。根据抚松县委农村工作领导小组下发的《关于促进农民持续增收指导意见》有关要求，以扶持林下产业和特色农业为工作方向，加大对农村小微企业及新型农业经营主体的融资服务力度。探索经营权和宅基地使用权“两权”抵押贷款方式，农村土地承包经营权、大型农机设备、林地使用权等抵质押担保方式，缓解涉农企业及农户融资难题。推动“吉企银通”金融服务平台提质增效，开展“线上+线下”常态化融资对接服务活动，积极搭建“政银企农”沟通金融纽带，实现与客户全方位接触，对区域内农业生产及人参种植、加工、销售等支柱产业给予更多金融支撑。

抚松榆银村镇银行紧贴抚松发展特点和客户多元化的金融需求，组织信贷人员逐户走访，全面了解辖区内“三农”经营主体的金融需求，及时开展跟进服务。通过走访排查，对有贷款意愿并符合条件的客户，根据客户需求额度、保险意愿等情况推荐贷款产品，做到应贷尽贷，提高贷款投放效率。为深入贯彻吉林省政府、吉林省农村信用社联合社关于“秸秆变肉”暨千万头肉牛建设工程的各项决策部署，抚松榆银充分发挥金融支撑作用，加大对肉牛产业发展的支持力度。有计划、有次序、有重点地推进肉牛产业金融服务各项工作深入开展，全力解决养殖户融资难、融资贵问题。为进一步加大支农惠农力度，有效缓解农业经营主体融资难题，抚松榆银村镇银行推出“活体抵押贷款”产品，主要支持对象为具有动物防疫条件合格证的标准化规模养殖企业、农民专业合作社、家庭农场等新型农业经营主体及农户。结合养殖生产周期等，合理确定贷款额度、期限、利率和还款方式，最大限度为养殖户提供金融便利，为借款人提供从事畜牧业养殖、繁育、加工及销售所需的资金。通过开展“整村授信”工作，不断完善农村信用体系建设，针对农村20头以下养殖户，通过发放信用贷款方式，满足展业、创业农民肉牛养殖过程中的资金需求，并持续支持农业、服务农民，有效夯实金融支农基础，为实现共同富裕贡献榆银力量。

经过多年耕耘，抚松榆银村镇银行赢得了有关部门的高度肯定，进入中国银行业协会村镇银行综合服务能力“百强单位”名单。未来，抚松榆银村镇银行将积极打造新时期数字化村镇银行，向着“三年零售攻坚，五年小而美”愿景和目标“榆快”奔跑，努力成为一个成长型、高价值的普惠银行，为建设“林海参乡、幸福抚松”，奋力打造高质量“两山”理论实践创新的“抚松样板”，谱写抚松榆银村镇银行发展新篇章。

莱芜珠江村镇银行

金融工作感悟

莱芜珠江村镇银行党支部书记、董事长　张健敏

村镇银行因农而生，也必将因农而兴。莱芜珠江村镇银行成立12年来，扎根“三农”沃土，胸怀“服务小微”初心，肩负“助农兴农、富农强农”使命，深耕普惠金融，打造“更近、更亲、更知心”的百姓银行，探索出一条符合自身实际的发展道路。

我亲身经历了广州农村信用社到广州农村商业银行的改制，目睹了农村金融市场的变化。来到山东，我结合当地农村市场情况，落实产品设定和营销，促使村镇银行服务更贴近当地实际，提高农村金融机构的服务水平，强化支持力度。

一是思想觉悟统全局。在总行党委的正确领导下，认真履行党支部书记职责，紧抓党建工作，带领党支部以习近平新时代中国特色社会主义思想为指引，始终牢固树立“四个意识”，坚定做合格党支部书记。一心一意为人民服务，坚定“支农支小”初心使命，深入“三农”、小微市场，真正了解农村金融市场需求，“量体裁衣”，争当“三农”服务专家。

二是专业知识提效率。只有具备专业金融知识并不断更新，才能紧跟时代发展潮流。在日常工作中，全行各条线业务人员不断学习新知识，提升自身业务素质，并积极应用于实际业务发展，理论结合实际，实现村镇银行高质量发展。

三是协调管理促服务。好的团队不可或缺，只有各个部分协同发展，才能实现1+1＞2。因此，在日常工作中做好管理工作是推动村镇银行发展的必要条件之一，要持续开展班子建设工作，倡导领导班子成员发挥“头雁”作用，提升自身格局，创造成员间相互配合、相互补台的良好氛围。

四是合规经营谋发展。培育全行上下自动自发、注重细节、履职负责、纪律严明的执行意识，营造“知行合一”的执行文化，营造“违规就是风险”“合规创造价值”的合规文化氛围，推进村镇银行走上科学化、规范化、常态化发展道路。

新的时代呼唤新金融，新金融践行新普惠！在新时代发展的征程中，我行将始终坚守服务“三农”初心使命，深耕普惠金融，竭尽全力支持莱芜当地实体经济的发展。

普惠金融点亮“三农”新希望

功崇惟志，业广惟勤。多年来，莱芜珠江村镇银行始终坚持立足城乡、服务“三农”、服务企业、服务百姓的市场定位，始终坚持经济效益与社会效益并重，以全力支持新农村经济发展为己任，积极探索小微授信产品与服务的全方位创新，不断完善业务组织体系与操作流程，着力构建服务“三农”金融发展平台，致力于将村镇银行的小微金融服务做精、做深、做强，做出特色。

为充分满足城乡居民日益增长的金融服务需求，莱芜珠江村镇银行大力推进基于物理网点的普惠金融服务网络建设，延伸服务触角，提升金融服务可得性。

拓宽物理网点服务半径。作为村镇银行，莱芜珠江村镇银行始终牢记初心使命，坚持县域“支农支小”生力军的定位，辖内设有8家物理网点，覆盖莱芜辖内主要街道和乡镇。营业网点在做好日常运营业务的同时，通过“银村联谊”“每周一村”“厅堂微沙”和拜访客户等多种宣传方式，主动走进居民生活，增强农村地区居民的金融风险防范意识、责任意识和诚信意识。结合免费量血压、测血糖、理发和送戏下乡等活动，进行金融服务乡村振兴政策知识宣讲；拉近服务距离，积极推介存贷款产品，对偏远地区的乡镇客户，提供主动上门服务，延伸金融服务触角。

推广线上服务业务渠道。为提高数字化产品对乡镇地区居民的适用性，莱芜珠江村镇银行大力推介手机银行简约版（大字版），以适应老年客户群体的电子支付需求特点；搭建线上收单平台，推广“珠江收银”综合收单业务，支持商户交易流水查询，根据交易数据分析店内经营情况，帮助客户实现精细化经营管理；推广手机号码支付，提升客户转账业务的便捷性，增强客户体验。

打造专业高效普惠队伍。莱芜珠江村镇银行按照行政村、社区划分若干网格，客户经理包村、包片式开展业务，落实网格化管理，耕好自己的“责任田”，逐步实现辖区内金融服务全覆盖；积极推进网点柜员由结算服务型向主动营销型转变，鼓励其开展厅堂营销、联动客户经理开展上门营销，提高综合服务能力和普惠金融参与度。

随着金融需求的多样化程度不断加深，莱芜珠江村镇银行不断细分客户群体，加快特色信贷产品体系建设。

积极推广以“农易贷”产品为主导的特色“三农”产品体系。莱芜市地处鲁中腹地，具备优质农产品资源优势，农产品经营主体众多，市场交易活跃，农产品加工贸易客户包括内销、出口企业，也包括农产品初加工、深加工企业。为解决羊里、杨庄、大王庄、寨里等乡（镇、街道）农产品经销商贷款难、担保难问题，同时为切断其农户互保、联保圈，减少信贷风险，莱芜珠江村镇银行经过多次深入的市场调研、制度修订、流程创建，于2013年推出了“农易贷”现货静态质押贷款产品。

“农易贷”产品主要针对在莱城区乡镇经营农产品的农户，单户贷款金额一般在100万元以下，无需抵押或担保，只需要将农户借款人合法拥有的农产品货物进行质押，即交由银行委托的监管方进行现场监管。这款产品所需资料简单、审批快捷、无需额外担保抵押，深受客户好评，是莱芜珠江村镇银行为农户“量体定做”的信贷模式之一。自业务开办以来，业务不断成熟，管理更加规范，该行先后与莱芜辖内多家优质农产品加工企业开展战略合作，产品包括大蒜、生姜等，争取实现莱芜区主要农产品产储区全覆盖，全力践行“支农支小”经营理念。

例如，莱芜珠江村镇银行与国家级龙头企业——山东晔霖食品有限公司合作，通过“公司+基地+农户”模式，作为信贷资金提供方，向农户发放生产经营性流动资金贷款，提高农户融资的可获得性，有效解决了涉农经营者融资难的问题。截至2023年6月末，该行累计发放“农易贷”超过300笔，累计放款金额2.53亿元。

打造以“科技贷”“专利贷”产品为支撑的科创型中小微企业信贷产品体系。近年来，在国家政策的支持下，科技型、知识产权型中小微企业发展迅速。为提升金融服务质效，莱芜珠江村镇银行积极推动产品创新，积极与科学技术局、知识产权局开展接洽，根据山东省人民政府办公厅《关于印发整合设立“省级中小微企业贷款增信分险专项资金”实施方案的通知》，山东省科学技术厅、山东省财政厅《关于印发<山东省科技成果转化贷款风险补偿操作指南>的通知》等相关政策文件，相继创新推出科技成果转化贷款产品——“科技贷”、知识产权质押类贷款产品——“专利贷”，贷款执行利率较一般贷款产品降低150BP。截至2023年6月末，该行累计发放“科技贷”“专利贷”50笔、金额9 861万元。

山东泰金精锻股份有限公司是国内最早采用楔横轧技术生产乘用车变速箱轴轧锻件的企业。目前公司有预分科集中成型楔横轧技术、机器视觉工业零件表面探伤系统等64项专利，属于科技型中小企业、高新技术企业、“专精特新”企业、“瞪羚”企业，符合“科技贷”产品准入条件。受钢材价格波动影响，2022年3月底，企业急需一笔资金用于购买原材料。莱芜珠江村镇银行积极与企业沟通对接，仅用4个工作日便成功为其发放“科技贷”350万元，高效、精准地解了客户的燃眉之急。企业负责人对“科技贷”投放效率非常满意，在该笔贷款的支持下，山东泰金精锻股份有限公司成功赶在钢材涨价前向供应商交付材料款，切实解决了生产经营资金难题。

济南金利源环保科技股份有限公司，是一家集研发、设计、生产于一体的高新技术企业，主要生产盲沟、软管和硬管等环保材料，用于高速公路及隧道排水。企业拥有32项发明专利，行业经验丰富，经营稳定，产品远销日本等国家。2023年5月，企业因订单量较大，急需一笔流动资金周转。莱芜珠江村镇银行在实地考察中了解到这一情况后，积极开展信贷服务。信贷人员白天前往客户处协助收集资料，晚上撰写贷款调查报告，在前期大量调研的基础上，合规办理知识产权评估及质押手续，充分发挥决策半径短、审批快、流程简的优势，审批部门当日完成审查工作。莱芜珠江村镇银行从贷前收集资料到成功为其发放贷款200万元，总历时4.5个工作日，高效、精准地解决了客户的资金难题。值得一提的是，根据“三农”、小微企业客户实际用款需求，莱芜珠江村镇银行精简贷款审批材料和审批流程，在风险可控的条件下，节约调查、审查、审批时间，为切实提升续贷转贷效率，要求到期前1个月完成授信，提前2周完成放款准备手续，提高金融服务水平。目前该行转贷准备手续提前完成率为100%。

大力推介以“珠江一家亲”产品为核心的家庭信用产品体系。为丰富个人信贷产品，针对目标客户“量体裁衣”，莱芜珠江村镇银行自2017年6月起推出家庭信用贷款产品“珠江一家亲”，主要服务对象为莱芜区广大小微企业主、个体工商户及乡镇居民，满足其消费性、生产经营性贷款需求；以家庭信用为基础，即对家庭成员进行统一授信，各家庭成员在授信额度内“一人用信，其他成员为共同借款人或保证人”，无需寻找第三方担保人，突破了传统贷款担保难的瓶颈。

羊里街道城子县村蒜薹收购商朱某芹，多年来全家主营蒜薹批发零售，供应当地超市及附近饭店。2022年6月，因蒜薹收购价格上涨，朱某芹自有资金无法足额支付蒜薹收购款项，缺少一笔资金周转，十分紧张，一筹莫展时，在微信上看到莱芜珠江村镇银行宣传“珠江一家亲”贷款产品的信息，便向羊里支行客户经理进行咨询。业务人员第一时间向客户详细介绍了“珠江一家亲”产品，申请门槛比较低，申请人只要满足年龄在18～60周岁，户籍、常住地或经营地址在莱芜区，家庭有自有房产，信用情况良好即可申请。

客户说：“银行工作人员当天就向我了解实际情况，尽管是在疫情防控期间，也实现上门签字，及时帮助我备齐所有资料，两天就把款放下来了，帮我解决了大麻烦，莱芜珠江村镇银行办理业务的速度真是快！”

该行“珠江一家亲”贷款产品推出以来，为城乡居民带来了方便快捷的金融服务，截至2023年6月末，累计发放“珠江一家亲”贷款3 634笔，投放信贷资金30 151.74万元，精准、高效地解决了众多小微企业主、个体工商户及农户等“三农”经营主体的融资难题。

为提高服务效率，缩短贷款办理时间，莱芜珠江村镇银行摸索出“信息采集—提前授信—上门服务—配套宣传”一条龙服务模式，有效提升了农户服务体验。

深入走访，建立农户信息档案。业务人员深入农村进行走访，开展“地毯式”调查，建立信息档案，涵盖家庭基本信息、资产负债情况、劳动力及收入情况、房屋产权归属等。目前，该行已对莱芜区辖内30余万户农户进行走访，累计建立农户信息档案5 765份。

提前授信，开启融资“绿色通道”。莱芜珠江村镇银行积极开展“整村授信”业务，对农户建房装修、养殖种植、子女婚嫁等多项需求进行预测，以农户家庭劳动力人数为标的计算家庭可获得授信额度，结合家庭资产、成员信用记录等信息进行实时调整。

内外联动，提供上门服务。在发起行的支持下，莱芜珠江村镇银行配备移动营销平台，可进村入企上门办理开卡业务。只要完成提前授信的农户需要用信，由柜员与客户经理内外配合，与农户协调好时间，可直接去农户家中办理银行卡开户业务、收集贷款资料等，农户足不出户即可享受“一站式”服务。

配套宣传，畅通信息渠道。依托物理营业网点，莱芜珠江村镇银行坚持开展金融宣传工作，主动走进村社，向农户推介存款、信贷产品；选取周边集市、商超等人流量较大的地点，开展反诈骗、反洗钱、消费者权益等金融知识公益宣讲，建立客户微信群，发放业务人员名片，让客户有问题时能及时咨询、有政策时能及时知悉、有需求时能及时联系，赢得客户“家门口的暖心银行”的广泛赞誉。

利民之事，丝发必兴。莱芜珠江村镇银行始终以莱芜辖内农村金融市场需求为抓手，专注信贷主业，专注县域农户和小微企业，切实下沉服务重心，因地制宜创新产品和服务模式，取得积极成效。2023年5月起，该行积极调研莱芜辖内特色“三农”产业，开展融资对接，截至6月末，已针对景观松行业发放贷款13笔、金额480万元，蒜黄种植行业发放贷款13笔、金额342万元，有力支持了农村产业高效发展。截至2023年6月末，涉农贷款余额98 028.08万元，占比达88.87%，莱芜珠江村镇银行在推动落实乡村振兴战略、助力巩固脱贫、疏通农村地区金融服务“毛细血管”等方面发挥了突出作用，真正成为老百姓“更近、更亲、更知心”的“小而美”银行。

凤城丰益村镇银行

金融工作感悟

凤城丰益村镇银行行长　宋庆海

凤城丰益村镇银行13年来始终坚持“立足凤城、支农支小”的市场定位，按照董事长王俊峰提出的打造“五心丰益”党建品牌和“丰润万家、益广福民”的经营理念，因地制宜扎根“三农”，以差异化、特色化发展助力乡村振兴，成为凤城市特色鲜明、主业突出、服务优质的百姓银行。截至2023年4月末，累计发放涉农贷款200亿元，先后荣获“纳税先进企业”“信贷产品创新先进单位”等称号。2022年，在辽宁省农信（商）系统发起设立的村镇银行综合考核评比中排名第一。

凤城丰益村镇银行精心打造“忠心、初心、匠心、同心、舒心”的“五心丰益”党建品牌，在全行树立“打造地区暖心、贴心百姓银行”目标，开展“老中青”红色教育实践活动，推动主题教育走深、走实，联合中国人民银行送金融知识进乡村、进社区，精心组织开展“送暖帮扶”系列公益活动，增强文化自信和精神引领，以“党建红”促进“发展红”，焕发党建引领经营发展新活力。围绕“四菜一汤”核心信贷产品，培育巩固客户群体，利用人缘、地缘优势，延伸服务触角，建立乡村振兴服务站22个，构建完善四级业务营销体系，打通金融服务“最后一公里”。以“吃苦耐劳、热爱本职、务实进取、牢守底线”为条件，培育、选拔客户经理，稳步扩充客户经理队伍。按照“简洁、高效”的公司治理原则，优化完善治理架构，充分发挥“小、快、灵”优势，做优做精“三农”金融服务。

凤城丰益村镇银行将继续深耕“支农支小”责任田，充分发挥贴近“三农”的优势，积极推动地区农业产业高质量发展，在全力服务实体经济和全面推进乡村振兴中展现更大作为。

创新农业设施抵押贷款 破解种养业融资难题

当前，辽宁省凤城市种养产业正在向现代化、规模化生产迈进。然而，种养户因缺乏有效的融资担保方式，普遍面临流动资金不足、融资难、发展相对缓慢的问题。为了解决这一难题，凤城丰益村镇银行将农业设施产权纳入支持“三农”发展的贷款抵押范围，在凤城市首推农业设施登记抵押贷款，积极推进农业设施抵押贷款扩面，着力破解困扰农村种养户和新型农业经营主体的贷款难、担保难、融资难问题，强力拓展普惠金融，体现了“小银行”在“支农支小”中的“大作用”。截至2023年4月末，凤城丰益村镇银行累计办理种养业贷款80笔、金额1.9亿元。

顺应融资需求，首推农业设施物权抵押贷款，培育新型农业经营主体发展新动能。近年来，规模种养场、家庭农场等各类新型农业经营主体逐步成为带动农民增收、优化农产品供给、推进农业转型的重要力量。凤城市作为辽宁省肉鸡产业示范区，凭借优越的地理资源、得天独厚的气候条件和成熟的技术管理，肉鸡养殖产业扩张迅猛、规模日益壮大。但受流动资金支撑不足、担保抵押增信难等问题影响，发展受到一定制约。为扶持地区特色种养业快速发展，促进新型农业经营主体和现代农业发展有机衔接，针对农村产权制度不健全导致养殖户投入大量资金的农业设施无法成为有效抵押物的情况，凤城丰益村镇银行经过认真反复研究，决定对从事设施农业生产经营的农户放宽贷款条件，其可用种养场、禽舍、大棚等配套设施向地方农业农村局申请物权登记，经评估并在地方农业农村局办理他项权利证书后，均可向凤城丰益村镇银行申请贷款。

2022年5月，凤城丰益村镇银行信贷客户经理下乡走访，通过实地调查及多方询问，了解到凤城市大堡蒙古族乡大堡村二组从事肉鸡养殖的赫英大为扩大养殖规模急需流动资金，因未找到有代偿能力的担保人，在他行一直未能办理贷款。同时，赫英大有自己的鸡舍和配套设施，符合凤城丰益村镇银行农业设施物权抵押贷款的基本申请条件。经与赫英大沟通，凤城丰益村镇银行利用赫英大经营的8栋鸡舍（面积约13 799米^2）作为抵押物，为其发放300万元的抵押贷款。“以前贷款最愁找担保人，这次不用担保就能贷到款，方便快捷，真是帮了我大忙。”赫英大喜悦之情溢于言表。

以此笔业务为模板，凤城丰益村镇银行先后在凤城市刘家河、白旗、大堡、宝山、鸡冠山等多家乡（镇）的种养场积极复制推广，全面推行农业设施物权抵押贷款，开展以种养户为经营主体的首贷、续贷业务，有效解决公司下游种养户的流动资金难题。通过农业设施所有权的登记和抵押，推动农村资产“确权赋能”，丰富“三农”贷款抵押、增信手段，缓解新型农业经营主体贷款难、抵押难等难题，为种养户等新型农业经营主体的发展增添新动能。

建立融资需求清单，提供定制化金融服务，推动设施农业抵押贷款更贴近“三农”。为进一步增强农业设施物权抵押贷款的推广力度，扩大特色农业贷款产品的覆盖面和受众，深层打通银行与企业（农户）资金衔接瓶颈的堵点，破解农村农业融资难等问题，凤城丰益村镇银行依托凤城市委、市政府搭建的“银企”对接平台，积极参与金融产品推介现场交流活动，梳理整合符合需求的多种特色信贷产品，列出金融产品供给清单供客户选择。成立由领导干部、党员和客户经理组成的党员服务乡村振兴先锋队、乡村振兴金融服务队和志愿服务队，分别在3个行政村和18个乡（镇）高质量开展“大走访、大调查”活动。走访调查过程中，认真、全面梳理种养户生产现状及存在的问题，建立设施农业企业（农户）信息台账，分类汇总形成设施农业农户、小商户和小微企业融资需求“三清单”，总结农户、企业在融资授信方面存在的问题。成立客户经理服务团队，根据清单内容，按照客户经营规模、经营质态进行统一授信，精准下沉金融服务。同时，积极探索各类物权抵押的方式，依托地区农产品加工产业，加强与公司下游种养户的合作，以“公司+农户”和“公司+经纪人+养户”的运营模式，全面扩大涉农贷款抵押物的范围，并按照“合理支持、一次授信、随用随贷、余额控制、循环使用”的原则，为地区农村种养企业（农户）定制信贷产品和服务方案，满足农村客户发展生产的资金需求，高位推动设施农业贷款的服务工作。此外，联合中国人民银行、凤城市融媒体中心多方开展金融知识普及和各类惠企金融政策宣传解读活动，增进与客户的距离，提高特色助农产品的有效触达率。

凤城市丰源牧业有限公司是一家位于凤城市鸡冠山镇白菜地村一组的肉鸡养殖企业，于2022年年初与丹东耘垦养殖有限公司签订供鸡合同。同年11月，该企业因扩建鸡舍、购买饲料造成资金不足，周转困难。经丹东耘垦养殖有限公司介绍，凤城丰益村镇银行进行实地调查，了解到该企业负责人从事养殖行业多年，养殖经验丰富。经过认真研究，凤城丰益村镇银行决定采取“公司+农户”和“公司+经纪人+养户”的运营模式为其提供信贷支持，由丹东耘垦饲料有限公司提供担保，企业根据签订的供鸡合同约定，在肉鸡出栏后直接将肉鸡供给丹东耘垦养殖有限公司，利用上、中、下游供给形成肉鸡供应链，保证贷款资金落到实处，有效解决了公司下游种养户的资金周转难题，为企业送上“及时雨”。

依托“小、快、灵”优势，优化贷款办理流程，开辟农业设施物权抵押贷款“绿色通道”。自成立以来，凤城丰益村镇银行坚持“立足凤城、支农支小”的市场定位，按照“简洁、高效”的公司治理原则，充分发挥村镇银行审批管理链条短、贷款审批机制灵活高效的“小、快、灵”优势，在有效防范风险的同时，能够对客户融资需求做出快速反应，做到审批环节少、程序简便、业务办理快捷，积极为客户提供小额金融产品和快速、便捷的服务。

为积极改变服务观念和服务方式，充分保证以农村种养户为主的新型农业经营主体的贷款需求，凤城丰益村镇银行积极围绕农业产业和乡村振兴提供普惠型、精准化金融服务，认真落实相关政策要求，在进一步简化贷款办理流程的基础上，为客户提供没有“时滞”的高效金融服务，把自身优势转化为实施乡村振兴中种养户寻求最佳商机的契机。一般情况下，客户申请贷款，在符合贷款条件的前提下，从调查、审批到发放一般不超过2个工作日，急用贷款特事特办，当天即可办理完结。客户吴森从事肉鸡养殖多年，与凤城丰益村镇银行保持良好的信贷关系。2022年3月，急于为鸡雏购买饲料的

吴森急忙来到凤城丰益村镇银行申请贷款，凤城丰益村镇银行立即组织召开贷审会议，及时审议审批该贷款事项，从申请贷款到180万元信贷资金到账仅用了1小时，事后吴森对凤城丰益村镇银行没有“时滞”的高效率十分感慨。

下调涉农贷款利率，最大限度让利实体经济，合力推动金融强农和乡村振兴。 按照“丰润万家、益广福民”的经营理念，凤城丰益村镇银行坚持金融为民、金融利民，每年单列涉农贷款投放计划，在稳控风险的基础上下放审批权限，充分利用“支农支小”再贷款政策，对涉农贷款利率进行大幅下调，平均降幅比例达35%。为让种养户获得高效、便捷、实惠的信贷服务，凤城丰益村镇银行在业务和政策上优先支持重点推进的种养加工项目，2022年5月起，共对60余户种养户的贷款利率进行下调，累计让利301.62万元。同时，凤城丰益村镇银行全面减免企业客户账户管理服务费、人民币转账汇款手续费、银行卡异地ATM取款手续费、工本费和年费等，进一步减轻包括种养户在内的各类涉农经营主体的经营成本和压力，推动以种养户为主的涉农贷款增量稳步增加。截至2023年4月末，凤城丰益村镇银行种养户贷款占全部贷款的35%，成为凤城丰益村镇银行惠农支农工程一大“亮点”。

凤城丰益村镇银行创新推出的农业设施物权抵押贷款，破解了畜禽养殖圈舍等构筑物因使用农村集体土地而无法抵押融资的难题。同时，通过明确对标准圈舍等大型养殖设施的原始投资、使用年限以及流通性价值的评估标准，为圈舍等设施确定了较为合理的公允价值，盘活了畜禽养殖场的资产，让“不动的鸡舍”等农业设施变成“流动的资金”，成为支持乡村振兴的一项金融创新之举。下一步，凤城丰益村镇银行将继续发挥贴近“三农”的优势，积极落实服务乡村振兴的金融政策，以探索农业设施物权抵押担保融资方式为着力点，不断创新金融产品和服务模式，延伸金融服务触角，助力地区农业产业高质量发展。

临清沪农商村镇银行

金融工作感悟

临清沪农商村镇银行董事长　杨红光

在国家加大对农村金融改革与发展的支持力度、新农村建设持续推进的背景下，临清沪农商村镇银行抓住新时代乡村振兴这一机遇，通过不断优化服务模式和金融产品，拓展服务范围，延伸服务链条，各项业务实现突破性发展。

身为村镇银行的管理者，我带领临清沪农商村镇银行成功实现“脱困发展”，切实发挥“火车头”“攻坚者”作用。

转变观念，统一思想。有效推进转型发展，观念的转变和思想的统一是前提。为此，我分层级组织召开交流会、研讨会，动员职工转变发展观念，落实三个维度的统一，即班子之间的统一、班子与团队长之间的统一、团队长与客户经理之间的统一，强化营销合力。

放下身段，咽下“苦”字，做村民心中的“老乡”。村居业务的拓展，首先依靠客户数量的积累，只有批量获客才能起到事半功倍的效果。而想要批量获客，就必须获得关键人、村民的认可，大家必须放下身段、咽下“苦”字、甩开膀子、迈开步子，要成为村子的“活地图”。从上海到山东临清，南北语言文化的差异是我在工作中遇到的第一个难题。我主动入乡随俗，认真研究齐鲁文化，在营销活动中看见农户便主动走上前去亲切交谈：“你好，老乡，我们是临清沪农商村镇银行的工作人员，今天到咱们村开展诚信村建设活动，看咱生意做得挺好，过来跟您聊聊。”这种特有的打招呼方式瞬间拉近了我与村民的距离，赢得了众多农户、村书记的认可。作为一名金融“老兵”，我对待工作的认真努力感染了团队中的每一位成员，队伍的士气得到很大提升。

站在新时代，开始新征程，踏上新起点，我将按照集团的战略部署，深入推进村居业务，助力乡村振兴，更好地完成“普惠金融助力百姓美好生活”的使命。

普惠金融助力百姓美好生活

初心如磐，使命在肩。打造“红色金融”，牢记“普惠金融助力百姓美好生活”的使命！临清沪农商村镇银行坚持以党建引领为核心发展方向，坚持以村居服务为导向的金融模式，把党的领导融入公司治理，将自身的高质量发展深度嵌入乡村振兴、共同富裕、巩固脱贫中，支部当堡垒、党员当先锋、团员当攻坚、群众当主角，“四维一体”助力乡村产业补链、延链、强链，有效推动金融兴民、产业富民、农业强民。

产业兴旺是解决农村一切问题的前提，乡村振兴的关键是产业振兴。一直以来，该行奏响产业振兴交响曲，坚守“支农支小”市场定位不动摇，秉承“拼字当先、苦字当头”的原则，重点支持区域现代农业、特色畜牧业等优势产业，支持建设农业产业强镇、优势特色产业集群，重点支持“一镇一业、一村一品”，支持特色产业链的发展。

临清市唐园镇瑶坡村地处鲁西北黄河冲积平原，土壤以沙壤土为主，地势平坦，适合种植麦黄杏。在村书记张洪磊的带领下，该村于2020年4月成立了临清市果香林果种植专业合作社，集约种植、技术、销售等渠道资源，带领村民共同致富。近几年受新冠疫情的影响，加之气候不稳定，果农面临产量不高、销售受阻等问题，继续种植的信心受到打击。得知这一情况后，临清沪农商村镇银行主动对接该村党支部，组织客户经理深入田间地头走访果农，找出症结、打通堵点，联系有关农业技术专家指导果农种植，并根据果农的需求，为果农量身打造“杏福贷”产品，送“贷”上门。转眼到了麦黄杏成熟上市期，临清沪农商村镇银行年轻的党员、团员又热情地围绕在果农身边，手把手教会他们通过网络进行销售，并主动联系冷链物流企业为果农提供物流服务。如今，瑶坡村的村民纷纷加入麦黄杏的种植行列，该村麦黄杏的种植面积由最初的不足400亩扩大至800余亩，成为唐园镇第一种植大村。目前，临清沪农商村镇银行累计在唐园镇授信300余户、金额4 000余万元，以实际行动助力乡村产业发展。

烟店镇位于临清市西南部，是“中国轴承贸易之都”、山东省优质轴承生产和出口基地。近年来，烟店镇轴承市场发展成全国规模最大、品种最全、参与人员最多的轴承专业市场。受轴承市场的带动，全镇村村都有轴承加工户，李拐村就是在轴承市场的带动下，率先富起来的一个村庄，该村300余户中，有60余户从事推力轴承的生产销售，多为家庭作坊式的个体工商户。近3年受经济形势波动等不利因素影响，该村大部分商户面临资金短缺、申贷渠道少、机器设备待升级改造等难题。临清沪农商村镇银行敏锐地预判了商户们的处境，提前对接村“两委”干部，逐户了解村民的需求，白天入户调查收集资料，晚上整理资料上报审批，仅用3天就对该村经营推力轴承的20多户商户完成授信，解决了村民融资难、融资贵的问题。目前，临清沪农商村镇银行在该村累计授信40余户、金额800余万元。与此同时，临清沪农商村镇银行还积极参与到该村产业振兴、美丽乡村建设当中，先后在该村开展“中秋送温暖”“走访老党员”“防范电信诈骗宣讲”等公益活动，并率先推出客户经理驻点办公模式，提供差异化的金融服务，深度融入李拐村，真正促进了该村推力轴承产业的发展。

临清沪农商村镇银行全力支持当地特色产业发展，做好金融政策有效衔接工作，在金融支持建设农业强国中发挥基础支撑作用。

贷款贵、融资难、手续繁，是农村经济发展的“老大难”问题。临清沪农商村镇银行从问题出发，积极探索破解“三农”融资难题的路径，不断开发与农民金融需求适销对路的金融产品，主推信用类、家庭成员担保类等涉农业务，从“助业贷”“惠民贷”“惠兴贷”“惠福贷”等产品，到以“便民贷”为抓手的“整村授信”工程，以优质、高效的金融服务保障“三农”发展，推动农民在广阔天地创业创新，走向更广阔的舞台，为农业农村经济发展增添新动能、新活力。

邻近收麦时节，田地里弥漫着丰收的气息。临清沪农商村镇银行将支持夏粮收购作为各项工作的重中之重，提前谋划部署，组织开展专项营销活动，解决粮食收购商资金不足难题。“郭叔，马上收麦子了，手头资金够用吗……”正在打电话的是临清沪农商村镇银行客户经理，电话另一端是他的客户郭大叔。郭大叔是一名退役军人，在某企业上班，虽然踏实肯干、吃苦耐劳，但工资收入去除日常开支、孩子教育费用后，每月能攒下的钱并不多。他想着辞职经商也许能积累更多财富，孩子能有机会接受更好的教育，家人也能过上更好的生活，于是决定找寻致富的路子。

经过实践摸索，郭大叔选择了粮食收购行业，虽然手头有一些资本积累，但粮食收购行业普遍存在存货占用资金的问题，很快他便遇到了资金瓶颈。“麦收时节是我们的行业旺季，现货现收，不可能欠上游小粮食收购商贩的钱，我现在还有不少粮食存货，资金缺口不小，希望能办一笔贷款应应急。”郭大叔袒露了目前的经营情况及贷款意愿。

临清沪农商村镇银行客户经理看在眼里，急在心里。经过了解，结合相应政策，客户经理为其推荐并办理发放了100万元“鲁担惠农贷”，还可享受财政贴息，最大限度地降低客户融资成本。

为更好地支持2023年麦收季节的粮食购销工作，临清沪农商村镇银行提前准备专项信贷资金，让符合办贷条件的粮食收购商都能低成本、高效率地获得信贷资金。通过开展专项对接活动，该行按照辖内所有收粮客户名单逐户对接，并对存量客户逐户回访。对有续贷意愿、增信需求的，及时办理贷款手续，确保客户信贷资金的连续性。同时简化办贷流程，提高办贷质效。落实“高效化”办贷及增加审查、审批人员一线办公时间，让客户经理将更多精力用于服务客户，进一步缩短办结时间。同时，为客户提供匹配度高的信贷产品，深化“以客户为中心”的服务理念，大力推广“惠捷贷”“鲁担惠农贷”等低利率、享受财政贴息的信贷产品，尽可能降低客户的融资成本；推广纯信用贷款及仅需要家庭成员提供保证担保的“惠兴贷”产品，并创新运用循环授信、随借随还、分期偿还贷款本金等方式，提高“三农”和小微企业的金融可获得性。

临清沪农商银行积极响应主发起行——上海农商银行“聚焦乡村振兴，践行普惠金融，全面推进村居业务发展”的号召，深耕村居，持续推动开展“村居金融服务新征程”活动，提供“点对点”式服务，形成“一个包片区域、一个拓展小组、一个责任人、一个联系人”的“四个一”工作推进机制，提高县域乡村客户的金融服务满意度。自2021年以来，该行累计对100多个村开展“整村授信”，信贷业务涉及300多个村，村居增户拓面顺利推进，对临清市自然村的覆盖率达50%；累计授信3 000余户、金额4.3亿元。

如果说临清沪农商村镇银行是城乡金融服务的排头兵，那么这支排头兵不仅在政治上过硬，“武器装备”也堪称精良。临清沪农商村镇银行综合运用大数据、人工智能等现代科技手段，加快推进线下整村信息建档与线上多渠道数据引入，持续提升线上化、便捷化融资服务能力，实现“让数据多跑路、让农户少跑腿”，老客户最快3分钟、新客户最快10分钟办结贷款，老百姓亲切地称该行为“指尖银行”。值得一提的是，临清沪农商村镇银行坚持做小、做散，逐步建立与小微信贷模式相匹配的风险管控机制，围绕“质量+效率”，深入改革“大一统”风险管理方式，针对普惠金融领域的特殊性，在调查环节采取“大数据筛选+线下调查”的方式收集数字化硬信息和社会化软信息，形成“跑街+跑数据”的多维度“客户画像”常态机制；审查环节实行审查人员前置机制，通过审查前置促进前、中台联动；审批环节实行差异化授权，增强一线团队的自主权和灵活性；线上授信业务实行“风控模型”自动审批，根据市场变化和风控需要定期调整模型参数，极大地提高了金融服务质效。

轴承、电机是临清市两大支柱产业，通过对行业协会、产业集群、部分客户进行调研走访，发现两个产业的客户融资需求具有周期性、循环性、频繁性、急迫性等特点，为此，临清沪农商村镇银行为当地私营业主和小微企业主量身打造了“惠兴贷”“惠民贷”“民兴快贷”等金融产品，按规定，年龄在18周岁以上且授信到期时年龄不超过70周岁、信用记录良好、有还款意愿和能力、无不良嗜好的客户均可申请；担保方式多样，可采取信用、保证、抵押等多种担保方式；授信期限最长不超过36个月，在授信期内可随用随还。同时，为提升客户用款、还款便捷度，该行除了手机银行App，还推出了微信端通道，客户通过微信扫码即可使用授信额度。

为满足农村广大客户的金融需求，该行还推出“便民贷”业务，通过客群建档、第三方评价等环节，合理确定客户的授信额度，实现了“背对背无感授信、面对面扫码用信”。

矢志如斯，奋楫笃行。临清沪农商村镇银行秉承“扎根本土、服务城乡、富有特色、优质高效”的经营理念，不忘“普惠金融助力百姓美好生活”的企业使命，延伸服务、提升服务、精准服务，用专业解决问题，用真心服务县域百姓，获得“全国百强村镇银行”“支持地方经济发展优秀奖”等多项荣誉。该行以党的二十大精神为指引，锚定目标优化各项工作，聚焦经营下沉，聚焦队伍建设，做深村居业务，走进千家万户、说尽千言万语、吃尽千辛万苦、想尽千方百计，由“最后一公里”向“最后一百米”迈进，让普惠金融惠及千家万户。

宁国民生村镇银行

金融工作感悟

宁国民生村镇银行董事长　周家凯

当前国家全面推进乡村振兴战略，为我们的发展提供了前所未有的重大历史机遇。只要我们坚守定位、认真总结、持续探索、精准推进，在乡村这块广袤的土地上，村镇银行不仅大有可为，也一定能大有作为。

一是要充分认识到金融助力乡村振兴工作的系统性。村镇银行要把服务农民致富、服务乡村建设、服务产业兴旺有效结合起来，村里有特色产业，农民就愿意在家里挣钱，农村建设自然就好起来了；一个产业参与的农户多了，自然就形成了特色产业。所以金融助力乡村振兴要从支持产业振兴、支持乡村建设和支持农户增收等多维度入手。二是要紧紧依靠地方政府。乡、镇、村的鼎力支持，是我们深入做好金融服务乡村振兴的根本保证。三是要有足够的耐心。金融支持乡村振兴没有固定模式，不可能一蹴而就、一夕功成，村镇银行应该静下心、沉下身、扎下根，坚守初心定位，做到锲而不舍。四是要始终以客户为中心。村镇银行要树立大局观、长远观，勿以利小而不为，我们才能真正在这片土地上生根、发芽、开花、结果。五是要加快产品服务创新。当前各家银行均响应政策，下沉重心，村镇银行更要充分发挥自身体制机制优势，因地制宜，不断创新产品和服务，做到人无我有、人有我新，才能实现业务发展的可持续。六是合规经营，行稳致远。当前金融服务乡村振兴时尚热门，我们要时刻保持头脑清醒，坚持合规展业，绝不能盲目冲动。同时要遵循经济发展规律，既要注重“雪中送炭”的金融服务，又要防止多家金融机构扎堆过度授信，在合理范围内为“三农”发展提供更多支持。

作为一名基层金融工作者，我相信只要我们坚持“小小业务、精耕细作”，就一定能够做强村镇银行，做实金融助力乡村振兴各项工作。

深耕“三农”多维发力　践行普惠金融初心

宁国民生村镇银行始终秉承“扎根一方水土、服务一方百姓”服务理念，紧紧围绕“普惠”“三农”“乡村振兴”三大主题，找准定位，构建多元化普惠金融服务体系，紧紧围绕支持区域产业转型发展、重点项目建设、经营主体倍增、优化营商环境等中心工作，全方位支持“三农”、小微产业发展，实现普惠“三农”与乡村振兴的有效衔接，用本土银行的热忱与担当谱写出一曲曲雄浑激荡的金融乐章。

宁国民生村镇银行于2019年制定5年宁国市全辖行政村“整村推进”“整村授信”计划。发挥党建引领业务的作用，通过试点，完善、加速“整村授信”工作。

2019年，宁国民生村镇银行选择人口多，具有丰富的毛竹、板栗等林业资源，村级经济发展滞缓的长虹村为试点单位。

开展支部共建。宁国民生村镇银行党总支与长虹村党总支签订“银村共建合作协议”，开展党建引领信用村试点工作，双方党总支各派1名委员负责对接工作，负责组织、协调党建引领信用村建设工作，双方协调制定“长虹村整村推进工作实施方案”，通过金融助力农村经营主体发展村级经济。

单列信贷额度。为扎实推进党建引领信用村建设工作，宁国民生村镇银行首批单列信用额度2 000万元，用于支持长虹产业振兴、农户生产经营、农村基础设施建设。凡长虹村干事创业、信用评级良好的村民，均可根据需要在该行获得必要的资金支持。同时，宁国民生村镇银行积极关注长虹村的产业规划，持续做好精准对接工作。

广泛收集信息。根据安徽省委组织部党建引领信用村建设的要求，在村“两委”的支持下，通过人工入户和行政村、金融机构数据归集等方式，开展农户信用信息采集建档工作，力争农户建档面达80%以上。

开展评级授信。制定信用户评价办法和农户信用等级测评标准，从农户家庭基本条件、经济实力或经营能力、偿债能力、道德评价等多维度设置评分项，对农户总体情况进行打分。根据打分情况，将农户信用等级分为6档分为别AAA级、AA级、A级、B级、C级、D级，其中A级（含）以上为信用户。积极开展农户授信工作，根据信用等级，对信用户授信金额5万～20万元不等。贷款方式采用信用方式，无需抵押、无需担保，贷款利率按评级情况实现优惠最大化。农户创办新型经营主体，根据资金需求（300万元以内），另可通过担保机构或其他增信方式向该行提出申请。

提高办贷效率。对评定的信用户，宁国民生村镇银行以“农易贷”为主打产品，以“信息+信用+信贷”的新模式，按照“一次核定、随用随贷、余额控制、期限匹配、周转使用”等方式，简化借款审批手续，为信用户办理农户信用贷款，提高放贷效率。贷款从受理到发放，原则不超过2个工作日。

深化金融服务。宁国民生村镇银行在长虹村村委会设立党建引领金融服务室，配备专人担任农金服务辅导员，每周不低于2天现场开展小额贷款咨询及受理等业务。不

定期开展送金融知识下乡活动，举办普惠金融讲座，宣讲反洗钱、反诈骗、防范非法集资等知识，提高村民的风险防范意识。

全面党建共建。按照乡村振兴五大核心目标，宁国民生村镇银行与长虹村党总支联合开展党建设活动，每年开展困难党员慰问活动和贫困儿童助学活动；与长虹村共建文化广场，适时开展送电影下乡、送戏曲下乡活动，促进乡村文化振兴。

宁国民生村镇银行与长虹村开展“整村授信”工作以来，累计建档农户580户，授信136户，授信金额2 035万元，目前用信户97户，用信金额1 430万元。培养了一批竹制品加工、蔬菜种植、农家乐等特色产业，农户返乡创业效果明显，长虹村经济和村貌正在悄然发生变化。宁国民生村镇银行在长虹村试点的基础上，在宁国市全辖行政村推广“整村授信”，现已授信3 932户，授信金额182 513万元。

宁国民生村镇银行支持乡村特色产业、农业生产基地、现代农业农村流通体系和现代农业产业园区建设，推动一、二、三产业融合发展，促进乡村产业全链条升级，“融资+融智”助力“三农”发展。

宁国市荆虹家庭农场从事有机蔬菜种植和销售，2019年冬天，一场突如其来的大雪将蔬菜大棚压垮，随后新冠疫情又严重影响了蔬菜销售。2020年年初，宁国民生村镇银行驻村联络员了解情况后，立即组织人员上门查看，结合其过往经营情况，给予20万元信用授信额度。同时为其蔬菜销售出谋划策，助力对接政府食堂，经过两年多的发展，宁国市荆虹家庭农场经营模式从自产自销转变为企事业单位食堂专供模式。

荣某夫妇是宁国市南极乡山核桃产区的农户，家庭主要收入来源是山核桃加工及销售。2021年是山核桃“小年”，荣某夫妇年初收购、销售山核桃时遇到了资金难题。在得知荣某夫妇的情况后，宁国民生村镇银行决定采用“林权收储担保贷”产品介入，迅速会同宁国市自然资源和规划局、市中小企业担保公司上门对接，详细了解情况，上山查看客户林权情况进行并现场评估。在三方共同努力下，很快为客户授信30万元，解了燃眉之急。

近年来，宁国民生村镇银行主动聚焦农村经营主体，以授信为载体，辅以行业培训、经验交流等方式，切实做好农村经营主体的支持工作。一是通过对接宁国市市场监督管理局、农业农村局、文化和旅游局等单位，梳理全市辖内农村经营主体名单，结合该行“整村推进”工作，从行业和地域两个维度开展全量对接走访工作。二是完善信贷产品，为农村经营主体量身定制信贷产品。农业经济主体普遍存在资金回报周期长、生产资料（林权、大棚、农业流转土地等）无明确产权或无法抵押等劣势，导致信贷需求无法得到充分满足且存在融资成本高的问题。针对这一现状，自2020年开始，宁国民生村镇银行与宁国市财政局、市人力资源和社会保障局在全市范围内大力推广“创业担保贷”产品，降低农户融资成本，符合条件的客户仅需承担2.35%的贷款年息；与宁国市自然资源和规划局、市中小企业担保公司合作推出“林权收储担保贷”产品，以林权为反担保物，帮助广大涉林农业主体将生产资料转化为有效的抵质押物，贷款额度最高提升至100万元，解决了融资难的问题，同时，积极与政府沟通，将符合贴息政策的客户的综合付息成本降至年息3.3%，彻底解决了融资贵的问题；与宣城市瑞丰农业融资担保有限公司合作推出“民丰农担贷”产品，将流转土地、无证房舍、大棚、农机具等农业生产资源纳入抵押范畴，通过协议抵押等方式，让客户手中的生产资料成为融资、借款的可靠保证。

2020年以来，宁国民生村镇银行逐步构建“纯信用+非标抵押物”融资模式，“创业担保贷”“林权收储担保贷”等创新贷款品种累计放款超过2亿元，有力支持了农业经营主体的发展，同时，通过政府贴息等方式累计为信贷客户节省贷款利息近500万元。

宁国民生村镇银行作为支持县域经济发展的地方法人银行，深入农村、大兴调研之风，发挥自身了解、熟悉农民、城市居民的优势，指导宁国市农文旅产业发展。

夏林村位于宁国市中溪镇，境内有国家AAAA级旅游景区——夏霖九天银瀑景区。随着乡村旅游的发展，游客对住宿、就餐提出了更高的要求。当地经营农家乐的农户受装修风格、传统观念、审美能力、运营和获客能力及资金等因素影响，暴露诸多问题，严重影响到当地农文旅产业的发展。宁国民生村镇银行领导带队，组织风险业务人员，召集当地有意向经营农家乐的农户，了解具体情况和存在的问题，针对存在的问题逐一寻找解决方案。针对农户建房、装修存在的资金缺口，根据每户的具体情况，采用灵活担保方式，通过信用、成年子女担保、林权抵押等多种担保方式为农户授信，考虑到农家乐经营前期投资较多，收益又需要相对较长的时间，推出了3年期限按月还息、约定还本的还款方式，缓解农户建设期和经营初期的还款压力。2017年以来，该行累计为该村投放农户贷款近40户、金额600余万元。

夏林村第一批农家乐率先营业，生意异常火爆，游客络绎不绝。经营效益带动了周边农户转型农家乐的热情，涌现了一波开店热潮。目前，夏林村景区内经营农家乐的有50余户，年营业额2 000余万元，当地大部分村民在家就业，在家门口就能轻松挣钱。

宁国民生村镇银行在“支农支小”过程中，诠释了普惠金融的精髓，注重在适合的时机为客户提供有效的金融服务，让利于农，充分体现宁国民生村镇银行人的“三农”情怀和全面助力乡村振兴的格局。

五

资源融合类

襄汾万都村镇银行

金融工作感悟

襄汾万都村镇银行党支部书记、董事长　杨志峰

金融是现代经济的核心，涉农金融是建设农业强国与乡村振兴的重要资金来源之一。作为一个有着22年从业经验的金融人，我与农民打了20余年的交道，深知农民的渴望和需求。

近年来，村镇银行作为涉农金融体系的生力军，在农村经济发展的新阶段，正在不断以创新形式发挥金融“活水”作用。

我担任襄汾万都村镇银行董事长一职已经6年有余，从上任的第一天起，就坚定了为民服务的信念。农民穷，穷在不懂金融。通过不断调研，我发现，农民想要发展产业项目，资金不足成了他们面临的共同难关，而贷款需要满足担保、抵押等众多条件才能获得资格。面对农民的“锥心之痛”，我知道，贷款信用的问题解决不好，就会陷入“三农”产业发展推进力不足的恶性循环，所以，解决贷款信用问题，是帮助一个家庭实现“小康梦”的关键之处。

2018年起，襄汾万都村镇银行在襄汾县开展“十个行业、百家企业、千家商户、万家农户、全域社区进万都”的“五进万都”活动。“全民授信”工程大大提高了老百姓贷款发展项目的热情，也加大了襄汾万都村镇银行“支农支小”的力度、广度和深度。

时下，“三农”产业政策支持力度不断加大，金融服务应该与农业产业主体需求紧密联系，因此，一是要加强金融机构与各级政府的合作，“政府＋金融”凝聚农业产业发展合力，扩大“政银”合作覆盖面，支持乡村振兴；二是金融支持要与“三农”行业、产业龙头企业紧密结合，助力行业上下游农业经营主体获得发展资金，提高产业链条上各个环节的市场活跃率；三是要重视农村地区信息匮乏的问题，农村地区贷款难、贷款贵，实际上是信息缺乏、信息不对称导致的，所以要充分运用好大数据平台，整合农户农业产业需求，帮助“三农”产业生产、销售与消费连线对接。

“矢志不渝跟党走、无私无我助‘三农’”是我们金融工作者在“金融强农”路上的指路灯，当好金融行业的奋进者和先行者，是我们作为一名银行工作者的责任和担当。

聚多方力量　强本土经济

“襄汾人自己的银行”是山西省襄汾县民众对襄汾万都村镇银行的称呼。截至2023年5月末，襄汾万都村镇银行（简称万都村行）总资产276 637.56万元，各项存款余额234 963.55万元，各项贷款余额135 040.63万元，累计缴纳各项税款5 387.52万元。在襄汾当地银行业综合排名中，万都村行名列前茅。坚守“支持‘三农’、扶植小微、服务社会”的市场定位；秉承“与客户同生共长，办百姓银行；与党政同频共振，办政府银行；与襄汾同兴共荣，办本土银行”的理念；俯身深耕、敢为人先，扶持县域经济，“支农支小”，助企纾困而上、迎难而上，“心系万家农户，情播田间地头”。从市场定位、工作理念到工作作风，无不透出万都村行创新、开拓奋进、融合社会资源强农的信心、决心和胸怀，展示他们追求卓越的格局与能力。

万都村行善于发现和抓住农村工作的切入点，2021年年初主动对接襄汾县委组织部，先后选派180名员工分4批到村挂职。万都村行选派的“金融村官”兼任“服务群众的乘务员、普惠金融的指导员、经济发展的信息员、乡村振兴的助推员”四职，突破了金融机构单纯提供金融服务、推广业务的局限性。为更好地指导“金融村官”开展工作，万都村行董事长杨志峰也亲自出任“金融村官”，行里制定了“金融村官”相关管理考核制度，要求“金融村官”推行网格化走访，全面、细致地了解村内产业和各户经营、生产情况，参与村里的工作，要为村内产业发展提供具有可借鉴性的建议。为提升“金融村官”的能力，万都村行在加强“金融村官”工作经验交流的同时，为“金融村官”提供智库和技术支持，针对“金融村官”遇到的普遍性问题召开专题工作会，形成了“政府主导、银行推进、村组参与、基层联动”的“金融村官”机制。自2021年7月万都村行派驻“金融村官”以来，实现了全县行政村金融“全覆盖”，“金融村官”共计开展驻点服务、现场宣传及专题讲座4 880次，提供各类暖心服务8 517次，万都村行“金融村官”助力乡村振兴的支持模式，在为基层党组织和群众排忧解难、提供金融服务与信贷支持的同时，为村集体、村民赋能，获政府认可、村委支持、百姓满意。“金融村官”也成了普惠金融落地生根商业可持续的发展模式的载体，通过“金融村官”的工作，万都村行共开展“全民授信”活动881次，授信7 202户、金额6.51亿元，用信2 259户、金额2.25亿元。

将方便让给群众，把工作留自己，万都村行在全心全意做好金融服务的基础上，不断推动服务外延，主动申请与襄汾县行政审批服务管理局合作，在5个支行10个金融综合服务站设立VIP专用服务窗口，建立完善上至县城、下至乡镇、延伸村庄的纵向网格服务，实现“政银”合作帮办、代办服务全覆盖，让全县3万余户个体工商户、中小微企业享受线上办理申请、变更营业执照等证照的便捷服务。“金融村官”逐户给客户上门送达营业执照的同时，根据客户经营情况，实行“一户一政策”授信，将信贷资金支持前移到企业开办的第一步，切实解决群众办事“多地跑、折返跑”问题，增强金融服务实体经济能力。截至2023年5月末，先后将16 757份营业执照送至客户手中，现场授信2 611户、金额2.88亿元，用信1 810户、金额1.60亿元。万都村行不断拓展与延伸金融服务，触角已到乡村的“最后一米”，实现“金融户户通”，极大地节省了经营者的时间、人力成本，优化了襄汾的营商环境，有力地推进了当地实体经济的发展。

万都村行融合一切有利于推进乡村振兴的力量，在深化“政银”合作的同时，开展了“税银”“银农”及与烟草、司法等部门的合作，把基层金融网点打造成民众获取与交换信息、提供政策咨询、促进乡村和谐及职能部门延伸便民服务、收集民意反馈等的平台。

万都村行在襄汾县行政村开展“全民授信”1 227余次，共计授信30 195户，累计为农户百姓提供资金50亿余元，为中小微企业提供资金60亿余元，累计为襄汾县域经济发展提供资金150亿余元。万都村行推行的“全民授信”是普惠制，针对征信有瑕疵的授信户，不搞“一刀切”，重点从人、事、用途3个方面对征信有瑕疵的授信户进行重新评估，通过抵押、担保等形式保障授信户的用款需求。万都村行推行的“全民授信”无形地提升了授信户的可信度，为百姓致富增收、村集体经济发展送去提升形象的金融外衣，创造性地营造了良好的信用环境。

襄汾县南贾镇的荀董村被誉为“中华药材第一村”。襄汾万都村镇银行为支持中药材行业发展，实行逐村走访、户户对接，结合产业特点与需求，推出了“药材仓储贷”“药材加工贷”“药材种植贷”“药材贸易贷”等信贷产品，通过“金融村官”重点产业帮扶推进会，授予荀董村“特色产业重点支持示范村”“诚实守信示范村”“诚实守信示范村”的金字招牌，为荀董村树立良好的对外形象，吸引众多商家来村洽谈业务，在有力推进当地药材产业良性发展的同时，也促进了用信额度的增加。目前，荀董村共计授信药材贷款179户、金额4 312万元，用信106户、金额2 672万元。

针对农户、小微企业发展的实际情况，万都村行推行“一户一产品、一户一政策”策略，为不同客户群体量身打造创新专属信贷产品和业务服务模式，实现金融精准扶持产业发展。目前，万都村行已推出11类23种贷款产品，覆盖县域内各类受众、各个层面。如“工薪贷”“师恩贷”“天使贷”“公积金贷”“社保贷”“税务贷”“巧妇贷”，针对存款优质客户推出“存贷通”，针对烟草零售商户推出“金叶贷”，针对粮食仓储、加工、种植、运输、贸易推出一系列贷款产品，其中，为解决粮食收购户普遍没有有效抵押担保物难题而推出的“仓单贷”系列贷

款产品，可将粮食收购户收购的粮食存放在襄汾县粮食局仓库内接受监管，以形成的仓单为抵押担保物进行授信，随用随借、随有随还，真正践行普惠金融为民初心。

山西省襄汾县是产粮大县，当地有个叫孟仙平的粮食收购商，因流动资金有限，无法敞开收购，在筹不到足额流转资金的情况下，万都村行与孟仙平、县粮食局签订三方协议，开展“仓单贷”业务，孟仙平收购的粮食存放在县粮食局仓库接受监管，形成的仓单作为抵押担保物，万都村行授信1 000万元，随用随借、随有随还，收购资金难题迎刃而解。“仓单贷”的推出放大了粮贸产业的资金流，一时间，售粮户、经销商、编织袋厂都活跃起来，原粮库的下岗职工也重新回到岗位，粮食收购与销售量的增加，促使火车站台开通了定时运输玉米的专列。“仓库贷”拉动了该产业链条的上下游发展，一举多赢。

襄汾县也是“山西省小麦粉加工第一县”，家和面粉厂是襄汾县的一家从事小麦粉加工贸易的个人独资企业。2017年，家和面粉厂还是一个小型加工厂，面临发展壮大的机会，急需几百万的资金支持。万都村行党支部书记、董事长杨志峰一再登门拜访，与企业负责人侯会明聊市场、谈发展，侯会明疑惑地问：“你能给我贷出这么多钱吗？”300多万元信贷资金不出一周就发放到侯会明手里，那时他怎么也不会想到6年后，家和面粉厂以22万吨面粉年产量位居山西省首位。

万都村行积极创新服务模式，通过“五进万都”活动，即“十个行业、百家企业、千家商户、万家农户、全域社区进万都”，大力推广“全民授信、现场放贷”工作，运用金融“活水”精准浇灌“三农”、滋补“三农”、孕育“三农”，推进乡村振兴取得新突破。

襄汾双志能源科技有限公司是一家绿色转型供暖企业，因传统散煤锅炉的燃煤供暖形式无法避免效率低、污染空气、污染环境等缺点，现采用空气源热泵型清洁新能源代替燃煤采暖，旨在全面推广清洁可再生能源，2021年，该公司向襄汾县古城镇（东街村、贾朱村、北街村、张村、西王村、镇派出所、镇税务局、信用社、镇计划生育委员会）2 066户、27.02万米^{2}进行供热，收入稳定，但由于供暖面积较大，前期投入也较大。万都村行于2022年1月中旬了解到该企业具体经营情况，得知该企业的正常运转关系着一个乡镇多半农户的民生问题，当即为该企业开辟“绿色通道”，及时完成贷款审批，于1月20日为其发放贷款600万元，极大地缓解了该企业的资金压力，保障供暖正常稳定。

万都村行在党建旗帜引领下练“内功”，树立“奋进、开拓、创新、担当”的企业文化，通过倾力打造万都党员先锋队、青年义务志愿队，巾帼志愿服务队，脱贫攻坚帮扶队等，开展党建、团建及文化活动，凝聚团结向上的力量。积极开展结对帮扶“快递小哥红色之家”等公益活动，在襄汾树立起“爱心银行”的形象。

为将金融服务送到家门口，万都村行大力推广移动支付，打造十大农村金融综合服务站，利用自动柜员机、惠农终端机等机具，破解农村地区存取款难、支付难、结算难等金融难题。以金融综合服务站为载体，推行“一站一特色”“1+N”多样化个性服务，以结算功能为基础，将金融服务与非金融服务融为一体，逐步打造普惠金融便民点、金融知识普及点、快递收发利民点、信贷服务咨询点、浦新发电生物质燃料收购联络点、

"信息联络员之家"、"零售客户之家"、全程电子化登记免费代办点、"快递小哥红色之家"等非金融增值服务点。

10年来，万都村行在襄汾县委、县政府、监管部门及主发起行——山西尧都农村商业银行的关怀指导下，坚持"支农支小"的市场定位和"小额、分散"的经营原则，依法合规、稳健经营，通过创新"全民授信"、"政银"合作、"金融村官"等多项举措，坚持服务下沉到基层一线，主动把握和适应经济发展新形势、新常态，坚持在实干中创新，在创新中发展，以"小银行"要有"大作为"的社会担当，打通金融服务乡村振兴的"最后一公里"，为支持地方经济发展作出积极贡献。

恩施兴福村镇银行

金融工作感悟

恩施兴福村镇银行党总支书记、董事长　徐燕

不忘初心、牢记使命，珍惜荣耀、脚踏实地，正是恩施兴福人的真实写照。2010年，恩施兴福村镇银行在仙居恩施勇拓事业犁铧，奋发疾行10余年，立足恩施土家族苗族自治州“土、硒、茶、凉、绿”的特色发展定位，甘当农村金融市场补位者，一路用心耕耘、快意收获：存款规模攀越104亿元高峰；贷款规模突破86亿元新高；员工队伍茁壮成长；市场知名度不断提升。在2022年银行机构支持地方经济发展考核中，恩施兴福村镇行位列全州第4位，与地方经济的融合更加紧密，对地方经济的贡献更加精准。

立足于现有成绩，恩施兴福村镇银行深知，无论外部环境如何变化，村镇银行的市场定位始终是“服务‘三农两小’”，这是融入村镇银行“血液”和“基因”的本能。我们要本着“做小、做散”的原则，专注服务县域、服务“三农”、服务社区，竭诚为小微企业和小微客户提供优质金融服务，努力改善县域金融服务供给不足的现状，促进农民增收、农业增产和农村经济大发展，真正为群众办实事、办好事。

发展普惠金融，我们必当身体力行，以知促行，以行务实，不浮于表面，不贪恋虚荣，以习近平新时代中国特色社会主义思想为精神内核，砥砺前行，恪守服务小微的初心，乘长风、破万浪，将村镇银行“支农支小”的经营理念做到极致，走好我们自己的普惠金融发展之路。展望未来，恩施兴福村镇银行必将坚持“服务‘三农两小’”的定位，秉承改革发展的初心，发扬普惠金融精神，用优质服务答谢新老客户的支持与厚爱！

推进"资源融合"实践 共筑金融生态愿景

"兴福入驻恩施以来，明显改善和优化了该地区的金融生态环境！"恩施兴福村镇银行董事长徐燕表示，该行注重金融创新，推进资源融合创举，共筑金融生态愿景，取得了探索性与实践性成果。

10余年来，恩施兴福村镇银行好评如潮，连续8次荣膺"全国百强村镇银行"称号，两次荣获"服务'三农'与小微企业优秀村镇银行"称号，先后荣获"全国AAAAA村镇银行""全国村镇银行综合服务能力百强单位"称号。

"金杯银杯不如老百姓的口碑"——在鄂西南地区农户的口中，"恩施兴福村镇银行就是我们农户自家的银行""兴福村镇银行服务好、效率高"……正是该行持之以恒坚守服务"三农"小微的初心，最终赢得了老百姓的信赖和称赞。

该行在致力于推进资源融合、改善金融生态的探索实践中逐步发展壮大自身实力，现已在全州设立总行营业部、8家县市一级支行、17家乡镇二级支行、9家城区二级支行、24家兴福驿站共59家机构。

截至2023年6月末，该行各项贷款余额86.07亿元，其中农户和小微企业贷款余额75.5亿元，贷款总户数56 434户，户均贷款15.25万元。

该行坚守战略定位，创新服务实践，从推进村银共建入手，持续推进"四个下沉"，创建专业团队，运用专业技术，实施网格服务，聚合村镇人力资源、信息资源和信用资源，推进具有资源融合特性的"整村授信"，提升金融服务乡村振兴战略的定力和能力。

该行推进"整村授信"，即依托村委评议，向所在村农户提供授信额度，依托技术手段对拟授信人群进行精准的客户侧写和画像，并通过科学有效的方法测算额度。

该行自2020年年中启动"整村授信"业务以来，既借鉴发起行（江苏常熟农村商业银行）积累的有效的农户批量授信经验，又将引入的德国IPC微贷技术在本土落地，持续改良、优化，凭借自身探索、实践经验的积累，对拟授信客户进行实地调查和风险限额测算，以此精确测算授信额度。

在该行芭蕉驿站门口的宣传栏上，相关宣传图文能让农户直接体会到，"整村授信"将信贷服务送到百姓家门口，优先调查，优先评级，优先授信，贷款优先发放，一次核定，随用随贷，周转使用，益处多多，有助于实现金融服务便捷化、可得性及全覆盖。

"'整村授信'前期，驿站工作人员与各个村委沟通、交流，逐一得到整村的"白名单"，再由至少2名以上的村委工作人员对"白名单"进行初步的评议，确认授信名单。"芭蕉驿站负责人介绍说，银行内部批量授信通过后，工作人员将对授信农户逐一进行电话营销，开展进村入户走访，将开展"整村授信"涉及的普惠金融政策送到千家万户。

据介绍，"整村授信"业务的授信和用信环节都存在大量的非标业务，即大量农户无法像城镇居民、小微企业主、个体工商户一样提供标准化资料，所收集的资料中不少识别难度较大。

对此，该行有的放矢，由所辖机构安排熟悉当地业务和拥有一定人脉的客户经理，会同村委干部进行实地调查，并通过IPC微贷技术进行经营历史还原，以此为基础，现场进行授信额度测算。

同时，该行全域实施“15582”“整村授信”工程，即1名客户经理包干不少于5个村、发展不少于5名信息联络员、授信户数不低于800户、不低于200户实际用信、维护贷款余额不低于2 000万元。

“整村授信”已在芭蕉侗族乡内实现全覆盖，精准授信602户、4 955万元。芭蕉驿站团队成员在推进“整村授信”工作的同时，创意提出了“整产业授信”概念，相继推出了“整产业授信”“整区域授信”，分别为各茶叶产业链、养殖产业链、烟叶产业链和部分企事业单位，以及各乡、镇、街道分类进行授信，实现整体授信全覆盖。

自2020年6月开展“整村授信”以来，该行在全州累计授信总户数6.44万户、授信金额53.72亿元，其中用信户数1.37万户、用信余额7.74亿元，授信覆盖8县域共2 061个行政村。

“无科技、不金融”已成为恩施兴福村镇银行上下的共识。在发起行的指导和支持下，该行先后开发配备了移动开卡机，“兴福+”线上申贷、签约、提还款平台，客户经理配置的移动办贷设备，确保了广大农户能在家中享受实时开卡的便捷服务，实现了开办业务无纸化，保证了资料真实性以及申贷、签约、提款的线上化。

该行依据大数据和科技支撑，推进“全流程线上授信”，申请人通过“兴福+”小程序提交贷款申请，经客户经理实地调查，通过移动办贷设备收集资料并直接发起业务申报，通过审批后，采用小程序或签约台进行远程签约，完成“全流程线上授信”业务，实现离行式现场授信，客户无需上门，明显提升了办贷效率和客户体验。

该行于2021年6月启动了10万元以下小额农户授信全流程线上操作试点，为小额农贷申报制定从贷款申请到贷款签约，限时限地一次办结的全业务流程。

新冠疫情发生后，该行积极研发，迅速推出了零接触的信贷产品——“兴福快线”，实现“线上申贷、线上授信、线上签约、线上用信”的全线上操作。疫情防控期间，芭蕉驿站工作人员了解到芭蕉侗族乡农户童某急需10万元贷款，远程指导其运用“兴福快线”产品，简化资料和流程，线上申报、审批、签约、提款，充分满足了特殊时期客户的金融需求。

2023年3月，该行持续融合数字技术，面向资金使用急、融资渠道少、有网贷历史的小微客群，推出了纯线上贷款产品“兴福贷”。该数字金融产品可为客户提供应急资金和经营消费备用金、置换高息网贷等，线上申请，大数据审核，有效杜绝中介参与客户申贷过程，实现快速获贷。

截至2023年6月底，“兴福贷”累计注册人数26 018人，授信申请人数19 611人，审核通过人数8 291人，授信金额31 705万元，贷款余额1 571万元。

该行坚持融合数字技术，向“三农”和小微客户提供便捷易得、温暖贴心、质优价廉的数字金融产品，将推进数字化转型落到了实处。

恩施州金融综合服务中心位于恩施市金桂大道98号的“恩施市民之家”，于2022年5月18日正式运营。

恩施兴福村镇银行常驻人员主要利用恩施土家族苗族自治州政务服务中心审批部门集中、办事经营主体集中、审批结果信息集中的优势，为辖内各类经营主体提供首贷、银行账户开户预约、个人征信查询、金融知识宣传等综合性金融服务。

“做好首贷户拓展和服务是本行工作的重心之一，主要依托州‘高效办成一件事管理系统’，充分发挥“政银企”对接机制作用，查询并接收企业开办及个人审贷信息，及时送回行内部门进行首贷拓展。”该行常驻人员许沐恩介绍，其中，潜在首贷户与创业担保贷款关联度很高，它无疑与宣传、推介该行的系列信贷产品成正相关。

创业担保贷款（含“青创贷”）是该行进一步深化“政银企”合作，抢抓机遇，融合协议、信息、项目和扶助政策等诸多协作资源，推进融合发展的一项富有建树的成果。

该行坚持厚待每一个创业者，孕育创新之力量，功在当下，利在长久。为此，该行在全州范围内与各县、市政府职能部门签订合作协议，创新推出“开展创业贷款合作”的新模式，由各县、市人力资源和社会保障局向该行推荐符合创业贷款条件的客户，并对创业担保贷款进行贴息。该行通过“引活水”“通渠道”“育林地”，构建“金融‘活水’工程”，呵护每一位创业者，提高市场的参与度和创业贷款的覆盖面，推进“大众创业、万众创新”和强农富民。

2021年，建始县政府推出了支持创业好政策，政府为创业担保贷款贴息筹备了1.5亿元。

“我的猪场如今能做起来，得益于政府的创业担保贷款政策和恩施兴福村镇银行创业担保贷款的支持。”建始县花坪镇养殖户黄某对该行建始支行充满感激之情。

2021年，该行建始支行客户经理了解到黄某系回乡创业青年，在进一步走访中，了解到黄某夫妇二人为人实诚、能吃苦，无不良嗜好，前期养殖比较成功，使用行内收款码流水也很好，近两年来经营状况较好。同时，还详细了解其资金需求，因当年猪价波动较大，加之客户把利润用于猪场翻新、扩大养殖规模，导致流动资金短缺。

为能帮助客户稳定度过困难时期，该行建始支行客户经理向其告知了申请创业担保贷款相关事项，于2021年9月为其办理授信，并在2天内发放了10万元创业担保贷款。信贷资金及时到位，饲料和设备都有了着落。

经过7年的艰苦创业，客户从养殖10头小猪起步，到现阶段养殖母猪20头、乳猪约100头、小猪50头、出栏肥猪80头，资产近100万元，成为远近闻名的“猪司令”。

该行的创业担保贷款不光有政府贴息的优惠，还具有还款方式灵活的优势，客户取得创业贷款后，压力减轻了不少，创业更有奔头，生活更有盼头。

目前，该行已有9家机构开展创业担保贷款合作，自2011年起，累计发放创业贷款3 921笔、金额6.91亿元。

上海崇明沪农商村镇银行

金融工作感悟

上海崇明沪农商村镇银行董事长　王健

村镇银行要发展，必须以“普惠金融助力百姓美好生活”为使命，把“专注小微，服务‘三农’”的主要目标刻在骨子里，积极践行“诚信、责任、创新、共赢”的价值观。上海崇明沪农商村镇银行是上海市第一家村镇银行，坚持以“扎根区域、服务‘三农’、服务小微”为经营宗旨，坚持“做小、做散”的业务方向，做好商业银行的补充，填补当地农村小微金融服务的空白，助力地方经济领航发展，走出了一条独具匠心的特色化发展道路。

要想服务好“三农”，必须要有开拓、创新的精神，了解农村、懂农民、懂农业，投入感情去服务他们，对贷款客户数据小瑕疵问题，要综合人、事、用途三要素客观分析情况，对不同的瑕疵客户要采取不同的处理方式。上海崇明沪农商村镇银行坚持为农民着想，多做“雪中送炭”之事，充分发挥“首席风险官”作用，在坚持风险可控的前提下，提供无瑕疵金融服务，促进区域经济发展。

当今的金融服务不是单一融资服务，也是融智的过程，村镇银行要注重人才培养，把年轻人放到不同岗位接受历炼，提升员工的综合素质，才能使自己在激烈竞争中立于不败之地。村镇银行要加大对外交流和学习，学习别人成功的经验，要善于把别人成功的经验和本地实情相结合，创新出符合本地实情的工作方法。“三农”是村镇银行发展的主阵地，立足农村、服务农民、助推农业发展是村镇银行的宗旨和使命，上海崇明沪农商村镇银行将牢记立行的初心，坚持“草根银行”的定位，以农为本，做好商业银行的补充，全力支持世界级生态岛的“三农”经济发展。

创新发展，我们始终在路上！

容忍客户瑕疵　提供无瑕疵金融服务

作为地方法人银行，上海崇明沪农商村镇银行（简称崇明村行）自成立以来，始终秉承“扎根区域，服务‘三农’，服务小微”的经营宗旨，坚持培植“小树苗”理念，通过深入调研，摸清、摸透客户的小数据，从人、事、用途的三维角度推进金融服务个性化，构建与完善信贷经营体制，深挖行业集群需求，优化信贷流程，丰富信贷产品，建立专属“绿色通道”，加大对“三农”、小微企业和实体企业等的资金支持，推进金融服务触角向外延伸，融合多方资源，调研并开发符合市场新需求的“及时雨”金融，探索出符合世界级生态岛特色的崇明强农金融模式。

崇明某蔬菜种植合作社向银行申请的一年期贷款有几十万元还不上，导致还款逾期并引发经济诉讼，种植季来临，该合作社向多家银行寻求贷款以解决生产所需资金短缺问题，受还款逾期并引发经济诉讼影响，所求助银行均拒绝给予贷款。获悉该合作社面临的困境，崇明村行董事长王健亲自邀请合作社老总来行沟通，看到一脚泥水跑到办公室的合作社老总，王健董事长触动非常深：“他干农业的确行。”崇明村行很早就关注、支持该合作社，2022年疫情防控期间，该合作社没有拿到车辆通行证，所种蔬菜运不出去，面临烂在地里的窘境，崇明村行组织全行帮他销售。该合作社在崇明村行曾有贷款，逾期后由地方财政代偿部分。面对如此客户，崇明村行没有一棍打死，结合对该合作社长期了解的情况，综合研判出现贷款逾期的原因，指出造成贷款逾期的主要原因是受新冠疫情影响，以及所用的一年期贷款不适合农业产业资金运营，合作社老总对农业有情怀、会干农业，企业和法人本质上没有问题。因涉及诉讼，有部分认同客观实际情况的银行，表现出爱莫能助的态度，真心助农的崇明村行主动沟通地方财政部门，动员农业担保公司介入，以认真负责的工作态度、严谨科学的工作作风得到多方认同，使原本无法获取贷款支持的企业获得了金融支持。根据农业产业的特点，崇明村行给该合作社量身定制了信贷方案，发放每年付息的100万元三年期贷款，用崇明村行人的智慧解决了想干农、能干好的农业人的困难。

成立于2012年5月，主要经营蔬果种植及白山羊养殖的上海万禾农业科技发展有限公司，创业之初寻求金融支持，崇明沪农商村镇银行核实情况后，在2013年为其发放800万元的信贷。受新冠疫情影响，2022年年初公司应收款回笼缓慢，崇明村行发放500万元的无还本续贷。在崇明村行的持续金融支持下，该公司的业务规模迅速扩大，2014年筹建了白山羊养殖基地，2017年开始扩建二期羊场，2023年开始打造“上海·万禾生态智慧农业园”。

以上两个案例是崇明村行用真心、真情服务“三农”的缩影。崇明村行一直将农民专业合作社作为重点服务对象，持续跟踪服务合作社，专门制定了相关制度和业务流程，加大对农民专业合作社及其成员的信贷支持。先后向上海百农农业科技发展股份有限公司、上海齐茂粮食专业合作社、上海锦益粮食专业合作社、上海老杜农业发展股份有限公司等企业提供金融服务，截至2023年4月底，崇明村行累计支持农业企业72户，发放贷款1.4亿元。

从2021年开始，崇明村行制定了三年战略，重建小微部门，组建多支小微工作团队，选聘队长，以老带新，调整、优化团队组合，树立业务标杆，出台“做小、做散”奖励政策，派骨干赴泰隆银行、台州银行学习，提升“做小、做散”纯信用贷款的技能，激活团队整体战斗力，有计划地减少存贷大户的占比。2021年，崇明村行退了大户贷款6亿多元，投放小微贷款7亿多元；2022年，退大户贷款7.6亿元，投放小微贷款7.16亿元。此外，崇明村行大力开展金融课堂、防电信诈骗、教老年人使用微信等公益活动，在提升形象的同时，吸引崇明老百姓的存款。

新冠疫情防控期间，许多企业资金短缺。崇明村行安排客户经理及时对接客户，了解客户最新情况，对受疫情影响无法办理续贷或还款手续的企业和个人客户，以及受疫情影响同时存在临时性资金周转困难的客户，提供免签约临时性延期还本付息操作、罚息减免等支持政策。截至2023年4月，该行为64家企业、100人次提供延期支付服务，涉及金额2.58亿元；为15家企业、42人次完成征信修复工作，涉及金额12 884万元；为35名客户减免罚息、复利共计20.74万元。崇明村行持续推广无还本续贷业务，为小微企业和小微企业主、个体工商户续贷7.73亿元，其中采取无还本续贷方式续贷165笔、金额6.34亿元，帮助客户渡过难关。

崇明的江南三民文化村收藏了大量土布、根雕及具有年代感的木雕作品，是文化底蕴厚实的国家AAAA级旅游景区，江南三民文化村投资的许多项目没有产生应有的经济效益，直接造成运营单位资金紧张。崇明村行客户经理得知情况后主动对接客户，银行领导现场考察，认真分析企业情况，设计出个人信用、抵押与担保相结合的500万元贷款方案，得到金融支持的江南三民文化村，疫情防控期间没有裁员，运营一步步恢复正常，疫情防控期间已还贷200多万元。江南三民文化村有部分抵押、担保贷款马上到期，原抵押贷款银行不愿意再做抵押贷款，崇明村行则早已制定出纯信用贷款方案，彻底帮助江南三民文化村走出困境。崇明村行围绕世界级生态岛主题，多层次、多角度支持生态休闲旅游项目发展，已发放生态休闲旅游、文化娱乐类贷款19笔，贷款金额0.3亿元。

崇明最头痛的事就是芦笋根处理，有一家新成立的啤酒公司和上海高校、农业科学院合作，把芦笋根变废为宝，酿造成啤酒，不但解决了崇明芦笋根作为垃圾难以处理的问题，而且生产出具有养生功效、口感好的啤酒，上海市相关领导赴企业视察，崇明区政府表示支持此项目。企业老板不懂财务，原本建厂所需投资可通过申请固定资产贷款解决，企业老板却先将作为流动资金的1 000多万元用于固定资产投资，等到真正需要流动资金时，才发现无法通过银行贷款实现，贷款无法落实，企业生产无法进行。对其他银行制度不允许的情况，崇明村行没有墨守成规，而是请首席风险官赴企业进行贷款风险研判，在确定企业贷款真实用途后，依据“做小、做散”原则，发放300万元贷款支持企业发展生产，针对企业还需资金的实情，崇明村行帮忙联系宁波银行进行对接，共同扶持想做事、产品市场前景较好的企业。

崇明经济园区许多注册企业的主要业务在上海市区，为服务好分散的此类小微企

业，崇明村行先找关键人，而后对客户进行筛选，确定哪些客群是服务对象，对服务对象的基本情况进行前期摸底，根据摸底情况，拿着制定的个性化营销方案，对照名单跑到上海市区进行对接。坚持“做小、做散”，每笔贷款的额度几乎都是一两百万元，在对接中发现贷款逾期在5次以下、有瑕疵的客户，不“一刀切”地将其拒之门外，而是用客户还款意愿是否足、有无经营意愿、贷款是否用于生产3个基本条件来衡量是否可以放贷，贷款50万元以下由小微贷部门把关，对客户经理把握不住或贷款高于50万元的客户，由首席风险官亲自上门把关，充分利用抵押、担保等工具化解风险，对风险不可控的企业坚决不提供贷款。2022年起，崇明村行先后走访在崇明注册的小微企业199家，发放贷款6.8亿元，有力地推进了此类企业的发展，增加了崇明的税源。

崇明村行从2021年开始重点走访岛内实体企业，对符合条件的企业应贷尽贷，对有瑕疵的企业，在把握风控的前提下满足企业信贷需求，已支持实体经济贷款达18.74亿元。

崇明村行不狭隘地理解回归主业，不机械地执行金融风险防控制度，许多银行对有瑕疵的客户敬而远之，崇明村行没有简单地套用大数据，而是实事求是地看待不同客户的情况，从深入调研入手，对客户人品、从事行业及产业发展前景、贷款用途等小数据进行综合剖析，用真心、真情融合社会资源来帮助有瑕疵的“三农”客户，体现的是责任。容忍瑕疵，不放大风险，培植“小树苗”，服务“最后一公里”客群的金融服务理念，充分体现了崇明村行人的睿智和对村镇银行市场定位的正确理解。

昆山鹿城村镇银行

金融工作感悟

昆山鹿城村镇银行董事长　杨懋劼

从2009年筹建昆山鹿城村镇银行开始，不知不觉，我参与农村金融发展已有近14个年头。在此过程中，我深感幸运，能够参与中国农村金融波澜壮阔的发展和改革，能够在摸索村镇银行发展的过程中不断加强对“三农”的认识和理解。

农村金融工作，责任重大。农村的经济发展、农业的转型升级、农民收入水平的提升，都需要金融提供足够的支持。在我看来，新时代的农村金融有了新的内涵，不应只是一项惠民政策，更应该是一种可持续的市场行为，要以更加合适和创新的方式，让农民参与到社会主义市场经济中，创造美好生活。

农村金融市场大有可为。在经济转型发展期，农村金融市场呼唤服务创新，使金融真正促进农业发展、助力农村建设、服务广大农民。“苔花如米小，也学牡丹开”，村镇银行虽深耕“三农”、小微领域，亦能成就普惠大作为。昆山鹿城村镇银行在发展过程中，明确服务“三农”、服务小微、服务社区的市场定位，走出了一条“差异化、特色化、社区化”的发展之路。同时坚持改革创新，通过不懈奋斗，成为全国首家在“新三板”挂牌的村镇银行，也是全国首家自主发行同业存单的村镇银行。未来农村金融大有潜力，将普惠金融做大做强，我们满怀信心。

金融强农惠农，未来可期。金融服务农业现代化是金融服务实体经济的重要组成部分，推动金融资源更多向“三农”倾斜，才能为实现农业农村优先发展提供更多保障。当前，农村农民对多元化、多层次金融产品和服务的需求日益迫切，要加强金融强农惠农，把更多资源配置到“三农”重点领域和薄弱环节，更好满足乡村振兴的金融需求。广阔天地，共邀发展。

身处伟大时代，肩负重要使命，无上光荣。

立足本源　赋能金融强农新模式

江苏省昆山市2022年GDP达5 006.7亿元，成为全国首个GDP突破5 000亿元的县级市。在昆山这片“三农”富有特色的经济土壤上，秉承“苔花精神”、坚信普惠金融亦有大作为的昆山鹿城村镇银行，坚持服务“三农”、服务小微、服务社区的社区银行定位不动摇，积极应对复杂的经济新形势和严峻的金融新常态，多角度、多方位发力，坚持做小、做微，力争在“小”和“微”上做出自己的亮点与特色，持续创新金融产品和服务，满足“三农”和小微群体多层次、差异化的金融需求，在有40多家银行机构、银行业竞争异常激烈的昆山金融市场中树立了自己的品牌形象和竞争力，成为昆山“社区百姓的暖心银行”。

昆山鹿城村镇银行通过行党委、党支部“走出去”，将社区、村的基层组织“请进来”，探索创建“党建+金融”强农新模式。

昆山鹿城村镇银行与昆山国家高新技术产业开发区（简称昆山高新区）非公企业党委党建结对子，推出“‘鹿’力同‘新’”党建暖心贷项目，成立金融志愿者服务队，走村进户进企业，常态化开展金融上门服务活动。与淀山湖农业服务中心党支部共同携手，开展“党员带头志愿服务，助力美丽乡村建设”“‘鹿银先锋’党员先行，助力美丽乡村建设”系列志愿活动，让党员走入农业车间，与一线农民一起开展农事活动。

昆山鹿城村镇银行推动设立公益组织——昆山市“三农”小微金融公益服务中心，探索“党建+公益”工作模式，引领和调动更多党员志愿者、干部员工参加“鹿城银行志愿者红马甲”活动，在乡镇、村落、社区、农贸市场等地为民开展免费理发、量血压便民服务，反洗钱、防诈骗讲座，厅堂沙龙，社区定点金融知识普及等志愿者服务，以“党建红”带动“志愿红”。近年来，深入社区开展金融公益宣传4 000余次，社区便民服务及公益讲座3 500余场。

扩大党建联盟“朋友圈”。昆山鹿城村镇银行总行部室和几个相邻网点配置组合设立4个党支部，和周边社区、村、行业协会、企事业单位开展常态化党建共建，推动资源共享，实现功能倍增。第一党支部与南星渎办事处茗景苑社区党支部、星辰社区党支部开展结对共建，共筑组织基础、共促队伍建设、共解群众急难、共办实事好事、共谋双方发展，探索建立金融服务进村、进社区的新模式、新举措，有效提升农村金融服务质效，让村民能够更快捷、便利地享受到专业的金融服务。第二党支部与陆家镇陆家村（社区）总支部开展结对共建，包含党建交流活动、开展金融红色服务、扶贫帮困、总结交流活动等内容；与玉山镇广福村党支部、锦溪镇孟子浜村党总支、张浦镇七桥村党总开展支结对共建，加强“党建共建”“群团共建”“业务共建”。第三党支部与国家税务总局昆山市税务局第二税务分局党支部开展党建结对签约，聚焦强化服务意识，进一步提升小微企业金融服务质量；与昆山市模具工业协会党支部结为“基层党建工作结对共建共创单位”，探索模具行业发展新路径；与昆山高新物业管理有限公司党支部开展

“党建引领聚合力，结对共建谱新篇”活动，立足昆山本地，以党建共建促经营发展。第四党支部与昆山阳澄湖科技园管理委员会机关党支部、玉山镇美丰社区党支部、昆山高新区南星渎村第二党支部、玉山镇文化体育站党支部、昆山高新区大众村第一党支部签订美丰社区“大党委”建设协议书，通过建立联席会议制度、开展党建和研讨活动、组织互帮互学活动、开展项目合作等方式，共同推动党建共建；与玉山镇南星渎村党总支、玉山镇大众村党总开展结对共建，加强联建共建。

昆山鹿城村镇银行的党建结对子、公益活动，不仅提升了其他单位、企业和民众、百姓对该行的信任度，也在联动共建中进一步明确了自身的业务发展方向，寻找到更适合经济主体的金融服务。

昆山鹿城村镇银行积极响应“大众创业、万众创新”和昆山市政府“进一步推动城乡居民创业小额贷款发展”的号召，在“聚力创新求突破、聚焦富民补短板”的发展大局中，与市委农办、农委，各镇农村工作局密切配合，助推《城乡居民创业小额贷款操作办法补充意见》出台。

昆山鹿城村镇银行与昆山市委、市政府以及昆山市农业农村局、昆山市富民强村工作办公室和昆山市农业融资担保有限公司合作推出单户授信不超过60万元的“鹿诚创业贷”及“鹿诚创业提升贷”产品，帮助城乡小微贷款对象自主创业。目前贷款投放覆盖10个区（镇），累计发放近2亿元，被称为“创业者的圆梦助推器”，获评“苏州金融创新典范品牌”。

昆山鹿城村镇银行响应并配合昆山市委、市政府美丽乡村建设工作，专门开发出贷款额不超过30万元，贷款期限最长不超过10年的“鹿诚翻建贷”产品，借款人只需提供宅基地证明、本人或直系亲属名下具有相关单位开具的违建保证金凭证或翻建许可批复等材料，1个工作日便可完成审批，有力地改善了农民居住条件和环境，推进了美丽乡村建设，以实际行动践行乡村振兴战略。

目前，昆山鹿城村镇银行与当地乡村振兴公司、相关镇政府合作，谋思路、促发展，创新搭建“驻点金融顾问+网格化”业务体系，即围绕社区“新市民”客群，采用“社区服务+金融顾问”的共建共联模式，扩宽服务渠道。同时，在全县范围内逐步推进“整村授信”，旨在推动各区（镇）经济高速、高质量发展，全面贯彻普惠金融理念，全力助推农村经济发展。

昆山某渔业科技有限公司在昆山市张浦镇投资建成了具有自动增氧装置、自动温控、自动杀毒、自动过滤、自动投放等先进设备的工业化、现代化、信息化水产养殖基地，基地通过养殖区有益菌生物处理的内部大循环和基地园区外种植生态处理的外循环，实现污水零排放，节约99.5%的水，节省70%用地，是产品零添加、可溯源、品质有保障的新型洁净渔业企业。该企业股东包括当地农业发展公司、村股份经济合作社等本土化农村农业经济实体，企业负责人是“新农民”“新市民”的典型代表。得知该企业发展遇到资金困难，昆山鹿城村镇银行主动上门对接，针对企业农业设施无法抵押等难题，该行主动联络担保公司介入，分批放款，累计金额达500万元，成为唯一支持此项目的金融机构，目前该项目首批水产品已成功上市。此案例是昆山鹿城村镇银行支持农业科技型企业的缩影，为更好地支持科技强农、兴农，该行与昆山市乡村振兴工作

领导小组办公室、昆山农业融资担保有限公司合作推出“昆农贷”产品，目前发放贷款近亿元。

阳澄湖总水面18万亩，其中，位于阳澄湖东岸的昆山市巴城镇拥有大闸蟹养殖面积约3.3万亩，当地有许多农民养殖、销售大闸蟹，经营蟹舫、蟹船，由于不少蟹户没有银行认可的抵押担保物，在有资金需求时会面临一定的困难，影响了大闸蟹的扩大生产。为此，昆山鹿城村镇银行专门推出蟹户的好帮手——“蟹贷通”产品，该产品以蟹户为支持对象，以蟹户联保为主要担保方式，重点扶持昆山特色农业发展，破解了蟹户资金不足、季节性周转困难的问题。自产品推出以来，该行累计向昆山蟹户发放贷款超过5亿余元，支持数百户蟹户走上发展壮大之路。该产品荣获“江苏省银行业服务小微金融企业和农户双十佳金融产品”、昆山市“十佳创新服务项目”、“江苏省村镇银行特色金融产品”等称号。

农文旅产业在水乡昆山呈现良好发展势头，昆山鹿城村镇银行主动为家庭农场等休闲产业提供金融支持。昆山某农业发展有限公司在2017年创办休闲农场时就得到该行的金融支持，其经营模式为企业承包乡村农地股份合作社的土地，招聘当地农民传授种植、养殖经验，发展采摘、家庭农场、亲子活动等一系列与农业有相关的项目和服务，通过发展从种植生产到买卖农产品“一条龙”的产业，带动周边农民增加收入，促进农村经济发展。新冠疫情对整个行业影响较大，昆山鹿城村镇银行针对该企业的实际情况，通过发放农业专项信用贷款100万元，帮助企业渡过难关。该企业恢复运营后，该行加大金融支持，提供195万元用于基础设施建设，让企业恢复了生机和活力。目前，昆山鹿城村镇银行累计发放农文旅项目贷款约3亿元。

昆山鹿城村镇银行注重市场调研，在产品创新上做到“服水土”“接地气”，以“户”为单位投放，最高额度可达30万元，采用信用方式追加户籍内直系亲属不可撤销保证的担保方式，推出适用于生产经营或消费的金融产品“农户亲情贷”。该产品由农民提出贷款申请，客户经理对申请人的资信状况、贷款用途、偿还能力以及申请材料的真实性、完整性、合法性进行调查，简单快捷。昆山鹿城村镇银行还为昆山农民开发了“鹿诚贷”“鹿诚通”姊妹产品，以满足不同对象、不同层次的金融需求。

作为具有一级独立法人资质的银行业金融机构，昆山鹿城村镇银行充分发挥自己的优势，在“小、快、灵”方面下功夫，针对客户需求灵活设计产品，一般贷款能在几天内就能发放到客户手里。

昆山有大量来自全国各地的农村人员在此务工、创业，昆山小微企业、个体工商户等经营主体发展的好坏，直接关系到上百万个农村家庭的幸福。

昆山鹿城村镇银行多措并举，倾力关怀小微企业，将小微企业作为重点服务对象，在新冠疫情防控期间积极践行普惠金融理念，主动排查，持续开展“百行千人进万企”活动，通过走访、线上顾问、远程服务等形式，对小微企业特别是受疫情影响的企业提供顾问服务，逐户了解企业受疫情影响情况及金融服务需求，实现企业需求与金融供给的精准匹配和高效转化。在多项服务收费上，给予小微企业最大程度的减免优惠，降低小微融资成本，积极支持小微企业发展，共计对2 000余家小微企业实施优惠政策。针对受疫情直接影响较大的小商户、小饭店、小作坊等个体工商户以及单户融资需求在100万元以下的群体，单列10亿元信贷额度，为涉及防疫物资相关产业链的企业单独批出5亿元保障性信贷资金，全力保障小微企业融资需求，保证小微企业正常生产经营。

2023年4月，昆山鹿城村镇银行与昆山高新区科技型中小企业进行深入合作，推出“鹿诚高新贷”信用贷款产品，主要用于推动昆山高新区内的科技型企业发展。该产品推出后受到企业的广泛欢迎，首月发放10余笔，累计发放金额约1 800万元。同时，该行以此为抓手，与昆山高新区科学技术与知识产权局开展“百日百户”计划，计划在百日内对百家企业完成授信。产品推出首日，昆山鹿城村镇银行营业部客户经理至存量客户所在的“复客中国”园区推介“鹿诚高新贷”产品，在该园区负责人的引荐下拜访了苏州某智慧科技有限公司等5家企业，当场达成合作意向并在2日内完成现场尽职调查，及时满足客户的流动资金需求。

近年来，昆山鹿城村镇银行为不同发展阶段的小微企业量身定制成长伴侣——“农户贷”“随心贷”“助业贷”“兴业贷”“宏业贷”系列产品，助力企业由小变大，由大变强。

不忘初心，方得始终。昆山鹿城村镇银行在传统“三农”形态演变的环境中没有迷失方向，坚持服务新业态下的“三农”，不墨守成规，勇于开拓创新，做小、做微，持续下沉服务重心，为其他同类金融机构提供了可借鉴的经验。

嵩明沪农商村镇银行

金融工作感悟

嵩明沪农商村镇银行董事长　杨爱飞

嵩明沪农商村镇银行强化实干担当，坚持“支农支小”、服务“三农”的市场定位，延伸金融服务的深度和广度，高质量发展成效日趋显著。截至2023年5月末，累计发放各项贷款38.15亿元，涉农贷款占比达88%。

“支农支小”全覆盖。坚守初心，克服短板，摒弃“垒大户、赚快钱”的侥幸心理，坚持服务“三农”的战略定力，支持“三农”发展。成立微小团队，精准定位农村市场，大幅延伸金融触角，全力推进“整村授信”。截至2023年5月末，微小贷款户数2 220户、余额4亿元，户均18万元，已覆盖嵩明县51个社区。

阳光信贷惠服务。打造“不吃客户一顿饭、不抽客户一支烟、不拿客户一分钱”的阳光信贷文化，对信贷流程实行信息、流程、监督三公开，靠口碑赢客户，提高客户信任度，提升客户体验度，增强了客户黏度。截至2023年5月末，涉农贷款户数2 379户、余额5亿元。

优化产品惠农业。应用微贷技术，优化推出“惠民贷”“惠福贷”“惠兴贷”“惠企贷”产品，采用信用、保证、抵押、质押和混合担保的灵活担保方式，实现线上提放款。自2021年推出“惠民贷”产品以来，累计发放贷款2.4亿元，真正为广大农户送去了实惠和便利。

强化风控增质量。完善内控机制建设，坚持稳健经营方针，通过建立健全各项规章制度和操作规程，制定风险管理计划和日常风险防控制度，落实到人，使风控更精准、更全面、更有效。截至2023年5月末，资本净额为1.78亿元，未分配利润为5 597万元，已累计实现分红比例为87.5%，各项监管指标持续达标。

嵩明沪农商村镇银行将持续深耕金融强农、惠农、富农的理念，在服务乡村振兴的道路上行稳致远。

融合金融资源 在普惠金融服务中开出绚丽之花

有“滇中门户”之称的云南省昆明市嵩明县，区位独特，以蔬菜、花卉为主的“三农”产业高度发达，还培育诞生了在全中国名气响亮的挖机租售交易市场。嵩明沪农商村镇银行本着“支农支小”初心，助力打造在当地声名远扬的支柱产业，深刻诠释了金融资源融合给当地经济社会发展带来的巨大动力。

从昆明南站出发，只需45分钟车程便可达嵩明县城中心，而到距离县城中心3公里的嵩阳街道挖机租售交易市场，也只需10分钟车程。

刘家峰在挖机租售交易市场专门从事挖机租赁经营已有10年，现有场地经营面积1 200米^2，存货价值400万元，国内知名品牌“江苏徐工”“山东临工”，国际知名品牌“神钢”“小松”“三洋”一应俱全。2019年11月，受新冠疫情影响，刘家峰资金周转非常困难，是嵩明沪农商村镇银行伸出援助之手，为他投放首笔信用贷30万元，解了燃眉之急。刘家峰说，自己经常打交道的日本挖机销售商人虽常常往来中国，却不知道附近有座特大城市昆明，只知道中国有个挖机租售交易大市场——嵩明县，可见嵩明的挖机市场多有名气。

陈云龙在挖机租售交易市场内经营租售业务，同时利用自己的机械资源从事工程建设施工业务。施工业务往往对现金需求较高，一是支付工人工资，二是大量的柴油和相应开支。在他非常困难时，嵩明沪农商村镇银行通过抵押贷款方式为他发放贷款300万元，助力他的企业步入良性轨道。目前，嵩明沪农商村镇银行在嵩明挖机租售交易市场已有存贷款客户45户，其中贷款客户36户，贷款余额1 354.79万元，市场年经营额达3亿元，为成就全中国排名前几位的大型挖机租售交易市场的成长和发展作出了积极贡献。

据嵩明沪农商村镇银行董事长杨爱飞介绍，从事挖机租售的客户资金需求量不是很大，既经营挖机租售又从事工程施工的客户资金需求量大一些，因此，银行在做好调查研究的基础上，尽最大努力提供贷款支持，以确保这些客户能正常经营。

在嵩明县杨桥街道月家村委会大成村，塑料大棚比比皆是。大棚女主人、虹景公司实际控制人杨秀华中等身材，面庞黑中带红，这是花卉从业者的“标配”。杨秀华的标准花卉大棚长60米、宽50米，建造这样一座大棚需45万元。棚内花盘上1米^{2}种植大花蕙兰6盆，3年后每盆平均可卖120元，折合1米^{2}产值720元，1亩产值16万元。

杨秀华和她的丈夫原来从事工程施工行业，因为家里的房屋地皮被政府征用，不得不改行。2012年，她投入240万元租地30亩，种植国内外市场较好的大花蕙兰，发展到今天，已有大花蕙兰种植大棚80亩，在棚大花蕙兰26万盆。大棚建设成本较高，2015年，嵩明沪农商村镇银行得知杨秀华的公司资金需求，客户经理进行初步调查后，董事长杨爱飞一行亲自来公司考察论证，于7月投放首笔贷款30万元，然后滚动投放。

3年疫情防控对杨秀华公司的花卉销售虽然有一定影响，但在嵩明沪农商村镇银行的大力支持下，总算顺利渡过难关。2022年全年销售大花蕙兰3万盆，销售金额300万元，毛利润达70万元。杨秀华的花卉基地常年雇请花卉工人10名，每年发放工资30万元，带动了当地百姓就业。

陈群敏，个子高高，皮肤黝黑，是个“70后”，来自3 000公里外的湖北省通山县农村。如今早已把妻子和儿子的户口迁到嵩明县，他自己因为种花名气大、成绩大，成了当地花卉界知名度很高的新市民。他自己介绍道，出身农家的他初入社会时同万千农家子弟一样，选择南下广州打工。没几年，他发现广州地区花卉市场火爆，内行人悄悄告诉他有钱赚。于是他一边在工厂打工，一边学习花卉销售知识，在花卉种植基地或市场内低价买花，再高价转卖，经过几年打拼，不仅积累了上百万元的资金，还在广州著名的花卉市场有了自己的花卉门面。

2011年6月，陈群敏经过认真考察，最终决定带着自己在南方积累的300万元资金北上，来到云贵高原腹地平均海拔近2 000米的嵩明县，从8亩起步，逐步发展到今天80亩的大花蕙兰种植大棚。2013年12月，陈群敏的花卉种植正发展得顺风顺水时，却遭遇了百年难遇的极寒天气，8亩大棚大花蕙兰几乎全军覆没，合计损失近600万元。就在此时，是嵩明沪农商村镇银行及时提供支持，让陈群敏实现灾后自救。同时，他作为当地大花蕙兰种植协会的副会长，也带领协会内各大种植户开展灾后生产自救，现已重整旗鼓再出发。

据陈群敏介绍，2022年他的公司实现销售收入240万元，毛利润60万元。为了让自己公司和协会成员生产的花卉产品能及时卖出好价钱，陈群敏除了在广州花市有两个门面直接销售花卉外，还在昆明著名的斗南花卉市场租赁80米^{2}的门面，极大地帮助当地花卉产品销售。2023年，他计划销售大花蕙兰5万盆，销售额突破300万元。陈群敏在嵩明沪农商村镇银行的贷款余额还有60万元。而他所在的杨桥街道从事花卉种植的企业有43家，花卉种植面积最大达上百亩，最少也有20亩。通过花卉协会内部推广宣传推广，目前花卉种植户中有27户是嵩明沪农商村镇银行的贷款客户，贷款余额总计817.82万元。当地花卉产业的发展壮大，嵩明沪农商村镇银行功不可没。

嵩明沪农商村镇银行成立11年来，坚持“支农支小”的市场定位，积极践行“阳光信贷”，努力为县域内农户、种养户、个

体工商户、小微企业等客户提供本土化、贴心式的金融高质量服务，践行金融资源融合助力乡村振兴。现已累计发放贷款36亿元，农户和小微企业贷款占比为89%，户均贷款22.25万元，充分体现了“做农、做小、做散”原则，有效支持了当地农户以及县域特色产业发展，成为助力县域乡村振兴的生力军。

2021年，嵩明沪农商村镇银行启动了网格化管理方案，实行客户经理驻村定点，田间地头瞬间成了主战场，在不断走访中，客户经理听到最多的声音是“这里的土地太好了，水源、气候都适合搞种植，现在最缺的就是资金”。经多次深入了解，发现以月家社区、西山社区以及黑营盘社区为主的大量种植户存在资金短缺情况。该行通过调研发现该批客户普遍存在一个问题，即异地种植户居多，且属投资初期，无任何担保，后续收入来源不确定。面对这个金融难点，该行组织多次业务讨论会议，最终有针对性地推出一次授信便可任意循环使用，只需家庭成年人员共同签字承担连带责任的“种植家庭贷”产品，这一贷款产品的出现从根本上解决了种植户的融资痛点难点问题。产品推出后，80%的种植户获得支持，因此收获种植户广泛好评，为嵩明县域种植业发挥了金融“造血”功能。截至2022年年末，该行累计投放“种植家庭贷”3 012万元，惠及95户。

嵩明县隶属云南省会城市昆明，是特大城市昆明的重要蔬菜生产保障供应基地，全县现有蔬菜种植面积10.7万亩，播种面积64.2万亩。自2012年嵩明沪农商村镇银行为第一家种植大户提供贷款支持以来，累计支持蔬菜种植大户112家，累计投放“蔬菜贷”3.47亿元，现有贷款余额4 500万元。其中，“蔬菜贷”贷款余额最大的客户是小街镇秧田村委会秧田上村的李顺宝，他自2017年采用塑料大棚种植蔬菜以来，已累计使用嵩明沪农商村镇银行贷款200万元，现有在贷余额80万元，为保障蔬菜供应作出了重要贡献。

嵩明沪农商村镇银行通过整合信贷产品、创新担保方式、精简审批流程等，充分发挥了新型农村地方法人金融机构“小、快、灵、优”的特色优势，竭力助力乡村振兴，融合金融资源，在普惠金融服务中开出绚丽之花。

| 桐庐恒丰村镇银行 |

金融工作感悟

桐庐恒丰村镇银行董事长　盛忠桥

农业、农村、农民是国之基础，村镇银行为“三农”而生，服务“三农”是村镇银行的使命，30余年的金融工作经历，让我有以下几点感悟。

一是要培养和锻造一支服务“三农”的人才队伍。强化服务“三农”的理念，做到“干一行，爱一行”，争做服务“三农”排头兵。做到懂农业、爱农村、爱农民，争取成为“三农”领域的行家，提高服务“三农”的水平和能力。

二是要提升创新服务的能力。大力开展产品创新，有效满足“三农”金融服务需求，立足地方特色资源和产业，精准施策，靶向发力，不断推出符合“三农”需求的金融产品和服务，把金融强农做深、做广、做实。同时要掌握制度，在符合监管条件的前提下最大程度地缩短流程、简化手续，提升客户对金融服务的获得感和满意度。

三是要坚定服务“三农”的定位。以坚定的意志、久久为功的精神归本溯源，始终坚定惠农利农、坚持强农兴农初心。积极向“三农”倾斜金融服务资源，深入推进“党建+金融”服务模式，持续优化“三农”服务长效机制，不断为乡村振兴注入金融“活水”。

村镇银行要不忘初心，坚定担负起“支农支小”的使命，改革创新，踔厉奋发，努力成为支持乡村振兴的生力军！

“益购贷”设备按揭贷款产品解决“三农”融资难题

“益购贷”是浙江桐庐恒丰村镇银行推出的一款设备按揭贷款产品，主要服务于针纺、制笔、农业等领域的小微企业和机器设备生产厂商（经销商），具有分期按揭、随借随还、提升经销商服务质量、鼓励大众创业等特点。该产品的创新推出，不但解决了当地乡镇区域农户、小微企业的融资难题，更支持了制造业的发展。银行将该产品的受众范围扩大到农业龙头企业、专业合作社等，让更多的客户得到实在的便利和优惠。

浙江省桐庐县横村镇是中国针织名镇，有“中国围巾之乡”之称，其针织产业具有规模大、外向度高、产品档次高、特色鲜明等集群特点，现有针织企业697家、个体户1 495家，全行业实现工业总产值73.36亿元，有近百种产品远销几十个国家和地区，是阿玛尼、香奈儿等国际知名品牌的生产加工基地，拥有较高的知名度和商品美誉度。2020年，桐庐恒丰村镇银行在“三服务”走访中发现横村镇需新增设备、更换设备的针纺织行业客户较多，以农户、小微客户为主，存在担保难问题。此情况引起该行领导的高度重视，随后对机器设备生产厂商（经销商）和针纺织行业客户进行多次走访调研，发现机器设备生产厂商（经销商）对有购买设备需求的客户的人品、经营状况等情况较为了解，机器也比较先进，较为保值，且生产厂商（经销商）不仅能控制已销售出去的机器运转，还有定位客户等功能。桐庐恒丰村镇银行还了解到近年来设备销售受诸多因素影响较大，针纺织行业客户的订单却有较大增量，为此，于2021年3月及时推出“益购贷”设备按揭贷款产品。

“益购贷”设备按揭贷款产品，是桐庐恒丰村镇银行向当地符合条件的借款人（含法人和个人）发放的，用于购买经该行准入的合作生产厂商（经销商）提供的设备的贷款。该产品由机器设备生产厂商（经销商）为设备购买者提供连带责任保证，产品期限最长可达3年，还款方式灵活，贷款期限在1年（含）以内，可以采用按月付息，到期一次性还本的方式。贷款期限在1年以上的，采用按月/季/半年/年分期还款方式，分期还款方式分为等额本金还款或等额本息还款，也可按实际情况制定还款计划，确保每年归还一定金额的本金。贷款利率按照该行贷款利率定价指导意见执行，额度最高可达300万元。

购买者无法按时归还银行贷款时，由机器设备生产厂商（经销商）代偿银行贷款。桐庐恒丰村镇银行通过对供应商进行综合担保授信，在担保授信额度内为其下游购买者提供融资服务，银行根据设备购销合同，将融资金额受托支付至机器设备生产厂商（经销商）账户（贷款金额不超过设备款的70%），贷后需提供购买设备的发票，保证贷款用途真实且资金流可控。经准入的机器设备生产厂商（经销商）与银行签订合作协议，合作协议中明确厂商（经销商）的担保额度、合作期限、各方权利义务以及贷款逾期时

的风险控制措施等，且机器设备生产厂商（经销商）需缴纳一定比例的保证金，担保余额不高于保证金余额的5倍。贷款应用范围主要为桐庐县域内的针纺织、制笔等行业及农业龙头企业、专业合作社等。

申请“益购贷”设备按揭贷款的借款人，除需符合《桐庐恒丰村镇银行信贷管理基本制度》规定的基本条件外，还需满足5个条件：第一，借款人所购设备必须用于自身或家庭生产经营。第二，借款人的经营场所必须在桐庐县境内，借款人为个人的，应提供桐庐常住户口或有效居住证明及固定住址。第三，借款人为个人的，应为具有完全民事行为能力的中华人民共和国公民，且贷款期限与借款人年龄之和不超过65周岁。第四，具有稳定、合法的收入来源或个人合法资产，具有按期偿还贷款本息的能力。第五，信誉良好，无恶意不良信用记录，无恶意逃废债行为；或虽然有过不良信用记录，但不良信用记录并非因申请人主观恶意产生，且申请办理本次信贷业务前已全部偿还。其中个人借款人还需满足两个条件：申请人夫妇或企业实际控制人夫妇在最近两年内，原则上无贷款逾欠和利息逾欠记录；信用卡逾期记录连续次数不超过3次或累计逾期记录不超过6次，单纯因年费等费用类款项未及时交纳的除外。

合作生产厂商（经销商）一般应具备8个条件：第一，必须为具有合法经营资格的企（事）业单位或其他组织，个人不得作为合作生产厂商（经销商）。第二，生产经营场所应在桐庐县境内。第三，具备良好的经营管理水平，经该行评级，信用等级在A级以上，能与该行密切合作。第四，提供的设备如果为农用机械，该农用机械必须已纳入国家购置农机补贴产品目录。第五，在该行开立了人民币结算账户，包括保证金专户和销售资金账户。第六，如为经销商，须具有相应经营范围的法人营业执照，有厂家代理资格；进货渠道合法通畅，经营规范。第七，销售领域有一定品牌知名度和完善的销售网络；能提供整机（车）销售、维修、保养、零件供应、信息反馈一体化服务。第八，该行规定的其他条件。

“益购贷”设备按揭贷款产品具有类供应链性质，通过银行的介入打通了设备供需方的交易关系，搭建联系“三农”的金融桥梁和纽带，做好“三农”金融服务工作，为当地农村产业发展贡献村镇银行力量。目前，桐庐当地乡镇针纺织、制笔企业面临机器设备更新换代较快的局面，而部分客户（设备购买方）受资产负债率、经营规模、还款能力等因素限制，较难取得银行机构的信用贷款，若将非标准资产抵押给银行，对银行来说则存在处置及变现较难的问题。此外，机器设备生产厂商（经销商）受购买者购买力的限制，销售情况并不理想。桐庐恒丰村镇银行推出的“益购贷”设备按揭贷款产品不仅有效解决了供应商和购买者的难题，而且对银行来说，贷款用途真实，风险整体可控，达到了供需方及银行方三赢的效果。该金融产品深受机器设备生产厂商（经销商）和设备用户的欢迎，刚推出没几天就有贷款成功落地。

桐庐县一家以销售机械设备和毛纱、针纺织品为主业的企业，主要客群为农户和小微企业。该企业在行业内口碑较好，有稳定的上下游客源。2020年，受新冠疫情影响，下游农户加工点和小微企业的业务量减少，导致该企业针织机器销售量大幅缩水。到2021年年初，针纺织行业经济形势逐步好转，下游农户加工点和小微企业业务量增大，该企业针织机器订单增加，但农户和小微企业又面临融资难、担保难等问题。桐庐恒丰村镇银行了解情况后，于3月17日向该公司下游农户成功发放首笔“益购贷”设备按揭贷款11万元。同时，该公司因针纺织品生产销售量大增，也通过“益购贷”设备按揭贷款产品及时获得了160万元贷款，解决了企业发展的资金需求。在桐庐恒丰村镇银行的大力支持下，该公司在桐庐共销售针织机器2 000多台，极大地推动了当地针织产业的健康持续发展。

截至2023年5月末，桐庐恒丰村镇银行累计投放“益购贷”设备按揭贷款160笔、金额1213万元。

2022年，桐庐恒丰村镇银行开始开展“大走访”活动，进一步加大对普惠型小微贷款的营销和投放力度。2023年4月中旬，横村支行行长华增明到桐庐某纺织服饰公司走访时，了解到公司有意让厂里的戚师傅购置几台机器做代加工，但购置针织机器成本较大，戚师傅又是外地人，在桐庐当地生活了10多年仍没有购置任何资产，担保难度较大，融资成本较高。华增明马上让客户经理与戚师傅进行对接，向他介绍“益购贷”设备按揭贷款产品情况，同时特向总行申请了利率优惠政策，在该行利率执行标准基础上下降150个BP，于4月21日向戚师傅发放贷款20万元。如今，戚师傅用这笔贷款购买的4台针织机器正在高速运转，不仅让自己增加了收入，也让该企业减少了投资风险，进一步赢得了员工的心。

客户用“益购贷”设备按揭贷款资金购买的不仅仅是机器，更是一份安心，是自己未来的美好生活。桐庐恒丰村镇银行“益购贷”设备按揭贷款产品的创新推出，精准对接和有效满足了当地“三农”的金融服务需求，也符合乡村振兴政策和监管规定，不仅拧紧了风险防控“第一颗扣子”，也提升了客户体验，打造了优质的金融服务。同时极大地提升了该行服务“三农”的能力和银行自身的市场竞争力，帮助银行形成自己独有的竞争优势。

谯城湖商村镇银行

金融工作感悟

谯城湖商村镇银行副行长　顾煜伟

回望往昔，在金融从业的道路上已走过三十载，作为一名农村金融人，我告诫自己，走好每一步，做好每件事，用好每份心，把自己的一切奉献给农村金融建设，把金融强农作为自己毕生的奋斗目标。

历史的车轮滚滚向前，时代的潮流浩浩荡荡。我所在的谯城湖商村镇银行伴随着深化农村金融体制改革、助力社会主义新农村建设的浪潮而生，并随着批量发起设立村镇银行的核准通道的打开而多点开花。多年来，湖商村镇银行在逐步实现自身商业可持续发展的同时，在扩大农村金融服务覆盖面、提升基础金融服务可得性、促进城乡金融服务均等化等方面发挥着积极作用。

服务“三农”是村镇银行与生俱来的使命，助力乡村振兴、共同富裕是村镇银行当前和今后一个时期服务“三农”的总抓手。要围绕乡村振兴共同富裕的总要求，以深化普惠金融为着力点，大力支持农业提质增效，大力支持农村诚信建设，着力完善基层服务模式，积极参与乡村基层治理，大力支持农民创新创业，不断探索创新服务“三农”的方式方法与路径渠道。

如今，新时代赋予我们新的历史责任，也为我们带来了新的挑战和机遇。村镇银行正处于大有可为的战略机遇期、干事创业的发展黄金期、不进则退的转型关键期。做好各项工作，最关键的是要深刻领会、努力践行习近平新时代中国特色社会主义思想和党的二十大精神，真正做到党建统领，以新思想引领新发展，以新作为开创新局面。

站在新的历史节点上，我们要切实担当起应该担当的历史责任，增强战略定力，赢得战略主动，奋发有为、创新实干，努力把村镇银行的事业干得更好，接续奋斗、再谋新篇！

融合多方资源助产业发展

谯城湖商村镇银行以“立足亳州，服务‘三农’，助力小微”为宗旨，针对亳州中药材产业集中经营的实情，调整信贷政策和涉农贷款投向，加大创新力量，把支持“三农”的重点转向家庭农场、农民专业合作社等新型农业生产经营主体，推进创业、就业。

谯城区十八里镇中药材经营户拨打谯城湖商村镇银行服务电话提出贷款申请，客户经理当天携带机具前往客户经营场所现场开卡、开通短信通知和手机银行并进行贷款签约，全流程无需客户支付开户、开立短信通知等任何项目费用，次日客户使用手机银行自助获取贷款9万元，这就是谯城湖商村镇银行“惠农卡”首笔业务的整个流程。全程无需客户到银行网点办理，银行员工带“拎包银行”来到客户身边，免去客户跑银行办贷款过程中的时间成本和资金成本。

2019年，蒋胡回牛集镇养殖肉牛，由于资金有限，养殖规模始终无法扩大，谯城湖商村镇银行十八里支行获悉后，立马上门进行走访调查，推荐其办理了“惠农卡”信贷产品，快速审批，在两日内获得30万元的信贷资金支持。在谯城湖商村镇银行的金融支持下，蒋胡的传统养殖场已变为现代化养殖场，蒋胡本人也成为牛集镇远近有名的养殖大户。肉牛养殖周期长、成本高、资金回笼慢，谯城湖商村镇银行针对牛集镇蒋楼村的养殖行业特点，对“惠农卡”信贷产品进行迭代升级，针对农户融资需求变化，通过调整放宽用款时限、还款方式，为客户量身定制个性化金融服务，建立定期回访制度，实时跟进客户产业发展情况，全面支持农户、家庭农场、合作社等农业生产主体的产业发展。目前，已有372户养殖业农户获得谯城湖商村镇银行的融资支持，累计获贷资金达5 194万元。

“惠农卡”采用移动营销作业模式发放，操作流程分为申请、调查、审查、审批、贷款签约、信息维护、额度录入、贷款发放等步骤——客户提出业务申请，银行客户经理使用移动机具上门办理，现场发卡、调查、签约，通过系统进行资料的远程审核、审批，借款合同审批结束后由银行业务人员在系统内进行确定额度的授信录入，最终通过客户手机银行App进行自助放款、自助还款。“惠农卡”将传统金融服务与互联网技术相融合，实现了客户“零上门、零费用”，极大地提升了客户的获得感。截至2023年6月底，“惠农卡”累计授信21 272万元，用信10 313万元。

亳州药商单户规模小，整体数量多，普遍缺乏有效抵质押物，中药材经营流动性较强，短时间内商户可能出现较大资金缺口，药商融资需求呈现“短、频、急”特性。谯城湖商村镇银行以中药材为贷款业务拓展的切入点，借助互联网大数据开发了“移动营销平台”的“惠农卡”信贷产品，在小额贷款卡模式下，通过产品融合，充分优化办理流程，升级推出“药商宝”产品，采用多合一的合同文本，实现商户在家、贷款上门的移动办贷，全部采用信用、保证担保方式，无需抵质押物，切实为当地药商提供有效的融资产品。“药商宝”贷款正式推出后，深受当地中小型药商及种植户的青睐。

银行工作人员在走访过程中了解药商庞涛有意转行种植中药材，但苦于手中资金不足，于是向其推荐“惠农卡”信贷产品，两天内20万元信贷资金到账，庞涛成功快速转型，目前承包约100亩土地种植中药材白芍，产量可观，平均年销售额达200万元以上。

药食同源的香料在亳州有较大市场，为支持香料行业发展，2023年6月，谯城湖商村镇银行八角台支行在马园香料行举办了“香料贷款”推介会，重点介绍了银行针对当地药商推出的贷款优惠政策。王红运在亳州市谯城区马园香料行经营一家香料公司，在广西看中一批香料，准备购入后加工分销，苦于资金不足，无法推进，在朋友介绍下参加了推介会，第二天王红运的贷款授信顺利办理，经客户经理指导，通过手机银行成功获得贷款30万元。在此次活动中，有75户商户获得授信，授信额度从15万～30万元不等，总规模近2 000万元。

亳州市谯城区五马镇的中药材丹皮加工户李兆程，因订单增加，购买丹皮资金出现短缺，谯城湖商村镇银行五马支行客户经理上门走访时了解到他的融资需求，向他推荐了小额贷款卡业务。“不到两天贷款就批下来了，真的没想到，谯城湖商村镇银行真是帮了我的大忙！”李兆程感叹道。亳州市谯城区五马镇因盛产中药材而出名。五马支行立足特色产业，将中药材产业链上的企业、合作社、种植户作为服务对象，通过在村庄内发展金融联络人，配合信贷服务团队积极上门宣传推广、营销对接、搜集资料，精准开出“金融良方”，积极探索支持产业发展的好模式。

以上案例是谯城湖商村镇银行服务亳州药材行业的缩影。为便捷地服务药材商，谯城湖商村镇银行将总行及营业部设在亳州市中药材交易中心，总行各职能部门为营业部办理中药材信贷提供高效、便捷的指导，加速业务审批速度。营业部下设5个营销部，配备20余名信贷经理，将1/5的信贷团队力量集中在中药材市场，走访脚步始终不停，往深里走、往心里走、往实里走，为全球最大的中药材交易市场提供全方位的金融服务。为进一步扩大网点对当地中药材市场的服务范围，谯城湖商村镇银行构建立体化、全方位的金融服务网络，安排支行信贷工作人员深入了解当地中药材经销商与种植户的生产经营情况，对符合条件的中药材加工企业以及中药材合作社进行授信。目前，谯城湖商村镇银行走访系统登记在册的客户记录已超1.2万户，其中提供信贷资金支持的客户超0.9万户。截至2023年6月末，谯城湖商村镇银行投放中医药贷款达11.61亿元，占信贷总规模的57.16%，可见支持中医药发展力度之大、成效显著，在客户心中铸就“百姓银行”的好口碑。

谯城湖商村镇银行网点已达19家，其中12家位于乡镇地区，全力推进“村级联络员+驻村金融专员”的服务模式。该行在每个自然村设立联络员的同时，在每个行政村派驻客户经理作为驻村金融专员，通过深入村组农户、田间地头开展走访调研，听取村民对金融服务的意见建议，全方位融入农村政治经济生活。为进一步做好自身的经济服务工作，谯城湖商村镇银行以“金融知识宣传普及月”“守护钱袋子”等各类活动为契机，组织银行工作人员深入当地市场、企业进行走访调研，宣传国家金融政策、普及金融知识，重点了解当地商户的信贷需求。利用科技创新、大数据赋能，推出移动营销办贷平台，把服务从网点转移到移动终端。

谯城湖商村镇银行积极响应各级政府支持新型农业经营主体发展的政策，为有效解决新型农业经营主体资金需求问题，在风险可控的前提下，积极创新金融产品和服务，拓宽服务领域，先后推出了“金伙伴系列”“小贷通”“惠农卡”三大系列信贷产品，并逐渐在每个系列中细化完善，推出“药商宝”“乡村振兴贷”“拥军贷”“农机贷”等定制化产品，满足了广大农户、农村经济组织、涉农企业、小微企业的信贷需求。大力推行“无感授信、有感反馈、便捷增信、线上签约、按需用款”工作，缩减办贷手续、提升办贷效率，在此基础上进行“一对一”宣传，“一户一访”，深挖客户需求，携带机具直接入户上门，真正将金融服务带到千家万户、田间地头，提升“三农”主体的金融获得感。

谯城湖商村镇银行紧盯创业、就业服务，积极与当地财政部门、人社部门对接，充分运用财政、税收、信贷等手段，加大对创业、就业、再就业的金融支持，做到首问负责、一次性告知、限时办结。落实担保、贴息、免除反担保等优惠政策，简化贷款资料、优化办理流程，印发《青年创业金融服务提升专项工作方案》，开展青年创业专项行动，将青年创业金融服务纳入考核体系。紧盯农村自主创业者，通过“整村授信”，做到“应授尽授、应贷尽贷”，推进“本土人力本土消化”。

陈维维是一名典型的“90后”创业青年，在农村集市上开了一家烘焙店，新冠疫情防控措施优化后，她的生意一天天好转，但进货资金出现了缺口。谯城湖商村镇银行了解情况后，指导她申请创业担保贷款，而后她顺利获得15万元创业担保贷款。王景波在2022年下岗后，一直想自主创业经营农资店，店面选好了，货源也联系妥当，才发现还有20万元的资金缺口，向谯城湖商村镇银行申请失业人员贷款后，客户经理当天上门调查，仅用两天就收到20万元创业担保贷款。楚恒星从事家禽养殖已10余年，鸡场面积2 000米^2，一直有扩大经营的想法，但资金短缺，计划一直搁浅。谯城湖商村镇银行了解到其需求，经实地调查、核实贷款用途，发放了20万元创业担保贷款。

以上3个事例是谯城湖商村镇银行支持创业、就业的缩影。目前，该行共计发放创业担保贷款185笔、金额3 491万元。

谯城湖商村镇银行从党建引领业务发展改革入手，将党建与业务同谋划、同部署、同推进，把业务考核纳入党建，金融服务全面下沉，发挥天然属农、属小，决策链短等优势，融合多方资源，将普惠金融精髓与当地金融服务需求相融合，走出一条具有谯城湖商村镇银行人特色的金融服务之道。

高青汇金村镇银行

金融工作感悟

高青汇金村镇银行董事长　林海

扎根本土，绽放于大地。7年里，高青汇金村镇银行的成长像是一粒种子破土而出再茁壮成长，这个过程生机盎然、朝气蓬勃。

入职以来，我始终坚持“党建领行、服务‘三农’”发展理念，不断下沉服务重心，做专、做深、做透普惠金融，探索“小而精、小而美”高质量发展之路，并逐渐推出了多种行之有效的措施。一是立足降本增效，打好“政策牌”。贯彻落实创业担保政策，已办理“创业担保贷”12笔、金额231万元；把握中国人民银行“支农支小”再贷款政策，累计申请再贷款34 584万元；进行减费让利政策宣讲，降低客户融资成本。二是立足当地特色，配套推出惠农产品。利用两项货币政策推出“产业振兴贷”产品；探索绿色金融产业，拓宽农民致富渠道，“光伏贷”产品已覆盖300余个村，为955户村民办理贷款8 033.62万元，为合作社办理300万元贷款支持“整村光伏”项目；坚守本源，服务下沉，推出“金裕农”助农贷款产品。三是立足客户需求，打造多样化服务模式。线上“双录”与信贷全流程无纸化，让客户随时随地线上办理业务，实现“数据多跑路，群众少跑腿”。四是以“家”为纽带，凝聚发展合力。有温度，有深度，更有情怀，根植于本土，我与领导班子带领着年轻的队伍取得了骄人的成绩，中层队伍发挥统筹者作用，一线网点发挥开拓者作用，全员肯付出、有干劲、有竞争，种种奋斗姿态，是让全行持续迸发向上的力量。

经济发展是一个区域发展的“驱动力”，而金融的助力能为经济发展增添动力。在未来的征程中，我将一如既往坚守初心使命，助力乡村振兴，带领全体汇金人一起贡献一份属于自己的力量。

担当作为　做助推县域经济发展的排头兵

一直以来，高青汇金村镇银行充分发挥本土金融机构服务优势，始终坚持“支农支小”主责主业不动摇，积极扛起金融主力军职责，以源源不断的金融“活水”精准滴灌，靶向发力，主动融入县域经济发展，重点支持“三农”、中小微企业、重大项目建设和发展，用“金融之笔”描绘乡村振兴画卷。

金融是乡村振兴的关键支撑。高青汇金村镇银行始终坚守“立足县域、支农支小”的市场定位，增加服务触角，推进金融服务普惠化、便利化，全面提高人民群众金融服务的获得感和幸福感，围绕光伏发电、黑牛养殖、民生保障、交通运输、助学助教5个领域，推出特色金融产品和服务，开辟产品绿色审核通道，满足乡村振兴多样化的金融服务需求。截至2023年6月末，该行涉农领域累计授信44亿元，其中已发放普惠金融贷款32亿元，切实成为助推县域经济发展的排头兵。

“高青汇金村镇银行发放的这笔贷款，解决了我们目前流动资金紧缺的难题，服务态度好、办事效率高，真是把金融服务送到我们心坎儿上了！”山东美生热能科技有限公司负责人激动地说。

山东美生热能科技有限公司是一家高端热能装备生产企业，经营情况一直很好。2022年以来，订单量大增，流动资金紧张，限制了产能的扩大。高青汇金村镇银行信贷人员走访企业时得知这一情况，立即现场办公，经过进一步了解，发现企业符合申请“创业担保贷”的条件，立即开通小微企业融资“绿色通道”，利用无纸化系统办理贷款业务，第一时间为企业发放“创业担保贷”450万元，解了企业的燃眉之急，再一次跑出了金融助企纾困“加速度”。

近年来，高青汇金村镇银行充分发挥法人机构信贷业务灵活、高效、便捷的优势，积极围绕“早、快、巧”开展工作。下足“绣花功夫”，积极跟进山东省、淄博市重大重点项目及“专精特新”项目，深挖各类客户主体的信贷需求，做到一、二、三产业全面做，城区、农村同步做，大户、小户一起做，全面实施市场经营倍增计划。面向高青县141个重点项目、工业产业园区、医药行业、化工行业及各类制造业，积极对接、提前谋划，了解项目融资需求，量身制定综合性金融服务方案，大力辅导、培育一批好项目。截至2023年6月末，该行已完成重点项目授信4 000万元，储备项目9个，对符合信贷审批条件的借款主体做到“应贷尽贷”。

高青汇金村镇银行针对夏粮收购季节性强、收购期短、资金需求量大、时间要求紧等特点，在夏粮收购旺季来临之前，深入田间地头逐户走访收粮户，并利用乡村大喇叭、微信朋友圈进行全面宣传。走访到唐坊镇方家村收粮点时，该行工作人员在淄博绿康源粮食种植专业合作社了解到，该收粮点年可收小麦4 000余吨，年销售额约1 040万元，收粮旺季尚缺资金30余万元，便立即开通“绿色通道”，在2个工作日内发放贷款35万元。

高青汇金村镇银行精准掌握客户贷款额度和用款时点，切实做到了“钱等粮”。该行围绕夏粮收购经营主体生产经营特征和资金需求特点，针对不同粮食收购户规模大小、资金需求大小，优化贷款要素，满足粮食收购行业不同规模客户资金需求，助力夏粮抢收工作，为开秤收购做好了扎实充足的信贷资金准备。

设立专项资金助力夏粮收购只是高青汇金村镇银行专注主责主业，做好金融助农工作的一个缩影。该行还积极探索融合绿色金融创新试验田，拓宽农民增收致富渠道，“光伏贷”产品的推行就是其中一项成功的尝试。目前，“光伏贷”产品已覆盖7个乡（镇）2个街道300余个村，累计为955户农民办理贷款8 033.62万元，同时支持合作社“整村光伏”项目，已为其办理贷款300万元。合作社偿还贷款的时间约计10年，每年还本付息之后，还有20万元的集体收入。项目时长总共25年，合作社在贷款还完之后的15年中，每年约有110万元收入。“光伏贷”产品真正让农区砖红色屋顶变为“金屋顶”，实现农户增收与绿色产业发展双收益。

高青汇金村镇银行充分依托中国人民银行再贷款政策工具，发挥资本低成本优势，推出“央行产业资金振兴贷”。新冠疫情防控期间，交通运输行业受到很大影响。该行集中梳理相关企业、货车司机信息，建立重点目标客户销号管理机制，采用微信、电话联系方式，询问目标客户经营情况以及是否存在还款难、资金链短缺等问题，对出现还款困难或逾期的客户提供差异化金融服务，做到对接一个，销号一个。同时通过延期还本付息、无还本续贷等方式做好对运对输物流业企业及货车司机的融资安排，累计为45户办理了延期还本付息，金额达3 724.24万元。

高青县有“中国黑牛城”的美称，肉牛、黑牛养殖历史悠久，养殖规模较大，存栏头数较多，且牛肉品质良好，市场前景广阔，养殖形式有农户养殖、合作社养殖及企业养殖等。该产业的蓬勃发展也促进了其上下游产业链及产业服务行业的发展，如饲料行业（精饲料、粗饲料）、农机行业、犊牛采购、母牛繁育、犊牛育肥、屠宰行业、分割销售行业等，这些行业及环节可形成一个闭环的肉牛、黑牛产业链结构。该行针对黑牛养殖贷款制订了专门的信贷计划，开展产业链全流程金融服务，形成“农户+合作社+养殖企业+饲料供应方+农机销售商+屠宰、分割、销售商”的金融服务产业链。截至2023年6月末，该行已为当地肉牛、黑牛产业发放“央行产业资金振兴贷”14 368.97万元，共205户，大多为肉牛、黑牛养殖散户、小户。

高青汇金村镇银行还积极贯彻落实创业担保政策，支持创业者创业，目前共办理“创业担保贷”12笔、金额231万元、“鲁担惠农贷”15笔、金额622万元；把握中国人民银行“支农支小”再贷款政策，目前累计申请再贷款34 584万元，有效降低涉农主体融资成本。

高青汇金村镇银行对传统“双录”系统进行再升级、再调整，使科技创新、风险防控、服务模式充分结合，为贷款业务引入视频“双录”+区块链存证技术，使信贷专员与借款主体可实时进行视频连接，实现线上“双录”。该行也因此成为山东省村镇银行首家使用线上“双录”的银行。

高青汇金村镇银行与易保全公司深入对接，基于SaaS方案，对线上仲裁系统功能进行调整升级，于2021年12月测试运行区块链存证线上“双录”系统。目前，该行已累计完成视频录制4 835个，涉及贷款1 759笔、金额72 460万元。

线上“双录”较传统“双录”相比，从服务器、存储设备和管理、系统部署、网点视频设备以及设置专人专岗等方面节省了成本。此外，银行信贷业务线上“双录”的运行，升级了银行的服务方式及价值创造能力。区块链技术的优势是安全性、不可篡改、可追溯和降本增效，每段视频均进行存证及固化，区块链存证可将视频同步存储于联盟区块链权威司法机构的各个节点，实现实时查询、验证，确保电子证据的合法性，这使得平台的安全性和保密性得到保障，确保客户信息不可篡改并具有合规性。

高青汇金村镇银行上线的线上“双录”系统不受时间和地点限制，总行配置专员，距离总行较近的客户可到现场实现“双录”；支行网点客户使用时，只需点击由该行系统发送的链接，打开摄像头即可进入录制界面，完成录制后视频自动进行区块链存证，界面直观，操作简便，也适用于中老年客户群体。

2022年6月，高青汇金村镇银行的信贷无纸化系统正式上线运行，实现了客户贷款申请、征信授权、合同签署、借据签署、放款、还款等环节的全线上办理。该行信贷系统全面启用电子合同，区块链存证的线上“双录”系统无疑是电子合同最强有力的身份核实辅证系统，从根本上解决了电子合同签署过程中可能面临的人脸识别不准确、多胞胎骗取验证等问题，从而大幅提高了电子合同的法律真实性。

在内部考核上，高青汇金村镇银行实行涉农差异化考核，发挥绩效考核“指挥棒”作用；实现贷款全流程审批防范风险，适度下放权限，提高客户办贷效率；优化尽职免责机制，让信贷人员“敢贷、愿贷、能贷、会贷”。

山东高青汇金村镇银行作为高青县唯一一家村镇银行，从成立之初就勇当助力县域经济发展的排头兵。因农而生，为农而兴，坚守主业，下沉服务，切实发挥了全面乡村振兴过程中的金融支撑作用，扎实走出了一条“小而精、小而美”的银行之路，成了“三农”群体的“引路人、知心人、娘家人”。

巨鹿融信村镇银行

金融工作感悟

巨鹿融信村镇银行党支部书记、董事长　张岛

村镇银行肩负着助力乡村振兴、践行普惠金融的光荣使命。广大农村地区金融服务覆盖不全面，科技手段欠缺，融资难、融资贵的问题依然存在，为了进一步服务好“三农”市场，用最便捷的方式打通金融服务的“最后一公里”，我首先想到利用大数据对接客户、整合资源，互为平台，相伴成长，实现共赢。

2022年以来，巨鹿融信村镇银行与腾讯合作，积极探索创新，通过数字科技赋能，让金融服务从“1对1”到“1对N”，发挥数据要素倍增作用，加快农村信用体系建设，对其他金融机构覆盖不到的区域、人群进行全覆盖，形成错位竞争发展。

习近平总书记强调：“要处理好党建和业务的关系，坚持党建工作和业务工作一起谋划、一起部署、一起落实、一起检查。”作为巨鹿融信村镇银行董事长，我坚持抓好党建促业务，坚持把党建工作和业务经营目标同向、部署同步、工作同力，以高质量党建引领高质量发展。通过与巨鹿县委组织部合作，开展“党建＋金融”工作，充分发挥基层党建引领作用，打造农村综合服务体，评定信用乡、信用村、信用户，优化农村信用环境建设，通过“整村授信”为乡村振兴提供资金支持。我们还积极对接河北省农业融资担保有限责任公司，创新“政府＋金融＋农担＋产业＋保险”的多方位合作模式，使金融赋能农业产业，发展村集体经济，增加农民收入。此外，我们与巨鹿县创业孵化基地签订战略合作协议，开展创业贴息贷款业务，与县域社区合作开展社区综合服务，真正做到“亲民、便民、惠民”。

“雄关漫道真如铁，而今迈步从头越。”巨鹿融信村镇银行成立时间虽然较短，但敢于探索创新，审慎经营、稳健发展，真正做到风险可控、资产优良。在发起行沧州农村商业银行的正确指导下，秉承“以贷定存，存贷平衡，成本覆盖，争取利润最大化”的经营理念，坚持“支农支小”农村根据地建设，为今后的发展奠定坚实的基础，为县域乡村振兴普惠金融贡献一份力量。

整合资源促发展　下沉服务助“三农”

2019年7月，巨鹿融信村镇银行由沧州农村商业银行发起，经中国银行保险监督管理委员会、中国人民银行批准成立。4年来。始终坚定“以贷定存，存贷平衡，成本覆盖，争取利润最大化”的经营理念，坚持“服务小微、普惠‘三农’”市场定位，依法合规审慎经营，以服务地方经济为目标，以优质服务为手段，以制度流程为规范，金融赋能乡村振兴，将普惠金融落到实处，全力助力县域经济发展。

在当前经济环境下，同业竞争日渐激烈，村镇银行处于金融系统的末梢环节，能够做到稳健可持续发展尤为不易，巨鹿融信村镇银行经过4年的发展，摸索出一条适合自己的融合发展之路。通过资源整合，积极引进数字科技赋能、党建支撑金融、“政银担”一体合作等多方资源融合，实施“金融+N”新合作模式，积极推进并落实乡村振兴普惠金融，实现合作共赢、资源共享。

2023年以来，巨鹿融信村镇银行积极探索创新，持续加强科技赋能与数字化转型，充分运用互联网、大数据、人工智能等科技手段，创新金融服务模式，改进优化授信审批和风险管理，提高获客效率，提升客户金融服务可得性和质量。与腾讯金融云合作，积极探索创新，通过数字科技赋能，推动信用体系建设，对其他金融机构覆盖不到的区域、人群进行全覆盖，形成错位竞争发展；充分发挥科技和连接优势，开创数字金融乡村振兴新模式，通过大数据分析，实现批量授信评级，使金融服务从“1对1”到“1对N”，完成巨鹿县291个行政村、28万常住人口授信评级，适龄人员授信覆盖面达100%，预授信金额79.29亿元，通过线下转线上再转线下，完成与客户的一对一触达，发放信用普惠贷款548户、金额8 995万元。

巨鹿融信村镇银行与县委组织部合作，开展“党建+金融”工作，充分发挥基层党建引领作用，评定信用乡、信用村、信用户，优化农村信用环境建设，为乡村振兴提供资金支持；进一步优化农村信用环境建设，打造农村综合服务体系，通过“整村授信”普惠金融新模式，支持县域“三农”、小微企业，依托村党支部前置把关，对产业村的经营户进行信用评级，有效解决农户融资贵、融资难的问题，充分运用“支农支小”再贷款金融工具，加快推进乡村振兴普惠金融的步伐。深化党建业务融合，持续加强“政银”合作。巨鹿融信村镇银行积极与巨鹿县域各乡（镇）对接，召开金融赋能小微“银企”对接会，签订战略合作协议，并在前期充分调研的基础上，现场为部分村干部、小微企业商户代表发放授信通知书，进行现场授信，共授信300余户，授信金额4 500余万元。目前已对3个乡（镇）发放专项贷款199户、金额3 838万元，后续业务正在持续推进。结合巨鹿县“双基共建”实施方案统筹部署，压实“双基共建”工作责任，制定完善工作实施方案，进行全流程、全方位信用村创建。

为有力地支持乡村振兴战略，加快农业农村经济发展，巨鹿融信村镇银行立足“三农”多样化金融需求，在前期“双基共建”的基础上，完善提升金融服务站建设，制定目标、倒排工期、细化举措、扎实推进，为实现乡村振兴战略贡献金融力量。

巨鹿县纸房村共有306户居民，经营户共计102户，巨鹿融信村镇银行通过“党建+金融”模式推进“整村授信”工作，由驻村“双基”宣传工作小组的信贷客户经理牵头，通过和村“两委”进行沟通调研，为全村进行授信，共授信98户、金额2 600万元。并在该村建设助农服务站，方便村民办理存贷款等业务，还创新形式，从贷款收集资料、签字到放款，全部实现在服务站办理。目前依托助农服务站办理信贷业务的农户共计15户、金额403万元。

纸房村委副支书吴绍军表示：“有了助农服务站，现在不用出村就能办理存款和贷款，尤其是在炎热的夏季，真是太方便啦！巨鹿融信村镇银行为村民带来了很大的便利！”

为给社区居民提供“家门口”的便利，巨鹿融信村镇银行在巨鹿镇6个社区设立咨询点，与社区工作人员联合开展金融知识、防疫知识宣传，提高活动开展的频次，每周不少于6次，主要针对人口基数大、活跃度高的社区，每周走访2个社区，携带发光气球、口罩等群众喜闻乐见的小礼品，通过添加微信、转发朋友圈的形式，不断扩大基础客户群体。

巨鹿融信村镇银行客户经理在高管的带领下组成宣传小组，下沉服务重心，深入王虎寨工业园区，以园区企业为主动服务对象，通过召开座谈会、“银企”对接会等方式对企业的融资需求进行全面摸排。根据园区不同企业的行业特点，主动为其量身定制金融产品，并通过扎实推进金融服务进园区活动，将产品和服务送到小微企业身边。

巨鹿融信村镇银行通过“党建+金融”模式，结合本地实际，实施“双基共建”方案。目前已拓展村庄58个，走访3 823户，完成“整村授信”村庄15个，授信1.4亿元，发放农户贷款1.2亿元。

巨鹿融信村镇银行积极对接河北省农业融资担保有限公司，创新“政府+金融+农担+产业+保险”的多方位合作模式，金融赋能农业产业，发展村集体经济，增加农民收入；推动县域农业高质量发展，实现村集体经济发展，增加农民收入。与河北省农业融资担保有限责任公司签订战略合作协议，依托“冀农担”贷款业务为巨鹿县域内种养户、农业生产村级集体经济组织提供金融担保和信贷支持，通过“双基共建”走访、召开“政银担”对接会等形式，对种养户集群乡镇、村庄进行宣传，为从事巨鹿县特色农业产业，如果蔬设施农业，高油酸花生产业，金银花特色农业及生猪、肉羊、肉牛等养殖业的

农户，制定一系列农担信贷政策。

巨鹿融信村镇银行通过对巨鹿县的农业产业分布及农业产业特色进行走访调研，根据市场需求，不断细化、丰富创新产品，在银担合作模式下开发“农资贷”“金银花贷”“肉羊贷”等产品，为农村经营户提供小额信贷支持，为“三农”提供资金保障。巨鹿融信村镇银行积极响应国家乡村振兴战略，发展普惠金融，不断加大信贷投放，得到了一致肯定。

巨鹿融信村镇银行争取与人社部门对接，联合推出创业贴息贷款业务，为解决创业人员融资难问题，实现大众创业、万众创新，与巨鹿县9家创业孵化基地达成战略合作，为“创客”们量身定制“创业贷”产品。同时，巨鹿融信村镇银行作为巨鹿县爱国拥军联合会的会长单位，制定“双拥”政策，积极承担拥军优抚社会责任，在营业网点设置军人专属服务窗口，拓宽退役军人就业创业渠道，为退役军人设计专属贷款产品“拥军创业贷”。巨鹿融信村镇银行加大对创业青年和退役军人的关心关爱力度，积极解决其干事创业金融需求，努力提高“双拥”质效。

“90后”陈晓阳大学毕业后回到家乡创业，计划将自己学习的美术专业知识和线上直播方式相结合，销售画作、画材，但创业缺乏资金，正在一筹莫展之际，他看到巨鹿融信村镇银行“创业贷”产品的宣传，抱着试一试的态度提交了申请资料，第二天，巨鹿县人社局和巨鹿融信村镇银行的工作人员就上门了解情况，很快为其审核发放了18万元创业贷款，解了他的燃眉之急。

陈晓阳立即将贷款资金用于布置装修线下营业区域、采购画材以及直播设备。很快，他通过在线直播，以专业的美术知识和风趣幽默的直播风格收获了第一波粉丝，成了当地小朋友心中可爱的“陈老师”。“看，这是我用贷款资金建立的直播间，虽然不大，但承载了我的梦想，感谢‘创业贷’，为我的美术梦想插上了翅膀！”在贷后检查工作的开展过程中，他激动地向前来走访的客户经理描述自己的感激之情和直播间发展的大好前景。

巨鹿融信村镇银行整合商会资源，与县域社区合作，提供社区综合服务，开展“社区+金融”便民活动，满足客户的个性化金融服务需求，积极开展金融知识普及宣传，树立银行良好形象；不断创新金融服务举措，持续提升服务质量，设置军人优先窗口、雷锋窗口，升级“劳动者之家”服务区，增设休息区，采购咖啡机、体检仪、抓娃娃机、自助办税终端，设立“巨好办”积分兑换商城、审批事项受理窗口，在原有服务的基础上，进一步丰富厅堂功能区域，提升厅堂服务水平和客户体验度。设置非现金柜台，办理非现金业务，拉近与客户的距离；设置专职大堂经理，引导顾客在自助机办理具备条件的业务，为顾客提供“一对一”服务。为园林、环卫工人捐赠物资，成立“见习岗位基地”，面向社会提供见习岗位，用真心传递公益爱心，打造老百姓身边最暖心的银行。

巨鹿融信村镇银行始终坚持“以贷定存、存贷平衡、成本覆盖，争取利润最大化”的经营理念，统筹好稳发展和防风险的关系，提升服务乡村振兴质效，营造躬身入局、担当作为、团结协作、锐意进取、开拓创新的浓厚氛围，各项工作取得长足发展，资金实力不断壮大，存贷款结构得到调整，服务特色逐步形成，品牌形象得以树立。不忘服务“三农”初心，回归农村金融本源，大力开展普惠金融，从服务新时代“三农”工作全局出发，不断提高金融服务乡村振兴的能力和水平，“服务‘三农’，助力小微”，充分发挥村镇银行农村金融主力军作用。

巨鹿融信村镇银行虽然成立时间较短，但敢于探索创新，审慎经营、稳健发展，真正做到风险、可控资产优良，为更好实现普惠金融高质量发展，将继续多方面协调资源融合，深化党建业务融合，持续加强“政银企”合作，创新服务模式，以“双基共建”“三信创建”“四通一建”为抓手，进一步巩固根据地建设成果，为今后的发展奠定坚实的基础，为县域乡村振兴普惠金融贡献一份力量。